Der Mann am weitesten unten

Eine Aufzeichnung von Beobachtungen und Studien in Europa

Robert Ezra Park, Booker T. Washington

Writat

Diese Ausgabe erschien im Jahr 2023

ISBN: 9789359251943

Herausgegeben von
Writat
E-Mail: info@writat.com

Inhalt

KAPITEL I:
Die Jagd auf den Mann, der am weitesten unten liegt

Am 20. August 1910 segelte ich von New York City nach Liverpool, England. Ich war für zwei Monate von meiner Arbeit in Tuskegee beurlaubt worden, unter der Bedingung, dass ich diese Zeit auf eine Weise verbringen würde, die mir Erholung und Ruhe verschafft.

Jetzt habe ich herausgefunden, dass die einzige bequeme und zufriedenstellende Möglichkeit für mich, mich auszuruhen, darin besteht, eine neue Art von Arbeit oder Beschäftigung zu finden. Deshalb beschloss ich, einen Plan umzusetzen, den ich schon lange im Sinn hatte, mich mit der Lage der ärmeren und arbeitenden Klassen in Europa vertraut zu machen, insbesondere in den Regionen, aus denen jedes Jahr immer mehr Einwanderer in unser Land kommen .

In den letzten Jahren wurden zahlreiche Anstrengungen unternommen, um einen Teil dieser Einwanderung in die Südstaaten umzuleiten, und diese Bemühungen führten zu großen Meinungsverschiedenheiten im Süden. Einige Leute haben behauptet, dass die Menschen im Süden in diesen Einwanderern irgendwann einen Ersatz für die Negerarbeiter finden würden und dass auf diese Weise eine Lösung für das Rassenproblem gefunden werden würde. In einigen Teilen des Südens wurde tatsächlich das Experiment versucht, Einwanderer aus Europa als Ersatz für die Neger auf den Zuckerplantagen und auf den Baumwollfeldern einzusetzen . Natürlich habe ich mich für diese Experimente und damit für die Menschen interessiert, mit denen die Experimente durchgeführt wurden.

Der beste Weg, eine Person oder ein Volk kennenzulernen, besteht meiner Erfahrung nach darin, sie bei der Arbeit und zu Hause zu besuchen und auf diese Weise herauszufinden, was hinter ihnen steckt.

So entschloss ich mich, meinen Aufenthalt in Europa zu nutzen, um die Menschen in ihren Häusern zu besuchen, mit ihnen bei der Arbeit zu sprechen und alles zu erfahren, was ich konnte, nicht nur über ihre aktuelle Situation, sondern auch über ihre Situation im Hinblick auf ihre Zukunftsaussichten, Chancen, Hoffnungen und Ambitionen.

Zum einen war ich neugierig zu erfahren, warum so viele dieser Europäer die Länder, in denen sie geboren und aufgewachsen waren, verließen, um ihr Glück in einem neuen Land und unter Fremden in einem fernen Teil zu suchen Ich denke, ich kann sagen, dass ich auf diese Frage allgemein eine Antwort gefunden habe. Zumindest eine allgemeine Tatsache in Bezug auf die Frage der Auswanderung darf ich hier vielleicht gleich zu Beginn erwähnen, ohne zu versuchen, ins Detail zu gehen. Es ist das:

Die Mehrheit der Menschen, die als Einwanderer aus Europa in dieses Land kommen, stammt erwartungsgemäß aus den Agrarregionen. Sie sind Landarbeiter oder Pächter. Nun besteht, wie ich herausfand, ein ganz eindeutiger Zusammenhang zwischen dem Zustand der Landwirtschaft und der landwirtschaftlichen Bevölkerung in Europa und dem Ausmaß der Auswanderung in dieses Land. Mit anderen Worten: Wo auch immer in Europa ich den Zustand der Landwirtschaft und der Landarbeiter am schlechtesten vorfand, war dort fast immer die Auswanderung am höchsten. Wo ich andererseits einen Teil des Landes besuchte, in dem die Auswanderung in den letzten Jahren zurückgegangen war, stellte ich ebenso immer fest, dass sich die Situation der Menschen vor Ort verbessert hatte.

Was mich noch mehr interessierte, war die Tatsache, dass diese Verbesserung zu einem sehr großen Teil durch den Einfluss der Schulen herbeigeführt wurde. Die landwirtschaftliche Ausbildung hat eine intensive Bodenkultur angeregt; Dies wiederum hat dazu beigetragen, die Zahl der Kleingrundbesitzer zu vervielfachen und die Organisation der Landwirtschaft anzuregen; Der daraus resultierende Wohlstand machte sich nicht nur auf dem Land, sondern auch in den Städten bemerkbar. Ich habe zum Beispiel herausgefunden, dass es dort, wo die Menschen auf dem Land wohlhabend und zufrieden waren, in den Städten weniger untätige, unzufriedene, hungernde und kriminelle Menschen gab. Für die ärmeren und arbeitenden Klassen in Europa gilt es ebenso wie für die Neger im Süden: Die meisten Probleme, die in den Städten entstehen, haben ihre Wurzeln im Land.

Ein weiteres Thema, über das ich während meines Auslandsaufenthalts Informationen aus erster Hand zu erhalten hoffte, war das, was ich das europäische Rassenproblem im Unterschied zum amerikanischen nennen würde. Ich wusste, dass im Süden Europas eine Reihe von Rassen sehr unterschiedlicher Herkunft und Merkmale in engem Kontakt und in großer Zahl zusammengewürfelt waren, und ich vermutete, dass ich in diesem Strudel konkurrierender Rassen und Klassen Probleme finden würde – Rassenprobleme usw Bildungsprobleme – zwar anders, aber genauso kompliziert, schwierig und interessant wie in unserem eigenen Land.

Während jede Rasse und jede Nation ihre eigenen Probleme auf ihre eigene Weise lösen muss und es aus diesem Grund nicht möglich ist, einen sehr ausführlichen Vergleich zwischen den Rassenproblemen Europas und Amerikas anzustellen, besteht zumindest ein gewisser Vorteil darin Wir wissen, dass andere Nationen und andere Völker in ihrem nationalen Leben

Probleme haben, die genauso schwierig und verwirrend sind wie unsere eigenen.

Wir denken und sprechen manchmal über die Bedingungen in unserem eigenen Land, als wären sie völlig außergewöhnlich und in anderen Teilen der Welt ohne Beispiel. Mein Aufenthalt in Europa hat mich davon überzeugt, dass es uns in Amerika in dieser Hinsicht nicht schlechter geht als anderen Völkern. Selbst wenn sie die Wahl hätten, glaube ich zum Beispiel nicht, dass die Menschen im Süden, ob schwarz oder weiß, bereit wären, ihre eigenen Probleme, so wie sie sind, gegen die einer anderen Nation oder Gruppe von Menschen in Europa einzutauschen oder anderswo.

Es gab noch etwas anderes, was die von mir beschriebene Reise für mich besonders reizvoll machte: Ich glaubte, in einigen Teilen Europas Völker zu finden, die in Bezug auf Bildung, Chancen und Zivilisation im Allgemeinen viel näher am Niveau der Massen der Neger waren Es gibt mehr Menschen im Süden, als ich wahrscheinlich irgendwo in Amerika finden würde. Ich glaubte auch, dass ich, wenn ich weit genug und tief genug ging , sogar in Europa eine große Anzahl von Menschen finden würde, die in ihren Häusern, in ihrer Arbeit und in ihrer Lebensweise nur wenig oder gar nicht überholt waren die Neger in den Südstaaten, und ich wollte, soweit ich konnte, aus erster Hand die Methoden studieren, die europäische Nationen verwendeten, um die Massen der Menschen zu erheben, die auf der Skala der Zivilisation ganz unten standen.

Angesichts des ziemlich ausführlichen Plans, den ich skizziert habe, werden sich einige meiner Leser sicher fragen, wie ich in den acht Wochen, auf die mein Urlaub beschränkt war, in der Lage sein sollte, alles abzudecken oder etwas Bestimmtes oder Zufriedenstellendes zu erreichen Vorstellungen zu den besonderen Themen, die mich an den Orten interessierten, die ich besuchen wollte. Es scheint mir daher, dass ich als Erklärung und Einleitung etwas darüber sagen sollte, wie diese Reise zustande kam und wie die Eindrücke und Fakten waren, die den Rest dieses Buches ausmachen erhalten.

Erstens sollte daran erinnert werden, dass ich in all den verschiedenen Ländern, die ich besuchte, nach einer Art von Fakten suchte und versuchte, mich mit lediglich einer Lebensphase vertraut zu machen. Daher wehrte ich mich während der gesamten Reise sorgfältig gegen die Versuchung, die mir ständig geboten wurde, mir etwas anzuschauen, egal wie wichtig und interessant es war, das nichts mit dem Zweck meiner Reise zu tun hatte.

Zweitens stellte ich fest, dass zwar große Unterschiede im Zustand der verschiedenen Völker, die ich besuchte, zu beobachten waren, es aber auch viele große Ähnlichkeiten gab. Ich habe zum Beispiel festgestellt, dass das, was ich in London gelernt habe, für mich im Vergleich dazu sehr nützlich und wertvoll war, um zu studieren und zu beobachten, was ich in Kopenhagen und in Dänemark sehen wollte. Ich stellte fest, dass die Dinge, die ich unter den Bauern Italiens beobachtete, mir eine große Hilfe waren, als ich in Österreich ankam und die Bedingungen der bäuerlichen Bevölkerung in diesen beiden verschiedenen Ländern vergleichen konnte. Das Ergebnis war, dass ich umso mehr Einsicht und Verständnis für alles gewann, was ich sah, je weiter ich ging und je vertrauter ich mit der allgemeinen Situation der arbeitenden Klassen wurde.

Tatsächlich bin ich davon überzeugt, dass, wenn die Studien und Beobachtungen, die ich in diesem Buch dargelegt habe, etwas von besonderem Wert ist, dann nicht so sehr in den Fakten selbst, sondern vielmehr in dem Versuch, sie zu einem Ganzen zusammenzuführen Standpunkt.

Eines der ersten Dinge, die ich in Europa gelernt habe, war die Schwierigkeit, den gewöhnlichen Menschen zu treffen und die Dinge des Alltags zu sehen und sich mit ihnen vertraut zu machen. Ich habe bald herausgefunden, dass es am schwierigsten zu sehen ist, nicht die Sehenswürdigkeiten zu sehen, die sich jeder ansieht, sondern die alltäglichen Dinge, die niemand sieht. Um den Plan, den ich im Sinn hatte, in die Tat umzusetzen, war es für mich notwendig, die gewöhnlichen ausgetretenen Pfade des europäischen Reisens zu verlassen und in Regionen vorzudringen, die nicht kartiert und kartiert sind und in denen gewöhnliche Reiseführer und Reiseführer kaum oder gar nichts bringen Kein Erfolg.

Tatsächlich hatte ich in London in dieser Hinsicht weniger Schwierigkeiten als auf dem Kontinent, wo es mir so vorkam, als stünden Eisenbahnen, Reiseführer, Reiseführer und die Freunde, die ich unterwegs traf, in einer Verschwörung, um sie zu zwingen mich daran zu hindern, die Dinge zu sehen, die ich nicht sehen wollte, und mich daran zu hindern, all die Dinge zu sehen, die ich sehen wollte.

keinen einzigen Palast, kein Museum, keine Galerie und keine Kathedrale zu betreten, wenn ich es verhindern könnte . Es ist mir teilweise gelungen, diesem Vorsatz gerecht zu werden. Als ich jedoch Krakau in Polen erreichte, ereilte mich mein Schicksal. Ich hatte viel über die alten Salzminen von Wieliczka gehört . Ich wusste, dass an vielen Orten Frauen Seite an Seite mit den Männern beim Verladen und Abtransport der Minenprodukte beschäftigt waren, und aus diesem Grund und weil ich selbst einmal Bergmann in Amerika gewesen war, war ich sehr daran interessiert Sehen Sie, wie die Arbeit in Europa weitergeführt wurde.

Die Salzminen liegen etwa zehn Meilen von Krakau entfernt, und um sie zu erreichen, hielt ich es für notwendig, eine Kutsche zu nehmen. Am Eingang der Mine war ich überrascht, eine große Anzahl von Schaulustigen anzutreffen, die darauf warteten, in den Schacht hinunterzusteigen, und mir kam der dunkle Verdacht, dass ich einen Fehler gemacht hatte. Meine schlimmsten Vermutungen wurden bestätigt, als ich, nachdem ich etwa zwei- oder dreihundert Fuß unter die Oberfläche hinabgestiegen war, plötzlich in eine alte unterirdische Kapelle geführt wurde. Der Ort war wunderschön beleuchtet und mit glitzernden Figuren geschmückt, die von frommen Bergleuten, die vor etwa drei- oder vierhundert Jahren in diesen Minen gearbeitet hatten, aus massiven Salzblöcken gehauen worden waren.

Von dieser Kapelle stiegen wir erneut durch einen dunklen, feuchten Gang hinab in eine weitere und dann in eine weitere große, kunstvoll dekorierte und strahlend beleuchtete Kapelle. In einem davon stießen wir auf eine große Menschenmenge von mehreren hundert Menschen, die brennende Fackeln trugen und von einer Blaskapelle begleitet wurden. Es handelte sich um Bauern, die jährlich zum Bergwerk pilgerten, um die unterirdischen Kapellen zu besichtigen, die im umliegenden Land große Berühmtheit erlangten.

Zwei oder drei Stunden lang wanderten wir von einer großen Kammer zur nächsten, drangen immer tiefer in die Mine ein, kamen aber, soweit ich sehen konnte, nie näher an die Bergleute heran. Schließlich wurde mir klar, dass ich mich nicht in einem echten Salzbergwerk befand, sondern in einer Art unterirdischem Museum. Es gab Kapellen und Denkmäler und Menschenmengen in Feiertagskleidung; Es gab Lichter und Musik und Papierlaternen, aber es gab nichts, was in irgendeiner Weise an das tatsächliche Alltagsleben der Bergleute erinnerte, zu deren Besichtigung ich dorthin gekommen war; Tatsächlich waren die einzigen Bergleute, mit denen ich in Kontakt kam, diejenigen, die als Führer fungierten oder in der Band spielten. Es war alles sehr seltsam und sehr interessant, und es gab, wie ich erfuhr, keinen Ausweg.

Aufgrund dessen, was ich bereits gesagt habe, fürchte ich, dass einige meiner Leser, wie viele Menschen, die ich im Ausland getroffen habe, das Gefühl haben werden, dass ich auf meiner Reise durch Europa eine sehr unglückliche und einseitige Sicht auf die Länder und die Welt gewonnen haben muss Völker, die ich besucht habe. Vielleicht kommt es ihnen so vor, als hätte ich in den von mir besuchten Ländern nach allem gesucht, was alltäglich oder schlecht war, und alles, was außergewöhnlich oder irgendwie sehenswert war, gemieden. Meine einzige Entschuldigung ist, dass ich tatsächlich nicht das Beste, sondern das Schlimmste erwartet habe; Ich war auf der Suche nach dem Mann, der am weitesten unten war.

Die meisten Menschen, die in Europa reisen, scheinen mir hauptsächlich an zwei Dingen interessiert zu sein: Sie wollen sehen, was alt ist, und sie wollen sehen, was tot ist. Die regulären Reiserouten führen durch Paläste, Museen, Kunstgalerien, antike Ruinen, Denkmäler, Kirchen und Friedhöfe.

Ich habe mich nie besonders für die Vergangenheit interessiert, denn die Vergangenheit ist etwas, das man nicht ändern kann. Ich mag das Neue, das Unvollendete und das Problematische. Ich habe die Erfahrung gemacht, dass der Mensch, der sich für Lebewesen interessiert, sie im Dreck und Dreck des Alltags suchen muss. Zwar ist das, was man dort sieht, nicht immer angenehm, aber die Menschen, die man trifft, sind interessant, und wenn sie manchmal zu den schlechtesten gehören, gehören sie oft auch zu den besten Menschen der Welt. Auf jeden Fall ist dort, wo Kampf und Anstrengung sind, Leben.

Ich habe auf die Art und Weise hingewiesen, wie ich versucht habe, meine Beobachtungen auf einen bestimmten, eindeutigen Standpunkt zu beschränken, und das auch einigermaßen erfolgreich war. Abgesehen davon hatte ich auf dieser Expedition noch einige andere Vorteile: Ich fand, was ich sehen wollte, und vermied die Dinge, die ich nicht sehen wollte, ohne die ich sicherlich weder den Weg zurückgelegt hätte, den ich beschritten habe, noch den Weg zu so vielen gefunden hätte Dinge, die für mich ein besonderes und besonderes Interesse hatten. Vor einigen Jahren lernte ich in Boston Dr. Robert E. Park kennen, der mich schon seit einiger Zeit bei meiner Arbeit in Tuskegee unterstützt. Als ich ihn zum ersten Mal traf, war Doktor Park an der Bewegung interessiert, die eine Reform der damaligen Verhältnisse im afrikanischen Freistaat Kongo herbeiführen sollte; Tatsächlich war er zu dieser Zeit Sekretär der Congo Reform Association, und durch seine Bemühungen, mich für diese Bewegung zu interessieren, lernte ich ihn kennen. Er hatte, wie er mir erklärte, die Vorstellung, dass die Bedingungen der Eingeborenen im Kongo wie auch in anderen Teilen Afrikas nicht dauerhaft nur durch ein Bildungssystem, ähnlich dem in Hampton und Tuskegee, verbessert werden könnten . Die Kongo-Reformvereinigung sei, wie er erklärte, mit einem Werk der Zerstörung beschäftigt, aber was ihn hauptsächlich interessiere, sei, was in puncto Aufbau oder Wiederaufbau getan werden sollte, nachdem das Werk der Zerstörung abgeschlossen sei. Wir führten häufige Gespräche über das Thema, und auf diese Weise interessierte er sich schließlich für die Arbeit, die für die Neger in den Südstaaten geleistet wurde. Seitdem verbrachte er den größten Teil jedes Jahres im Süden, unterstützte mich bei meiner Arbeit in Tuskegee und nutzte die sich dadurch bietende Gelegenheit, um das sogenannte Negerproblem zu studieren. Der Grund, warum ich diese Aussage hier mache, ist, dass Doktor Park nicht nur mein Begleiter auf meiner gesamten Reise durch Europa war, sondern auch einige Monate vor mir nach Europa reiste und so die Gelegenheit hatte, die Situation zu studieren und dies zu ermöglichen Es hat mir ermöglicht, in kurzer Zeit mehr zu sehen, als ich sonst hätte tun können.

Auf diese und andere Weise ist er maßgeblich für den Inhalt dieses Buches verantwortlich.

Es war zum Beispiel Doktor Park, der die allgemeinen Pläne und Einzelheiten unserer Reise untersuchte. Er fungierte auch nicht nur als Begleiter, sondern auch als Führer und Dolmetscher. Er half mir auch bei der Beschaffung von Dokumenten und Literatur in den verschiedenen Ländern, die wir besuchten, was es mir ermöglichte, die Eindrücke, die ich vor Ort gewonnen hatte, zu korrigieren und sie durch Fakten und Statistiken über die von uns beobachteten Bedingungen zu ergänzen.

In mancherlei Hinsicht war Doktor Park besonders geeignet, mir diese Art von Hilfe zu leisten. Erstens hatte er sich in den Jahren, die er in Tuskegee verbrachte, gründlich mit den Bedingungen in den Südstaaten vertraut gemacht, und im Laufe der Beobachtungs- und Studienreise, auf der er mich begleitet hatte, hatten wir uns mit jeder einzelnen dieser Bedingungen gründlich vertraut gemacht so dass er nicht nur verstand, was ich wollte, sondern auch, was es für mich wichtig war, in Europa zu sehen.

Zweitens war Doktor Park kurz bevor ich ihn traf, gerade von einem vierjährigen Studium in Europa zurückgekehrt. Er war mit einem Großteil des Gebietes vertraut, das wir abdecken wollten, und sprach gleichzeitig die Sprache, die in den meisten Ländern, die wir besuchten, am nützlichsten war, nämlich Deutsch.

Zwei gemeinsam reisende Personen können unter allen Umständen viel mehr sehen und lernen als einer. Wenn es darum geht, in ein neues und unbekanntes Land zu reisen, trifft dies nachdrücklich zu. Aus diesem Grund ist ein großer Teil dessen, was ich über Europa gesehen und gelernt habe, direkt der Unterstützung von Doctor Park zu verdanken. Unser Vorgehen war ungefähr so: Wenn wir eine Stadt oder einen anderen Teil des Landes erreichten, den wir studieren wollten, machten wir uns normalerweise gemeinsam auf den Weg. Ich hatte ein Notizbuch, in dem ich sofort notierte, was ich sah und was mich interessierte, und Doktor Park, der Erfahrung als Zeitungsreporter hatte, benutzte seine Augen und Ohren. Dann verglichen wir im Laufe unserer langen Bahnreisen Notizen und Kommentare und sichteten so gründlich wie möglich die Fakten und Beobachtungen, die wir sammeln konnten. Sobald wir dann eine große Stadt erreichten, besorgte ich mir einen Stenographen und diktierte, so ausführlich ich konnte, die Geschichte dessen, was wir gesehen und gelernt hatten. Dabei habe ich die Beobachtungen von Doktor Park vermutlich genauso genutzt wie meine eigenen. Tatsächlich glaube ich nicht, dass ich jetzt sagen kann, wie viel von dem, was ich geschrieben habe, auf meinen eigenen persönlichen Beobachtungen basiert und was auf denen von Doktor Park. Daher sollte daran erinnert werden, dass dieses Buch zwar durchgehend in der Ich-Form geschrieben ist, aber die Beobachtungen zweier verschiedener Personen enthält.

In anderer Hinsicht hat Doctor Park dazu beigetragen, dieses Buch zu dem zu machen, was es ist. Während ich meinen eigenen Bericht über unsere Abenteuer diktierte, verbrachte er normalerweise die Zeit damit, in den Buchhandlungen und Bibliotheken nach Büchern oder Informationen zu suchen, die Aufschluss über die Angelegenheit gaben, die uns interessierte. Das Ergebnis war, dass wir fast einen Koffer voller Bücher, Papiere und Briefe mitbrachten , die wir an verschiedenen Orten und von verschiedenen Menschen, denen wir begegnet waren, erhalten hatten. Mit diesen Dokumenten machte sich Doktor Park dann daran, den Sachverhalt, den ich diktiert hatte, zu klären und zu vervollständigen, indem er das, was ich geschrieben hatte, ausfüllte und ergänzte. Die folgenden Kapitel sind das Ergebnis.

Ich machte mich, wie gesagt, von Amerika aus auf den Weg, um den Mann zu finden, der am weitesten unten war. In einem Zeitraum von etwa sechs Wochen besuchte ich Teile Englands, Schottlands, Deutschlands, Österreich-Ungarns, Italiens, Siziliens, Polens und Dänemarks. Ich verbrachte einige Zeit unter den ärmeren Schichten Londons und in mehreren Städten in Österreich und Italien. Ich habe gewissermaßen den Zustand der landwirtschaftlichen Bevölkerung in Sizilien, in Böhmen, Polen und Dänemark untersucht. Ich sah viel Trauriges und Deprimierendes, aber auch viel Hoffnungsvolles und Inspirierendes. So schlecht die Bedingungen an manchen Orten auch sind, ich glaube nicht, dass ich einen Ort besucht habe, an dem die Dinge jetzt nicht besser sind als vor einigen Jahren.

Ich habe auch festgestellt, dass die Verbindung zwischen Europa und Amerika viel enger und inniger ist, als ich es mir vorgestellt hatte. Ich bin mir sicher, dass nur sehr wenige Menschen in diesem Land erkennen, in welchem Ausmaß Amerika die Massen der Menschen in Europa berührt und beeinflusst hat. Ich denke, man kann mit Sicherheit sagen, dass kein einziger Einfluss, der heute dazu neigt, die Lage der Werktätigen in den Agrarregionen Südeuropas zu verändern und zu verbessern, größer ist als der ständige Strom der Auswanderung, der aus Europa nach Amerika strömt und wieder zurück nach Europa. Es sollte daran erinnert werden, dass nicht nur eine große Zahl dieser Menschen nach Amerika auswandert, sondern dass viele dieser Auswanderer auch zurückkehren und nicht nur Geld für den Kauf von Land mitbringen, sondern auch neue Ideen, höhere Ambitionen und eine umfassendere Weltanschauung.

Überall, wo ich hinkam, selbst in den entlegensten Teilen des Landes, wo die Menschen noch fast unberührt von den Einflüssen der modernen Zivilisation waren, traf ich Männer, die in gebrochenem Englisch, aber mit echter Begeisterung von Amerika sprachen. Als ich einmal eine halbtägige Reise mit Bahn und Planwagen in ein entferntes Dorf in Polen unternommen hatte, um etwas vom Leben in einem primitiven Bauerndorf zu sehen, wurde ich in der Landschenke vom Wirt und zwei oder drei begeistert begrüßt andere Personen, die alle eine Zeit lang in Amerika gelebt hatten und ein wenig Englisch sprachen.

Als ich ein anderes Mal die Schwefelminen in den Bergen Zentralsiziliens besuchte, war ich überrascht und erfreut, tief unten in einer dieser Minen, mehrere hundert Fuß unter der Oberfläche, einem Mann zu begegnen, mit dem ich vertraut sprechen konnte über die Kohlengruben von West Virginia, wo jeder von uns zu unterschiedlichen Zeiten als Minenarbeiter beschäftigt war .

Es schien keinen Teil Europas zu geben, der so weit entfernt oder so abgelegen war, dass die Legende von Amerika nicht bis dorthin vorgedrungen wäre; und der Einfluss Amerikas, der amerikanischen Ideen macht sich sicherlich in ganz deutlicher Weise in den untersten Schichten der europäischen Zivilisation bemerkbar.

Was mich jedoch am meisten beeindruckte, war die Lage der arbeitenden Frauen in Europa. Ich kenne die Statistiken nicht, aber wenn ich nach dem, was ich gesehen habe, urteilen darf, würde ich sagen, dass drei Viertel der Arbeit auf den Bauernhöfen und ein beträchtlicher Teil der schweren Arbeit in den Städten Europas von Frauen verrichtet werden. Und nicht nur das: Im ärmlichen Leben großer Städte wie London scheinen mir die Frauen stärker unter den bösen Einflüssen des Slumlebens zu leiden als die Männer. Kurz gesagt, wenn ich es so ausdrücken darf: Der Mann, der in Europa am weitesten unten ist, ist die Frau. Frauen haben die engste Einstellung, leisten die härteste Arbeit, haben den größten Bedarf an Bildung und sind am weitesten von den Einflüssen entfernt, die überall das Leben der Massen des europäischen Volkes heben.

KAPITEL II
DER MANN UNTEN IN LONDON

Die *Carmania* , das Schiff, mit dem ich gereist war, hat ihre Passagiere am späten Samstag in Fishguard vor der Küste von Wales von Bord gebracht. Der Sonderzug, der uns nach London brachte, erreichte die Stadt am frühen Sonntagmorgen, dem 28. August.

Als ich im Grau des frühen Morgens vom Bahnhof fuhr, wurde meine Aufmerksamkeit von einer seltsamen, formlosen und verrufenen Gestalt erregt, die aus dem Schatten eines Gebäudes schlich und langsam und niedergeschlagen die stille und leere Straße entlangging. In diesem Viertel der Stadt und im Vergleich zu dem soliden Ansehen und Komfort, den die Häuser um ihn herum verkörperten, wirkte die Gestalt dieses Mannes grotesk elend. Tatsächlich kam er mir wie das einsamste Objekt vor, das ich je gesehen hatte. Soweit ich sehen konnte, beobachtete ich ihn die Straße entlang. Er drehte sich weder nach links noch nach rechts, sondern bewegte sich langsam weiter, den Kopf zum Boden geneigt, offenbar auf der Suche nach etwas, das er nicht zu finden hoffte. Auf meiner Reise durch Europa habe ich viel Armut gesehen, aber ich glaube nicht, dass ich etwas so Hoffnungsloses und Elendes gesehen habe.

Ich war noch nicht lange in London, als mir klar wurde, dass dieser Mann ein Typ war. Es wird gesagt, dass es allein in East London zehntausende dieser obdachlosen und obdachlosen Männer und Frauen gibt. Sie sind jedoch nicht auf einen Teil der Stadt beschränkt. Man findet sie im modischen West End, wo sie auf den Bänken des St. James's Park faulenzen, aber auch im East End, wo die Massen der Werktätigen leben . Die Heilsarmee hat in vielen ärmeren Teilen der Stadt Unterkünfte für sie errichtet, wo sie für zwei bis acht Cent ein Zimmer zum Übernachten und manchmal ein Stück Brot und eine Schüssel Suppe bekommen können. Tausende von ihnen sind nicht in der Lage, die kleine Summe aufzubringen, die nötig wäre, um auch nur dieses Minimum an Nahrung und Komfort zu erhalten. Das sind die Ausgestoßenen und Zurückgewiesenen, die menschliche Verschwendung einer großen Stadt. Sie repräsentieren den Mann ganz unten in London.

Später, während meiner Streifzüge durch die Stadt, traf ich viele dieser hoffnungslosen und gebrochenen Männer. Ich sah sie an sonnigen Tagen nicht nur Männer, sondern auch Frauen sitzen, zusammengekauert auf Bänken oder ausgestreckt im Gras der Parks. Ich entdeckte sie in regnerischen Nächten, wie sie in Hauseingängen kauerten oder sich in dunklen Ecken zusammenkauerten, wo ein Bogen oder eine Mauer sie vor der Kälte schützte. Ich traf sie in den frühen Morgenstunden, bevor die Stadt erwachte, wie sie am Strand entlangkrochen und mit den Händen in den Müllkisten wühlten; und noch einmal, spät in der Nacht, am Ufer der Themse, wo Hunderte von ihnen – wenn der Nachtwächter es erlaubt – auf den Bänken oder ausgestreckt auf den Steinpflastern schlafen. Nach einiger Zeit lernte ich, denselben Typus unter der Verkleidung jener Straßenverkäufer zu unterscheiden, die an Straßenecken stehen und Kragenknöpfe, Streichhölzer und andere Kleinigkeiten verkaufen und ihre Hände in einer erbärmlichen Art und Weise flehentlich den Passanten zum Kauf entgegenstrecken ihre Waren.

Wann immer ich die Gelegenheit dazu fand, sprach ich mit einigen dieser Ausgestoßenen. Nach und nach, teils von ihnen selbst, teils von anderen, erfuhr ich etwas über ihre Geschichte. Ich fand heraus, dass es normalerweise der Alkohol war, der die unmittelbare Ursache für ihren Untergang war. Aber es gab immer andere und tiefere Ursachen. Die meisten von ihnen, so schien es mir, waren einfach von den Versuchungen und dem harten Wettbewerb des Lebens in einer großen Stadt niedergedrückt worden. Es kommt eine Zeit, in der der Handel langweilig wird; Männer, die es gewohnt waren, viel Geld auszugeben, beginnen, weniger auszugeben, und es gibt keine Arbeit mehr. In diesen Zeiten werden „je weniger effizient, weniger energisch, weniger stark, weniger jung, weniger regelmäßig, weniger gemäßigt oder weniger fügsam" verdrängt. Auf diese Weise haben diese Männer ihren Halt verloren und sind auf den Grund gesunken.

Ich erinnere mich, wie ich einen dieser Männer spät in der Nacht traf, als er am Ufer der Themse entlang spazierte. Im Verlauf meines Gesprächs mit ihm fragte ich ihn unter anderem, ob er gewählt habe und wenn ja, welcher politischen Partei er angehöre.

Er sah mich erstaunt an und sagte dann, er habe noch nie in seinem Leben gewählt. Es war eher sein Gesichtsausdruck als seine Worte, die mich beeindruckten. Dieser Gesichtsausdruck verriet mir, wie sehr er den Kontakt zur Welt um ihn herum verloren hatte. Tatsächlich hatte er, wie ich erfuhr, keine Familie, kein Zuhause, keine Freunde, keinen Beruf; er gehörte keiner Gesellschaft an; Soweit ich erfahren konnte, hatte er keine Ansichten über das Leben. Mitten in dieser großen Stadt war er so einsam wie ein Einsiedler.

Ein paar Wochen später stellte ich in einem kleinen Dorf in Galizien einem polnischen Bauern dieselbe Frage. „Oh ja", antwortete er eifrig; „ Jetzt stimmt hier jeder ab."

Vor sechzig Jahren waren die meisten Bauern in diesem Dorf, von dem ich gesprochen habe, Leibeigene, und erst vor zwei Jahren gab die Regierung ihnen allen das Wahlrecht. Dennoch werden die Menschen dieses Dorfes derzeit durch einen ihrer eigenen Mitglieder im kaiserlichen Parlament in Wien vertreten. Auf meinem Weg durch das Dorf hielt ich an dem kleinen

Laden dieses Mannes an. Ich fand zwei junge Mädchen, die den Laden betreuten, seine Töchter, aber der Vertreter selbst war nicht zu Hause.

Ich weiß nicht, warum ich diesen Umstand hier erwähnen sollte, außer dass mich der Kontrast in der Antwort dieser beiden Männer beeindruckte, von denen der eine von einem Bauern in Polen und der andere von einem Engländer in London stammte.

Es wird allgemein gesagt, dass der Neger in Amerika den Mann darstellt, der am weitesten unten steht. Als ich nach Europa reiste , hatte ich vor, die Massen des Negervolkes der Südstaaten mit den Massen in Europa in etwa derselben Zivilisationsstufe zu vergleichen. Es wäre zum Beispiel nicht schwer, den Neger im Süden mit dem polnischen Bauern zu vergleichen, weil die Massen der Polen, wie die Massen der Neger, ein landwirtschaftliches Volk sind.

Allerdings kenne ich unter den Negern in Amerika keine Klasse, mit der ich den Mann ganz unten in England vergleichen könnte. Was auch immer man über den Neger in Amerika sagen mag, er ist in der Regel kein Bettler. Es kommt sehr selten vor, dass jemand eine schwarze, um Almosen ausgestreckte Hand sieht. Man sieht zwar zu viele müßige und faule Neger an den Straßenecken und rund um die Bahnhöfe im Süden stehen, aber der Neger ist in der Regel kein Degenerierter. Wenn er in Amerika ganz unten ist, dann nicht, weil er rückwärts gegangen und untergegangen ist, sondern weil er nie wieder auferstanden ist.

Noch etwas zum Neger: Obwohl er oft arm ist, fehlt ihm nie die Hoffnung und eine gewisse Lebensfreude. Keine Härte, die er bisher erlebt hat, weder in der Sklaverei noch in der Freiheit, hat den Neger seines Lebenswillens beraubt. Die Rasse wuchs ständig und vermehrte sich in der Sklaverei, und in der Freiheit hat sie sich deutlich mehr als verdoppelt. Unter den Angehörigen meiner Rasse gibt es einige Leute, die sich über die Nöte beschweren, denen der Neger ausgesetzt ist, aber soweit ich weiß, hat noch keiner von ihnen jemals „Rassenselbstmord" als Lösung des Rassenproblems empfohlen.

Ich erwähne dies, weil ich festgestellt habe, dass in England genau das Gegenteil der Fall ist. Ich glaube nicht, dass mir irgendetwas, was ich während meines Aufenthalts in England sah oder hörte, einen ergreifenderen Eindruck von den Nöten der arbeitenden Menschen in England vermittelte als die Entdeckung, dass eine der meistgelesenen Wochenzeitungen Englands mit der Überschrift „ Die „White Slaves of Morality" führten eine öffentliche Kampagne zugunsten einer Verringerung der Familiengröße in der Arbeiterklasse.

Die Artikel, auf die ich mich beziehe und die von einer Frau verfasst wurden, waren einerseits ein Protest gegen den Klerus, weil dieser lehrte, dass es für Frauen unmoralisch wäre, Kinder zu verweigern, und andererseits gegen die Ärzte, die diesen Frauen das Wissen vorenthielten, mit dem sie die Größe ihrer Familien begrenzen könnten. Auf diese Artikel folgten Woche für Woche Briefe, die angeblich von arbeitenden Männern und Frauen stammten und von dem herzzerreißenden Kampf berichteten, den sie führten, um ihre Kinder mit dem Lohn zu versorgen, den sie verdienen konnten.

Was diese Artikel noch verblüffender machte, war die Tatsache, dass genau zu der Zeit, als sie den englischen Arbeitern das vorschlugen , was Ex-Präsident Roosevelt als „Rassenselbstmord" definiert hatte, täglich Tausende von Einwanderern aus dem Süden Europas nach London strömten Jahr, um die Plätze zu besetzen, die durch die Rezession des einheimischen Angelsächsischen frei geworden sind.

Bei meinem letzten Besuch in England war ich von dem kalten und formellen Charakter der englischen Zeitungen beeindruckt gewesen. Mir kam es so vor , als mangelte es ihnen völlig an menschlichem Interesse. Bei meinem letzten Besuch änderte sich meine Meinung über die Londoner Zeitungen erheblich. Ich fand, dass sich ein sorgfältiges Studium der Tageszeitung für jeden lohnen wird , der sich einen Einblick in die sozialen Verhältnisse in England verschaffen möchte.

Ich war zum Beispiel noch nicht länger als ein oder zwei Tage in London, als meine Aufmerksamkeit auf den folgenden Artikel in einer der Morgenzeitungen gelenkt wurde:

HUNGERNDE FAMILIE

Aufruf des Gerichtsmediziners an die Öffentlichkeit um
Hilfe

Dr. Wynn Westcott, der Gerichtsmediziner, berichtete von einem schrecklichen Fall von Hungersnot im Stoke Newington Coroner's Court und forderte die Presse auf, der wohltätigen Öffentlichkeit einen angemessenen Fall vorzulegen.

Er sagte, er habe eine Untersuchung über ein drei Wochen altes Baby durchgeführt, das verhungert sei. Sein Vater hatte drei Jahre lang keine reguläre Arbeit gehabt und in dieser Zeit nur wenig Gelegenheitsarbeit gehabt. Es gab so wenig Geld, dass auch die Mutter, Mrs. Attewell aus der White Hart Street, Stoke Newington, halb verhungert war. An dem Tag, an dem ihr Kind starb, hatte sie nur eine

Brotkruste gehabt, um sich zu ernähren, obwohl sie neuneinhalb Stunden lang Wäsche gewaschen hatte, um den Haushalt zu unterstützen.

Das Haus war vollkommen sauber, obwohl es praktisch keine Möbel mehr gab. Es war ein äußerst verdienstvoller Fall.

Nachdem ich diesen Artikel gelesen hatte, begann ich, die Papiere genauer zu studieren, und ich war überrascht, wie häufig solche Artikel vorkamen. Ich habe erfahren, dass das Local Government Board, das im englischen Kabinett durch Herrn John Burns vertreten wird, seit 1871 einen jährlichen Bericht oder eine sogenannte Übersicht über die Fälle herausgibt, in denen dies nach formeller Untersuchung durch die Jury eines Gerichtsmediziners erfolgt Es scheint, dass die Personen in London durch Hunger ums Leben kamen. Ich habe eine Kopie der Steuererklärung für 1908 erhalten, in der die Statistiken über die Hungersnot nicht nur für London, sondern auch für den Rest von England und Wales enthalten sind.

Die den Gerichtsmedizinern ausgestellten Formulare waren eindeutig. Sie sahen vor, dass die Rückgabe nur Fälle umfassen sollte, in denen die Jury feststellte, dass der Tod durch Hunger oder Entbehrungen aufgrund von Armut herbeigeführt wurde. Fälle, in denen der Tod durch Kälte, Hunger, Aussetzung usw. verursacht wurde und nicht mit Armut in Zusammenhang stand, wurden in dieser Erklärung nicht erfasst. Von den einhundertfünfundzwanzig gemeldeten Fällen von Hungersnot ereigneten sich zweiundfünfzig in London. In elf Fällen wurde beschrieben, dass der Tod auf Hunger in Verbindung mit einer anderen Ursache zurückzuführen sei, nämlich Krankheit, Alkohol, Exposition oder Selbstvernachlässigung. In achtzig der einhundertfünfundzwanzig Fälle wurde kein Antrag auf Armenhilfe gestellt, oder der Antrag wurde erst gestellt, als der Verstorbene im Sterben lag.

Wenige Tage, nachdem es mir gelungen war, diesen Bericht zu erhalten, erregte eines Morgens meine Aufmerksamkeit die Überschrift eines Zeitungsartikels: „Wie die Armen sterben." In dem Artikel ging es um den Fund der Leiche einer unbekannten Frau in einem Kellergewölbe eines Hauses unweit der Stelle, an der ich anhielt.

„Es scheint", hieß es in dem Artikel, „dass ein Mieter des Gebäudes am frühen Morgen eine Frau beobachtete, die im Keller schlief, aber dies wurde nicht besonders beachtet, da der Keller häufig von Fremden genutzt wurde." Solche Zwecke. Mr. Oliver, einer der Bewohner des Gebäudes, hatte Gelegenheit, nach unten zu gehen und sah die Frau. Sie kauerte in einer Ecke und hatte den Kopf zurückgelehnt. Die Polizei wurde gerufen und die Dienste von Doktor Barton in Anspruch genommen wurden requiriert...

Obwohl die Todesursache erst nach einer Obduktion des Leichnams bekannt sein wird, geht man davon aus, dass der Tod auf Hunger zurückzuführen war und fünfzig Jahre alt, und war in einem sehr abgemagerten Zustand und in sehr spärlicher Kleidung gekleidet.

Wenn ich in meinen öffentlichen Reden auf die Lage der Neger im Süden Bezug nahm, kam es nicht selten vor, dass bestimmte Angehörige meiner eigenen Rasse im Norden Einwände erhoben, weil ich, wie sie sagten, die Lage im Süden nicht schwarz genug dargestellt habe. Während meines Aufenthalts in England hatte ich die ungewöhnliche Erfahrung, aus demselben Grund in den Londoner Zeitungen kritisiert zu werden, diesmal von einem weißen Amerikaner. In dem Moment, als dieser Mann mich angriff, weil ich in meinen öffentlichen Interviews die Chancen und nicht das Unrecht der Neger im Süden betonte, besaß ich das Dokument, auf das ich mich bezog, und das die offizielle Geschichte von 52 wiedergibt Personen, eine für jede Woche im Jahr, die allein in der Stadt London aus Mangel an Nahrung gestorben waren.

Ich habe nie geleugnet, dass der Neger im Süden häufig mit Unrecht und Ungerechtigkeit konfrontiert wird; aber er verhungert nicht. Ich glaube nicht, dass im Süden jemals ein einziger Fall bekannt wurde, bei dem ein Neger an Nahrungsmangel starb. Tatsächlich ist es vergleichsweise selten, einen Neger in einem Armenhaus anzutreffen, es sei denn, er war krank oder aus anderen Gründen arbeitsunfähig.

Es war nicht meine Absicht in allem, was ich geschrieben habe, ein Urteil über die Menschen oder die Bedingungen zu fällen, die ich in den Ländern, die ich besucht habe, vorgefunden habe. Kritik ist bestenfalls eine undankbare Aufgabe, für die ich nicht gut geeignet bin. Ich werde auch nicht versuchen, Vorschläge zu machen, wie die Bedingungen verbessert werden könnten; Tatsächlich bin ich nach dem, was ich gelernt habe, davon überzeugt, dass die Menschen vor Ort die Bedingungen viel besser verstehen, als ich es je könnte, und ich hoffe, in einem späteren Kapitel etwas über die großartige Arbeit zu erzählen, die in England und anderswo geleistet wurde, um die Lage zu verbessern Lebensniveau und Komfort unter den Menschen, die in den Ländern, die ich besucht habe, ganz unten sind. Es ist mir ein Anliegen, hier einige der Vorteile hervorzuheben, die die Angehörigen meiner eigenen Rasse und insbesondere die in den Südstaaten lebenden Menschen derzeit zu haben scheinen. Es ist nicht schwer, die Nachteile zu erkennen, unter denen die Neger im Süden leiden . Jeder Reisende , der durch den Süden reist, sieht die herrschenden Zustände und kehrt häufig zurück, um Bücher darüber zu schreiben. Es besteht jedoch die Gefahr, dass die Möglichkeiten, auf die ich hingewiesen habe, von den Mitgliedern meiner Rasse übersehen oder nicht in vollem Umfang geschätzt werden, bis es zu spät ist.

Eine Richtung, in der der Neger im Süden einen Vorteil hat, ist die Arbeitskraft . Eines der erbärmlichsten Dinge, die ich in London, Liverpool und anderen englischen Städten sah, waren die Gruppen untätiger Männer, die an den Straßenecken herumstanden, besonders in der Nähe der Bars, weil sie keine Arbeit finden konnten.

Eines Tages, als ich eine der Hauptstraßen der Stadt entlangging, bemerkte ich eine ungewöhnlich große Menschenmenge, die vor einer Orgel stand, die am Straßenrand aufgestellt war. Als ich innehielt, um zu sehen, was an dieser Orgel so viel Aufmerksamkeit und Interesse erregte, stellte ich fest, dass der Mann, dem dieses Instrument gehörte, es als Werbemittel für seine Armut nutzte.

Überall auf der Vorderseite der Orgel waren Papiere und Dokumente verschiedener Art verputzt. Auf der einen Seite befand sich eine Liste mit Anzeigen, die aus den „Gesucht“-Kolumnen der Tageszeitungen stammten. Dem war eine Erklärung beigefügt, dass es sich hierbei um einige der Orte handelte, die der Mann am Vortag auf der Suche nach Arbeit besucht hatte, die er jedoch nicht finden konnte. Auf der anderen Seite der Orgel waren sechs oder sieben Pfandscheine angebracht, mit der Aussage: „Dies sind einige der Gegenstände, die meine liebe Frau verpfändet hat, um Essen für unsere Kinder zu beschaffen." Es folgte ein mitleiderregender Hilferuf. Das Erbärmliche daran war, dass die einzigen Personen, die außer mir anhielten, um sich diese Ausstellungsstücke anzusehen, eine Gruppe hungriger und verrufen aussehender Männer waren, die offensichtlich in ebenso großer Not waren wie der Mann, der die Orgel zerlegte. Ich habe diese Männer beobachtet. Nachdem sie die Schilder gelesen hatten, schauten sie die anderen Mitglieder der Gruppe fragend an und verfielen dann in dasselbe träge Schweigen, das ich so oft an den verlassenen Gestalten bemerkt hatte, die die Bänke der Parks füllten.

Mir kam es so vor, als ob sie beide den Mann bedauerten und bewunderten, der sich diese neuartige Art der Werbung für sein Unglück ausgedacht hatte. Ich habe dieselben Leute in anderen Fällen beobachtet, in denen es mir so vorkam, als würden sie mit einer Art Neid auf einen Bettler blicken , der blind oder lahm war oder ein anderes interessantes Unglück hatte, das es ihm ermöglichte, die Sympathie der Öffentlichkeit zu gewinnen.

Natürlich repräsentieren die Personen, die ich zu beschreiben versucht habe, nicht die Arbeiterklasse . Sie stellen den Mann ganz unten dar, der von Betteln oder Gelegenheitsarbeit lebt . Es zeigt jedoch, wie erbittert der Existenzkampf der Arbeiterklasse weiter oben ist , dass die Klasse unten, die Klasse, die in tatsächlicher Armut lebt, so groß und so deutlich sichtbar ist.

Während ich in London war , erhielt ich Briefe von sehr vielen Personen aller Schichten und Schichten. Einer davon stammte von einem farbigen Mann, der im Süden geboren und aufgewachsen war und unbedingt nach Hause zurückkehren wollte. Ich bin versucht, hier einige Passagen aus seinem Brief zu zitieren, denn sie zeigen, wie die Verhältnisse einen farbigen Mann aus dem Süden beeindruckten, der ihnen näher kam, als es mir möglich war. Er habe, wie er sagte, vierzehn Monate ohne Arbeit in London gelebt.

„Ich habe versucht, mich für eine Stelle zu bewerben", fuhr er fort. „ Sie sagten, sie wollten Engländer. Es scheint mir, dass ganz Großbritannien gegen die Negerrasse ist. Einige sagen: ‚Geh zurück in dein eigenes Land', wohlwissend, dass ich morgen fliegen würde, wenn ich die Mittel dazu hätte."

Vielleicht wäre es besser, einige Passagen aus seinem Brief wörtlich zu zitieren. Er sagt:

> Ich bekomme keinen Durchgang; Allein in London zu sein, ohne Hilfe oder Geld, wie eine Stecknadel im Heuhaufen, nichts als Kummer und Kummer. Als ich hörte, dass Mr. BT Washington in London war, appellierte ich im Namen Gottes, des Allmächtigen, an ihn, ob er mir möglicherweise mit einer Fahrkarte für die Überfahrt helfen kann, denn die Dame, die so freundlich war, mir eine Unterkunft zu geben, hat selbst kein Geld; Als Christin gab sie mir Essen für das, was sie sich leisten konnte. Nachts muss ich in einem Haus bei einer Witwe schlafen, die zwei Kinder hat, die ihren Lebensunterhalt mit Holzhacken bestreiten muss und eines Tages nicht genug verdient, um einen Laib Brot für ihre Kinder zu kaufen. Der Winter steht vor der Tür und ich komme gerne nach Hause, um Mais zu schälen, oder nach Maryland, um Austern zu essen . Es ist lange her, dass ich Wassermelone, Schweinefüße und Mais gegessen habe. Sagen Sie, Mr. Washington, wenn Sie jemals wüssten, was ein Mann in einem Loch ist, schätze ich, dass ich in einem Loch bin und die Tarnung zugedeckt habe. Ich sehe die Schweinekoteletts, das Maisbrot und die heißen Kekse, die mich dazu auffordern, vorbeizukommen und welche zu holen, und ich habe es schon oft versucht, bin aber gescheitert. Ich kann sie nicht erreichen; Der große Atlantische Ozean hält mich auf und ich bleibe
>
> Euer gehorsamer Diener,——

Dieser Brief, aus dem ich einige Auszüge gegeben habe, ist nur einer von vielen, die ich während meines Aufenthalts in London erhalten habe, nicht nur von farbigen , sondern auch von weißen Amerikanern, die nach England gekommen waren, um ihren Zustand zu verbessern oder ihr Glück zu suchen.

Arbeitskräften aller Art besteht und in dem es sogar arm ist, nicht vollständig zu schätzen wissen Menschen verhungern nicht.

Arbeiter zuteil werden könnte , würde ich sagen, dass er die gleichen Möglichkeiten für ständige und stetige Arbeit haben würde, die der Neger jetzt im Süden hat. Wenn ich gefragt würde, was der nächstgrößte Vorteil wäre, der dem englischen Arbeiter zuteil werden könnte, würde ich sagen, dass es Schulen wären, in denen jede Klasse lernen könnte, etwas gut zu machen – mit anderen Worten: der Nutzen der Art von industrieller Ausbildung, die wir derzeit in gewissem Maße den Negern in den Südstaaten zu vermitteln versuchen.

KAPITEL III
VON DER PETTICOAT LANE ZUM SKIBO CASTLE

Das erste, was mich an London beeindruckte, war seine Größe; Der zweite Grund war die große Kluft zwischen den verschiedenen Elementen der Bevölkerung.

London ist nicht nur die größte Stadt der Welt; Es ist auch die Stadt, in der die Klassentrennung am weitesten fortgeschritten ist. Das West End zum Beispiel ist die Heimat des Königs und des Hofes. Hier befinden sich die Houses of Parliament, die Westminster Abbey, das British Museum, die meisten historischen Denkmäler, die Kunstgalerien und fast alles, was im Leben der sieben Millionen Menschen, die die Bewohner der Stadt ausmachen, interessant, raffiniert und schön ist Stadt.

Wenn Sie jedoch am Trafalgar Square ein Taxi nehmen und ostwärts den Strand hinunter durch die Fleet Street fahren, wo alle wichtigen Zeitungen Londons erscheinen, vorbei an der Bank of England, der St. Paul's Cathedral und den interessanten Sehenswürdigkeiten und Szenen der Wenn man den älteren Teil der Stadt betritt, gelangt man plötzlich in eine ganz andere Region, deren Zentrum die berühmte Whitechapel ist.

Der Unterschied zwischen dem East End und dem West End von London besteht darin, dass es in East London keine Denkmäler, keine Banken, keine Hotels, Theater, Kunstgalerien gibt; keine Geschichte – nichts Interessantes und Anziehendes außer ihrer Armut und ihren Problemen. Alles andere ist eintönig und alltäglich.

Es ist jedoch, wie ich bald erfuhr, ein Fehler anzunehmen, dass East London ein Slum ist. Es ist in der Tat eine Stadt für sich und eine sehr bemerkenswerte Stadt, denn sie hat, einschließlich ihrer sogenannten Vororte East Ham und West Ham, eine Bevölkerung von etwas über zwei Millionen, die den größten Teil davon ausmacht fleißige, sparsame Menschen . Es hat auch seine dunklen Ecken, aber ich habe während meines Aufenthalts in der Stadt mehrere Teile Londons besucht, die in jeder Hinsicht erheblich schlechter waren als alles, was ich im East End gesehen habe.

Dennoch heißt es, dass mehr als hunderttausend Menschen in diesem Teil der Stadt trotz aller Hilfsmaßnahmen am Rande des Hungers leben. Diese Menschen sind so arm und hilflos, dass man einst ernsthaft vorschlug, sie vom Rest der Bevölkerung zu trennen und sie in eine eigenständige Stadt zu schicken, wo sie völlig unter der Leitung des Staates leben und arbeiten könnten . Es wurde vorgeschlagen, diese Hunderttausend der Ärmsten der Leitung und Fürsorge des Staates zu unterstellen, weil sie nicht in der Lage waren, für sich selbst zu sorgen, und weil erklärt wurde, dass der gesamte Dienst, den sie der Gemeinschaft erwiesen, vom Staat geleistet werden könne Der verbleibende Teil der Bevölkerung war in seinen Freizeitaktivitäten aktiv, so dass sie im Grunde genommen keine Hilfe, sondern ein Hindernis für das Leben der Stadt als Ganzes darstellten.

Den ersten Blick auf einen der charakteristischen Anblicke des East End-Lebens bekam ich in der Middlesex Street, oder Petticoat Lane, wie sie früher hieß. Die Petticoat Lane liegt im Zentrum des jüdischen Viertels und am Sonntagmorgen findet in dieser Straße ein berühmter Markt statt. Auf beiden Seiten der Durchgangsstraße, die von der Whitechapel Road nach Norden verläuft, bis sie sich in einigen Seitenstraßen verliert, sieht man eine doppelte Reihe von Handkarren, auf denen alle erdenklichen Waren, von Eheringen bis zu Aalen in Gelee, ausgestellt sind Verkauf. Auf beiden Seiten dieser Karren und mitten auf der Straße bahnt sich eine bunte Schar von Schnäppchenjägern ihren Weg durch die Menge und bleibt stehen, um die seltsamen Waren in den Karren zu begutachten oder den schrillen Schreien eines Straßenhändlers zu lauschen, der Schmerzmittel verkauft oder eine andere Art magisches Allheilmittel.

Fast alle Kaufleute sind Juden, aber die Mehrheit ihrer Kunden gehört den Stämmen der Heiden an. Unter anderem ist mir eine Klasse professioneller Kunden aufgefallen. Es handelte sich offensichtlich um Handwerker irgendeiner Art, die gekommen waren, um aus den zum Verkauf angebotenen Waren ein Flugzeug, eine Säge oder ein anderes gebrauchtes Werkzeug herauszusuchen; Andere waren auf der Suche nach nützlichen alten Eisenstücken, Bolzen, Messing, Federn, Schlüsseln und anderen Dingen dieser Art, die sie in ihrem Handwerk nutzen könnten.

Ich verbrachte eine Stunde oder länger damit, durch diese Straße und die angrenzende Gasse zu schlendern, auf die dieser Kleinkarrenverkehr übergeschwappt war. Second-Hand-Kleidung, gebrauchte Haushaltsartikel, Abfallfleisch vom Samstagsmarkt, alle möglichen abgenutzten und weggeworfenen Gegenstände, die aus den Müllhaufen der Stadt gefischt oder aus den regulären Handelskanälen verdrängt wurden, Finden Sie hier einen fertigen Markt.

Ich denke, dass es nicht die offensichtliche Armut war, die mich am meisten beeindruckte, sondern der düstere Ton der Menge und des gesamten Geschehens. Es war kein fröhliches Publikum; Es gab keine leuchtenden Farben und sehr wenig Gelächter. Es war eine schlecht gekleidete Menschenmenge, bestehend aus Leuten, die es seit langem gewohnt waren, sozusagen aus zweiter Hand und in enger Beziehung zum Pfandleiher zu leben.

In den Südstaaten dürfte es schwierig sein, einen Farbigen zu finden , der am Sonntag sein Aussehen nicht verändert hätte. Der schwarze Arbeiter ist nie so arm, dass er aus Respekt vor dem Sabbat vergisst, einen sauberen Kragen oder eine bunte Krawatte oder etwas Außergewöhnliches anzuziehen. Inmitten dieses geschäftigen, drängenden Gedränges fiel es mir schwer, mich daran zu erinnern, dass ich in England war und dass es Sonntag war. Irgendwie hatte ich eine ganz andere Vorstellung vom englischen Sabbath.

Petticoat Lane liegt mitten im „schwitzenden" Viertel, in dem die meiste billige Kleidung in London hergestellt wird. Durch Fenster und offene Türen konnte ich die blassen Gesichter der Kleidermacher sehen, die sich über ihre Arbeit beugten. Ich verstehe auch, dass in dieser Region viele Möbel hergestellt werden. Als ich im Vorbeigehen in einige Keller blickte, sah ich Männer, die an den Drehmaschinen arbeiteten. Unten am Ende der Straße befand sich eine Bar, in der ein geschäftiges Treiben herrschte. Das Gesetz in London besagt, soweit ich weiß, dass Reisende sonntags in einer öffentlichen Bar bedient werden dürfen, in anderen jedoch nicht. Um ein Reisender zu sein , ein echter Reisender , muss man aus einer Entfernung von mindestens fünf Kilometern gekommen sein. An dem Sonntagmorgen, als ich dort war, waren sehr viele Reisende in der Petticoat Lane.

Am selben Morgen besuchte ich Bethnal Green, ein weiteres und ganz anderes Viertel des East End. Es gibt eine Reihe dieser verschiedenen Viertel im East End, wie Stepney , Poplar, St. George's im Osten und so weiter. Jedes von ihnen hat seinen besonderen Bevölkerungstyp und seine eigenen besonderen Bedingungen. Whitechapel ist jüdisch; St. George's im Osten ist an einem Ende jüdisch und am anderen irisch, aber Bethnal Green ist englisch. Fast eine halbe Meile entlang der Bethnal Green Road fand ich einen weiteren Sonntagsmarkt in vollem Gange, und er war eher lauter und malerischer als der in der Petticoat Lane.

Es war ungefähr elf Uhr morgens; Die Hausfrauen von Bethnal Green waren auf der Straße auf der Suche nach Fleisch- und Gemüseschnäppchen für das Sonntagsessen. Eine der interessantesten Gruppen, an denen ich vorbeikam, drängte sich um einen Handkarren, an dem drei stämmige alte Frauen unter lautem Schreien einen Ballen nach dem anderen billigen Baumwollstoff zu einer um ihren Karren versammelten Frauenschar abspulten.

Zu einem anderen Zeitpunkt „versteigerte" ein Mann billige Stücke gefrorenen Rindfleischs aus Australien zu Preisen zwischen 4 und 8 Cent pro Pfund. Ein anderer verkaufte Fisch, ein anderer Geschirr, ein dritter Blechgeschirr und so weiter die gesamte Liste der Grundnahrungsmittel für den Haushalt.

Der Markt an der Bethnal Green Road erstreckt sich über eine Straße namens Brick Lane und zweigt von dieser wiederum in andere, engere Straßen ab. In einem davon gibt es einen Markt ausschließlich für Vögel und in einem anderen für verschiedene Arten von Zierartikeln, die nicht zum ersten Mal notwendig sind. Das Interessante an diesem ganzen Verkehr war, dass es den verschiedenen Handelsklassen irgendwie gelungen war, sich so zu organisieren, dass alle Waren einer bestimmten Art an einem Ort ausgestellt wurden, obwohl niemand irgendeine Kontrolle darüber auszuüben schien die Waren einer anderen Art in einer anderen, alles in regelmäßiger und systematischer Reihenfolge. Die Straßen waren so belebt und überfüllt, dass ich mich fragte, ob es in diesem Teil der Stadt noch Leute gab, die die Kirchen besuchen konnten.

Eines der Wunder Londons ist die Vielzahl an hübschen und stattlichen Kirchen. Man trifft diese wunderschönen Gebäude überall an, nicht nur im West End, wo genügend Reichtum vorhanden ist, um sie zu bauen und zu unterhalten, sondern auch in den überfüllten Straßen des Geschäftsviertels der Stadt, wo es keine Menschen mehr gibt, die sich um sie kümmern. Selbst in den schmutzigsten Vierteln des East End, wo alles aus Dreck und Elend besteht, wird man wahrscheinlich unerwartet auf eine dieser wunderschönen alten Kirchen stoßen, mit ihrem ruhigen Kirchhof und kleinen Grünflächen, die an die Zeit erinnern, als die Region, die heute ist Jetzt war es voller endloser Reihen schäbiger Stadtwohnungen und vielleicht auch mit hübschen Landdörfern übersät. Diese Kirchen sind wunderschön, aber soweit ich sehen konnte, waren sie größtenteils still und leer. Die Massen der Menschen genießen die Grünanlagen draußen, besuchen aber in der Regel nicht die Gottesdienste drinnen, fürchte ich. Sie sind zu beschäftigt.

Es liegt nicht daran, dass die Kirchen sich nicht bemühen, die Menschen zu erreichen, dass die Massen nicht zu ihnen gehen. Man muss nur die außerhalb der Kirchengebäude angebrachten Bekanntmachungen über Abendschulen, Vorlesungen, Männerclubs und Frauenclubs und viele andere Organisationen unterschiedlicher Art lesen, um zu wissen, dass es auf Seiten der Kirche viel Ernsthaftigkeit und Mühe gibt die Kirchen, sich zu engagieren und den Menschen zu helfen. Das Problem scheint darin zu liegen, dass die Menschen nicht gleichzeitig die Kirche erreichen. Es ist eines der Ergebnisse der Distanz zwischen den Klassen, die herrschen, und den Klassen, die arbeiten. Von Whitechapel bis zum St. James's Park ist es zu weit. Was Herr Kipling in einem anderen Zusammenhang sagt, scheint auch auf London zuzutreffen:

„Der Osten ist Osten und der Westen ist Westen,

   Und niemals werden sich diese beiden treffen.

Während auf der einen Seite der Bethnal Green Road die Krämer schrien und die Menge damit beschäftigt war, um Essen und Kleidung zu feilschen, bemerkte ich auf der anderen Straßenseite einen Prediger am Wegesrand. Ich ging hinüber und hörte zu, was er zu sagen hatte, und dann bemerkte ich die Wirkung seiner Worte auf seine Zuhörer. Er hatte etwa ein Dutzend Personen um sich versammelt, die meisten von ihnen schienen jedoch seine eigenen Anhänger zu sein, die nur zu der Versammlung gekommen waren, um ihm ihre moralische Unterstützung zukommen zu lassen. Die große Masse der Menschen, die die Straße auf und ab gingen, schenkte ihm nicht die geringste Beachtung. Es gab keinen Zweifel an der Ernsthaftigkeit und Aufrichtigkeit des Mannes, aber als ich zuhörte, was er zu sagen hatte, konnte ich in seinen Worten nichts finden, was meiner Meinung nach das Leben der Menschen um ihn herum in direkter oder eindeutiger Weise berührt hätte. Tatsächlich bezweifelte ich, dass die Mehrheit von ihnen wirklich verstehen konnte, wovon er sprach.

Etwas später hatte ich in einem anderen Teil der Stadt Gelegenheit, einem weiteren dieser Straßenprediger zuzuhören. In diesem Fall war er ein junger Mann, offenbar frisch vom College, und er bemühte sich, wie es mir schien, aufrichtig darum, die Menschen, die das Licht der Fackeln und die Musik angezogen hatten, auf praktische Weise zu erreichen und zu beeinflussen zum Treffen. Ich bemerkte, dass die Leute respektvoll zuhörten, was er zu sagen hatte, und ich habe keinen Zweifel, dass sie ebenso wie ich von seinem offensichtlichen Wunsch, ihnen zu helfen, beeindruckt waren. Es war jedoch nur zu offensichtlich, dass er eine andere Sprache als ihre sprach; Man könnte fast sagen, dass er einer anderen Rasse angehörte. Die Kluft zwischen ihnen war zu groß.

Nachdem ich diesem Mann zugehört hatte, dachte ich, ich könnte ihn auf eine Weise verstehen, die ich vor dem großen Erfolg, den die Heilsarmee einst unter den Massen von East London hatte, nicht verstanden hatte. Zumindest in ihren Anfängen bestand die Heilsarmee aus dem Volk; es wählte seine Prediger auf der Straße aus; es appellierte an die Massen, denen es helfen wollte, um Unterstützung; Tatsächlich veranlasste es die Slums, sich an die Arbeit zu machen, um sich selbst zu retten. Soweit ich weiß, ist die Heilsarmee in East London nicht mehr so beliebt wie früher. Ein Problem mit der Heilsarmee besteht, wie auch mit vielen anderen Bemühungen, die unternommen wurden, um den Menschen in East London zu helfen, darin, dass die Heilsarmee versucht, nur diejenigen zu erreichen, die bereits am Boden sind; Es wird nicht versucht, sich mit dem größeren und tieferen Problem der Rettung derjenigen zu befassen, die noch nicht gefallen sind.

Das Problem des am weitesten unten stehenden Mannes, ob er in Amerika oder in Europa lebt und ob er schwarz oder weiß ist, ist meiner Meinung nach nicht nur ein Problem der Bekehrung, sondern auch der Bildung. Mit anderen Worten: Es ist notwendig, den Massen in den unteren Lebensschichten die Bereitschaft zu vermitteln, ein nüchternes, ehrliches und nützliches Leben zu führen, aber es ist auch notwendig, ihnen die Möglichkeit und Vorbereitung zu geben, ein solches Leben zu führen nachdem sie die Bereitschaft dazu erlangt haben.

Der Neger in Amerika ist, ungeachtet seiner Nachteile in anderen Richtungen, religiösen Einflüssen gegenüber nicht gleichgültig. Der Neger ist nicht nur von Natur aus religiös, sondern die Religion, die er in Amerika genießt, ist auch seine eigene in einem Sinne, der meines Erachtens auf einen Großteil des religiösen Lebens und der religiösen Arbeit unter den Menschen in East London nicht zutrifft.

Die mächtigste und einflussreichste Organisation unter den Negern in Amerika ist heute die Negerkirche, und die Neger unterstützen ihre eigenen Kirchen. Sie unterstützen nicht nur die Kirchen und Pfarrer, sondern auch eine große Anzahl von Schulen und Hochschulen, in denen ihre Kinder, und insbesondere diejenigen, die Pfarrer werden möchten, eine Ausbildung erhalten können. Diese kleinen theologischen Seminare sind häufig schlecht ausgestattet und es mangelt ihnen an fast allem außer guten Absichten; Im Allgemeinen sind sie jedoch so gut, wie die Menschen sie herstellen können. Die Negerprediger in den abgelegenen Bezirken des Südens sind häufig unhöflich und unwissend und manchmal unmoralisch, aber sie haben den Vorteil, dass sie aus dem Volk stammen und es repräsentieren, und die Religion, die sie predigen, ist eine Religion, die als Reaktion darauf entstanden ist die tatsächlichen Bedürfnisse und Gefühle der Massen des Negervolkes. Mit anderen Worten, die Religion der Neger in Amerika steht auf einer soliden Grundlage, weil die Negerkirche nie den Kontakt zu den Massen des Negervolkes verloren hat.

Nachdem ich East London an meinem ersten Sonntag in England verlassen hatte, fuhr ich etwa fünfzehn Meilen durch den berühmten Epping Forest nach Waltham Abbey, dem Landsitz von Sir T. Fowell Buxton , einem Enkel von Sir T. Fowell Buxton, der die Nachfolge von Wilberforce als Anführer antrat die Anti-Sklaverei-Partei im Parlament, und der den Gesetzentwurf ausarbeitete, der schließlich zur Emanzipation der Sklaven in Englisch-Westindien führte.

Es gibt sicherlich kein schöneres Land als das ländliche England. Blühende Weinreben bedecken die bescheidenen Hütten der Landarbeiter ebenso wie die luxuriösen Landsitze der Grundbesitzer und verleihen allem, worauf das Auge ruht, einen Charme. Die blühende Frische des Landes beeindruckte mich umso mehr, als ich dem drückenden Leben der überfüllten Stadt entkommen war. Ich erfuhr jedoch, dass das ländliche England seit langem stetig an Bevölkerung verliert. Von 1891 bis 1900 soll die Zahl der Landarbeiter in England um 20 Prozent zurückgegangen sein, und Schätzungen zufolge ist die Landbevölkerung in England und Wales um etwa 30 bis 40 Prozent zurückgegangen. im vergangenen Jahrhundert, in einer Zeit, in der sich die Stadtbevölkerung um ein Vielfaches vervielfacht hat.

Natürlich gibt es viele Gründe für diesen Rückgang der landwirtschaftlichen Bevölkerung. Einer davon ist, dass es derzeit nicht mehr als 15 Prozent sind. des Landes in England wird von den Menschen bewirtschaftet, denen es gehört. 38.000 Grundbesitzer besitzen vier Fünftel aller landwirtschaftlichen Flächen in England.

Ein paar Tage nach meinem Besuch bei Sir Fowell Buxton in Waltham Abbey reiste ich nach Nordschottland, um Mr. Andrew Carnegie auf Skibo Castle zu besuchen. Während meines Aufenthalts hatte ich Gelegenheit, die landwirtschaftlichen Bedingungen in diesem Teil der Welt kennenzulernen.

In Schottland sind die Möglichkeiten für Kleinbauern, Land zu erwerben, noch geringer als in England. Vor einigen Jahren besaßen angeblich 24 Personen in Schottland Ländereien mit einer Fläche von mehr als 100.000 Acres. Der Herzog von Sutherland besitzt ein Gebiet, das sich, wie mir gesagt wurde, quer durch Schottland von Küste zu Küste erstreckt.

In keinem Land der Welt ist ein so kleiner Teil der Bevölkerung in der Landwirtschaft tätig wie in England. Zum Beispiel 68 Prozent. der Bevölkerung Ungarns, 59 Prozent. der Bevölkerung Italiens, 48 Prozent. der Bevölkerung Dänemarks, 37,5 Prozent. der Bevölkerung der Vereinigten Staaten sind in der Landwirtschaft tätig. In England und Wales waren es 1901 nur 8 Prozent. waren in der Landwirtschaft tätig.

Es stimmt nicht nur, dass ein größerer Anteil der Bevölkerung Englands als in anderen Ländern vom Land in die Stadt gezogen ist, sondern in England ist auch die Entfernung zwischen dem Mann in der Stadt und dem Mann auf dem Boden größer anderswo. Man kann beispielsweise sagen, dass in Italien der Unterschied zwischen dem Landarbeiter und dem Arbeiter in der Stadt kaum existiert; Der Mann, der zu einem Teil des Jahres Arbeit in der Stadt findet, wird höchstwahrscheinlich auch zu einer anderen Jahreszeit auf dem Land bei der Arbeit sein.

Auch in Deutschland fiel mir auf, dass sich viele Produktionsstätten auf dem Land befanden, wo die Fabrikarbeiter die Möglichkeit hatten, ein kleines Stück Land zu bewirtschaften. In dem Maße, wie er seine Lebensmittel selbst anbauen konnte, hat sich der Fabrikarbeiter in Deutschland unabhängig von den Herstellern und dem Markt gemacht.

In Ungarn wurde mir erzählt, dass in der Erntezeit die öffentlichen Arbeiten verwaist waren und viele Fabriken geschlossen werden mussten, weil alle aufs Land gingen, um auf den Feldern zu arbeiten.

Was mich nun bei der Beobachtung der enormen Vertreibung der Landbevölkerung Englands, repräsentiert durch diese riesige Arbeitergemeinde im Osten Londons, interessierte, war das Ausmaß, in dem der englische Arbeiter durch den Umzug vom Land in die Stadt seine Heimat verloren hatte natürliche Unabhängigkeit.

Arbeiter seinen Einfluss auf den Boden verlor, machte er sich in besonderer Weise von der Organisation der ihn umgebenden Gesellschaft abhängig. Er kann zum Beispiel weder ein eigenes Haus bauen noch seine eigenen Lebensmittel anbauen. In der Stadt muss er eine viel höhere Miete zahlen, als er auf dem Land zahlen müsste. Er muss beständiger arbeiten, um zu leben, und er muss sich auf jemand anderen verlassen, der ihm die Möglichkeit gibt, zu arbeiten. Obwohl der englische Arbeiter wahrscheinlich besser bezahlt und besser ernährt wird als jeder andere Arbeiter in Europa, ist er in dieser Hinsicht weniger vor den Auswirkungen der Konkurrenz geschützt. Er leidet eher unter der fehlenden Arbeitsmöglichkeit.

Ebenso ist England als Ganzes für den Verkauf seiner Industrieprodukte und den Einkauf seiner Lebensmittelversorgung stärker vom Ausland abhängig als jedes andere Land in Europa. So wird man feststellen, dass die meisten der großen Fragen, die jetzt England beschäftigen, wie auch die meisten großen Fragen, die andere Länder in Europa bewegen, mehr oder weniger direkt mit der Frage der Landwirtschaft und der Lage der Arbeiter in der Landwirtschaft zu tun haben Land.

Ich habe im vorigen Kapitel gesagt, dass ein Vorteil, den die Neger im Süden hatten, die Möglichkeit war, für die Nachfrager zu arbeiten. Der Neger im Süden hat Möglichkeiten in einer anderen Richtung, die kein anderer Mann in seiner Position außerhalb Amerikas hat: Er hat die Möglichkeit, Land zu bekommen. Niemand, der Europa nicht besucht hat, kann verstehen, was die Möglichkeit, Land zu bekommen, für eine Rasse bedeutet, die erst vor kurzem ihre Freiheit erlangt hat.

Niemand, der nicht etwas von den Nöten des durchschnittlichen Arbeiters in einer großen Stadt wie London gesehen hat, kann das Privileg verstehen, das wir in den Südstaaten haben, in ländlichen Bezirken zu leben, wo es Unabhängigkeit und einen Lebensunterhalt für jeden gibt wo wir die Möglichkeit haben, uns für immer auf dem Boden zu verankern.

KAPITEL IV
ERSTER EINDRUCK DES LEBENS UND DER ARBEIT AUF DEM KONTINENT

An einem klaren, kalten Morgen, ungefähr am ersten September, nahm ich an der Bonar Bridge im Norden Schottlands einen Zug in Richtung Süden. Es wehte ein kalter Wind, und Bonar Bridge liegt, wie ich aus einem Blick in meinen Atlas erfuhr, etwa auf dem Breitengrad des nördlichen Labradors – tatsächlich weiter nördlich, als ich es mir jemals in meinem Leben erträumt hätte.

Die nächsten vier oder fünf Stunden verbrachte ich damit, aus dem Autofenster auf die kahlen, braunen Moore zu schauen und die Schafherden und die kleinen strohgedeckten Hütten an den einsamen Hängen zu beobachten.

Drei Tage später war ich in der wunderschönen Bergregion unterhalb von Dresden auf dem Weg nach Prag, der Hauptstadt Böhmens. In vielerlei Hinsicht sind die Bedingungen in den landwirtschaftlichen Regionen Böhmens genauso primitiv wie unter den Kleinbauern im Norden Schottlands. Beispielsweise gibt es in Böhmen eine größere Zahl von Kleinbauern, die ihr eigenes Land besitzen, als in Schottland, aber der schottische Kleinbauer hat, obwohl er weiterhin Pächter eines großen Anwesens ist, gegenwärtig eine sicherere Position auf dem Boden als der Mann, der sein Land in Böhmen verpachtet. Ansonsten sind die schottischen Hochländer, deren Land ich gerade verlassen hatte, und die Tschechen, deren Land ich gerade betreten hatte, so unterschiedlich, wie man es sich nur vorstellen kann.

Unter anderem ist mir aufgefallen, dass die Bauern in diesem Teil der Welt nicht wie in Schottland und überall in Amerika getrennt und verstreut auf dem offenen Land leben. Im Gegenteil, die böhmischen Bauern leben zusammengedrängt in kleinen Dörfern inmitten der umliegenden Felder, von denen sie morgens zur Arbeit gehen und abends wieder zurückkehren.

Diese unterschiedliche Art der Bodenbesiedlung ist eines der Merkmale, durch die sich die Menschen im Norden Europas von denen im Süden unterscheiden. Die Menschen im Norden siedeln sich in weit verstreuten Gehöften an, während sich die Menschen im Süden ausnahmslos in kleinen Dörfern zusammenschließen, und jeder Einzelne wird in hohem Maße von der Gemeinschaft abhängig und verliert sich im Leben um ihn herum. Dies erklärt zu einem großen Teil den unterschiedlichen Charakter der nördlichen und südlichen Menschen. Im Norden sind die Menschen unabhängiger; im Süden sind sie sozialer. Die Menschen im Norden haben mehr Initiative; Sie sind natürliche Pioniere. Die Menschen im Süden sind fügsamer und kommen mit den Zwängen und Einschränkungen des Stadtlebens besser zurecht. Es wird auch gesagt, dass dies erklärt, warum die Menschen, die jetzt aus dem Süden Europas nach Amerika kommen, obwohl die meisten von ihnen vom Land kommen, nicht in die ländlichen Gebiete Amerikas ziehen, sondern es vorziehen leben in den Städten oder kolonisieren, wie es bei den Italienern der Fall zu sein scheint, die Vororte der Großstädte.

Was mich auch interessierte, war der Anblick der Frauen, die auf dem Land arbeiteten. Ich war auf dem Weg von Berlin nach Süden noch nicht weit gekommen, als meine Aufmerksamkeit auf die vielen Frauen auf den Feldern fiel. Als ich weiter nach Süden ging, nahm die Zahl dieser Arbeiterinnen stetig zu, bis sie den Männern gleichkamen oder diese sogar übertrafen. Eines davon hatte ich aus nächster Nähe zu sehen; Sie war grob gekleidet, barfuß und trug einen Rechen über der Schulter. Ich hatte schon einmal Bilder von so etwas gesehen, aber nie das Original.

Außerhalb Italiens habe ich selten Männer gesehen, die barfuß gingen, weder auf dem Land noch in der Stadt, aber in Südeuropa scheint es unter den berufstätigen Frauen Brauch zu sein, und ich habe es als Hinweis auf die niedrigere Stellung gewertet, die Frauen unter ihnen einnehmen Menschen in Südeuropa im Vergleich zu der Position, die sie in Amerika einnehmen. Später im Laufe meiner Reise sah ich viele barfüßige Frauen, sowohl auf dem Feld als auch anderswo. Ich gestehe jedoch, dass ich überrascht war, in Wien, Österreich, Frauen zu treffen, die barfuß über die Bürgersteige einer der angesagtesten Straßen der Stadt liefen, wie ich es mehrmals dort erlebt habe. Als ich eines Tages mit einem gebürtigen Österreicher sprach, drückte ich meine Überraschung über das aus, was ich gesehen hatte.

„Na ja“, antwortete er, „das sind Slowaken.“

Wie deutlich erinnerte mich das an eine parallele Bemerkung, die ich kannte: „Na ja, das sind Neger!“

Es war der Ton dieser Antwort, der meine Aufmerksamkeit erregte. Es betonte, was ich bald als ein weiteres charakteristisches Merkmal des Lebens in Südeuropa entdeckte. Überall, wo ich in Österreich und Ungarn war, fand ich die Menschen geteilt nach der Rasse, der sie angehörten. Es gab ein Rennen an der Spitze, ein anderes am Ende, und dann gab es vielleicht zwei oder drei andere Rennen, die dazwischen relativ höhere oder niedrigere Positionen belegten. In den meisten Fällen handelte es sich um einen Teil der slawischen Rasse, von der es im Kaiserreich Österreich etwa fünf oder sechs verschiedene Zweige gibt, die am Ende stand.

In meinen Bemühungen, etwas über diese sogenannten „minderwertigen Menschen“ herauszufinden, habe ich mich mehrmals bei ihren erfolgreicheren Nachbarn nach ihnen erkundigt . In fast allen Fällen, egal um welche Rasse es sich handelte, erhielt ich die gleiche Antwort. Mir wurde gesagt, dass sie faul seien und nicht arbeiten würden; dass sie keine Initiative hatten; dass sie unmoralisch und nicht in der Lage seien, sich selbst zu regieren. Gleichzeitig stellte ich fest, dass sie fast die gesamte wirklich harte, unangenehme und schlecht bezahlte Arbeit verrichteten , die verrichtet wurde. Normalerweise stellte ich auch fest, dass sie Fortschritte machten, da sie weniger Möglichkeiten hatten als die Menschen um sie herum.

Ich war oft überrascht über die Bitterkeit zwischen den Rennen. Ich habe gehört, wie Menschen heftiger redeten, aber ich glaube nicht, dass ich jemanden gehört habe etwas Schlimmeres in Bezug auf den Neger sagen als einige der Aussagen, die von Angehörigen einer Rasse in Österreich in Bezug auf Angehörige einer anderen Rasse gemacht werden.

Spät in der Nacht erreichte ich die Stadt Prag und erwachte am nächsten Morgen in einer für mich völlig neuen Welt. Prag sah zwar nicht so anders aus als andere europäische Städte, die ich gesehen hatte, aber die Sprache klang seltsamer als alles andere, was ich je gehört hatte. Ich behaupte nicht, Deutsch zu verstehen, aber es schien mir, dass diese Sprache im Vergleich zum Tschechischen etwas Vertrautes und Freundliches an sich hatte.

Die Tschechen sind nur eine der siebzehn Rassen Österreich-Ungarns, von denen jede, mit Ausnahme der Juden, die in allem eine Ausnahme bilden, ihre eigene Sprache bewahren und, wenn möglich, alle ihre Nachbarn zwingen will um es zu lernen. Die Bewahrung der eigenen Sprache ist in den ländlichen Gebieten nicht schwierig, wo jede Rasse getrennt in ihrem eigenen Dorf lebt und ihre eigenen besonderen Bräuche und Traditionen pflegt. Schwieriger ist es in den Großstädten wie Wien und Budapest, wo die verschiedenen Nationalitäten in engen Kontakt miteinander und mit der größeren europäischen Welt kommen.

Im Nordosten Ungarns gibt es eine Region, in der man im Laufe eines Tages nacheinander Dörfer durchqueren kann, in denen bis zu fünf verschiedene Rassen leben: Ruthenen, Juden, Rumänen, Ungarn und Deutsche. Eine Rassenkarte des Doppelimperiums zeigt Bezirke, in denen eine Rasse vorherrscht, aber diese gleichen Bezirke werden höchstwahrscheinlich mit Dörfern übersät sein, in denen noch Fragmente anderer Rassen überleben, von denen einige, wie die Türken, so zahlreich sind, dass sie werden nicht gesondert zur Bevölkerung gezählt. Unter diesen Umständen ist das Reisen in diesem Teil der Welt interessant, aber nicht einfach.

Glücklicherweise hatte ich Empfehlungsschreiben an Dr. Albert W. Clarke, Leiter der österreichischen Niederlassung des American Board of Missions in Prag, und er stellte mich einigen seiner muttersprachlichen Assistenten vor, die Englisch sprachen, und half mir freundlicherweise bei der Suche nach etwas Am liebsten wollte ich etwas von der Stadt und den Menschen sehen. Durch ihn hatte ich die Gelegenheit, in einige der Mietshäuser zu gelangen, in denen Europäer leben, und einige der arbeitenden Menschen in ihren Häusern zu sehen. Ich hatte keine Gelegenheit, die Teile der Stadt zu erkunden, in denen die sehr armen Menschen leben; Tatsächlich wurde mir gesagt, dass es in Prag nichts gäbe, was den Slums unserer englischen und amerikanischen Städte entspräche. Es gibt viel Armut, aber es ist Armut einer Art Selbstachtung – nicht derer, die besiegt und untergegangen sind, sondern derer, die nie wieder aufgestanden sind.

Ich fand heraus, dass der durchschnittliche böhmische Arbeiter in zwei Zimmern lebte und für einen Lohn arbeitete, der erheblich geringer war, als die gleiche Art von Arbeit in England eingebracht hätte, und sehr viel weniger, als die gleiche Art von Arbeit in Amerika eingebracht hätte. Es nützt jedoch kaum, die Löhne von Männern zu vergleichen, wenn man nicht alle Rahmenbedingungen miteinander vergleichen kann.

Während meines Aufenthaltes in Prag hatte ich Gelegenheit, das Leben der bäuerlichen Bevölkerung hautnah zu erleben. Unter der Leitung eines Assistenten von Doktor Clarke fuhr ich eines Tages in ein kleines Dorf, in dem es eine Reihe von Menschen gab, die unter den Einfluss der amerikanischen Mission in Prag geraten waren, und wo mir versichert wurde, dass ich dort willkommen sein würde .

Es war vielleicht nicht der beste Ort, um eine Vorstellung davon zu bekommen, was das böhmische Landleben am charakteristischsten ist. Ich hatte gehofft, etwas von den örtlichen Bräuchen der Landbevölkerung zu sehen, aber obwohl es bei meinem Besuch ein Feiertag war, sah ich kein einziges Bauernkostüm.

Ich verstehe, dass es in Böhmen immer noch viele Orte gibt, an denen die Menschen stolz darauf sind, die Nationaltracht zu tragen, und es gibt immer noch viele Teile des österreichischen Reiches, in denen Relikte der älteren Zivilisation verbleiben. Tatsächlich habe ich von Orten gehört, wo angeblich die Bauern noch immer die alten Feudalabgaben zahlen; andernorts wird der alte unfreie Zustand der Bauern noch immer in der Form der Leibeigenschaft fortgeführt, wie sie manchmal noch in unseren Südstaaten zu finden ist. In diesem Fall haben sich die Bauern für Land verschuldet. Es ist ihnen nicht gestattet, diese Schulden abzuarbeiten, und dies dient als Vorwand , sie an den Boden zu binden. Aber Bildung und das Wachstum der verarbeitenden Industrie haben die Spuren der älteren Zivilisation aus dem größten Teil Böhmens verbannt.

In dem Dorf, das ich besuchte, stehen, wie in den meisten Bauerndörfern in diesem Teil der Welt, die Häuser der Bauern ziemlich dicht aneinander auf beiden Seiten der Straße. Im hinteren Teil liegen die Dienstbotenunterkünfte, die Vorratshäuser und die Ställe, die Schweineställe und die Kuhställe, alle eng miteinander verbunden, so dass es mir oft ein wenig unklar war, wo die Dienstbotenunterkünfte aufgehört haben und welche denn die Tiere begannen. Tatsächlich wurde an manchen Stellen keine eindeutige Unterscheidung getroffen.

Einer der interessantesten Orte, die ich während meines Aufenthalts in diesem Dorf besuchte, war ein Milchbauernhof, der von einem Juden geführt wurde. Offensichtlich gehörte er zu den Angehörigen der unteren oder mittleren Klasse – ein Typus, von dem man in Europa viel hört –, denen es trotz sehr geringer Kenntnisse oder Fähigkeiten in der eigentlichen Arbeit der Landwirtschaft durch ihr überlegenes kaufmännisches Geschick gelungen ist, das Land in Besitz zu nehmen und den Bauern auf eine Position zu reduzieren, die nicht viel besser ist als die eines Leibeigenen. Dieser Mann betrieb nicht nur eine Milchfarm, sondern betrieb außerdem zwei oder drei Ziegeleien und hatte andere umfangreiche Geschäftsinteressen im Dorf. Obwohl er ein wohlhabender und intelligenter Mann war, hatte er seine Wohnung inmitten eines Geländes, um das sich Häuser für seine Arbeiter , Kuhställe, eine Stellmacherei und eine Schmiede, Plätze für Schweine, Hühner und Hunde und vieles mehr gruppierten in einem Zustand unbeschreiblicher Unordnung und Schmutz.

Der Großteil der Arbeit auf dem Bauernhof schien von Frauen erledigt zu werden, von denen die meisten barfuß waren oder Holzschuhe trugen. Ich glaube, seit der Zeit der Sklaverei habe ich noch nie jemanden gesehen, der Holzschuhe trug. Sie waren mir als Symbol für Armut und Erniedrigung im Gedächtnis geblieben; aber sie werden überall in ländlichen Gegenden Europas getragen. Tatsächlich erinnere ich mich an einen Fall, als ich eine Landwirtschaftsschule besuchte und einen der Lehrer sah, der im Garten arbeitete und Holzschuhe trug. Die Menschen, die auf dieser Farm arbeiteten, lebten, soweit ich sehen konnte, alle in einem kleinen, übelriechenden und schmutzigen Zimmer. In den Häusern, die ich besuchte, gab es keine Hinweise auf die Haushaltsindustrie, für die ungarische Bauern bekannt sind und die dazu beitragen sollte, das einfachste Zuhause aufzuhellen und gemütlich zu machen.

Ich glaube, dass es in unseren Südstaaten nur wenige Plantagen gibt, auf denen man nicht selbst in den kleinen Einzimmerhütten die farbigen Menschen vorfinden würde, die in größerem Komfort und mehr Sauberkeit leben würden, als es hier der Fall war. Sogar in den ärmsten Negerhütten im Süden habe ich Hinweise darauf gefunden, dass der Boden manchmal geschrubbt wurde, und auf dem Bett lag normalerweise eine weiße Tagesdecke oder ein Hinweis darauf, dass man sich um Ordnung bemühte.

Prag ist eine der ältesten Städte Europas. Was mich am Alter der Stadt beeindruckte, war die Tatsache, dass es in dieser Stadt vor Beginn der christlichen Ära ein jüdisches Viertel gab. Prag ist auch eine der modernsten Städte Europas. Innerhalb vergleichsweise weniger Jahre haben sich im ganzen Land große Produktionsstätten vervielfacht. Böhmen stellt unter anderem Fesen her und verkauft sie an die Türkei; baut Bohnen an und verschifft sie nach Boston.

Am interessantesten ist die Tatsache, dass dieser Fortschritt zu einem großen Teil durch die Bildung der Volksmassen ermöglicht wurde. Die Böhmen gehören heute zu den am besten ausgebildeten Menschen Europas. Beispielsweise sind es bei den Einwanderern, die aus Europa nach Amerika kommen, 24,2 Prozent. Personen über 14 Jahre können weder lesen noch schreiben. Bei den deutschen Einwanderern nicht mehr als 5,8 Prozent. können weder lesen noch schreiben. Bei den Böhmen beträgt der Anteil der Analphabeten nur 3 Prozent. Es gibt nur eine Einwandererklasse, bei der der Anteil der Analphabeten geringer ist. Unter den dänischen Einwanderern sind es 0,8 Prozent.

Es gibt keinen Teil des österreichischen Kaiserreichs, wo die Bildung allgemeiner verbreitet ist oder wo die Schulen so gut an die tatsächlichen Bedürfnisse der Menschen angepasst sind. Zusätzlich zu den normalen Grundschulen und den Gymnasien (die unseren Gymnasien entsprechen) gibt es mehrere höhere technische Hochschulen, die die Schüler auf Industrie und Handel vorbereiten. Neben diesen staatlichen Schulen gibt es eine Vielzahl gewerblicher Schulen, die von Städten oder privaten Vereinen unterhalten werden. Einige davon sind in den Kleinstädten angesiedelt und eng mit der lokalen Industrie verbunden. Manchmal werden sie von den Angehörigen der verschiedenen Berufe als Ergänzung zum Lehrlingssystem organisiert. Beispielsweise gibt es in einer Stadt, deren Einwohner in der Tonindustrie tätig sind, Schulen, die praktische Kurse in der Herstellung von Vasen und Geschirr anbieten. In einigen größeren Städten wird der kaufmännische und industrielle Unterricht in „Weiterbildungsschulen" erteilt. In diesen Schulen werden Mädchen, die in der Grundschule Handarbeiten gelernt haben, im Nähen, Schneidern sowie im Sticken und Spitzenarbeiten unterrichtet. Es gibt auch Kurse, in denen Jungen auf die Arbeit in der Zuckerindustrie, Brauerei, Uhrenindustrie und anderen verarbeitenden Industrien vorbereitet werden.

An den beiden Technischen Hochschulen in Prag, von denen eine für Böhmen und die andere für Deutsche ist, werden Kurse angeboten, die die Studenten auf die Berufe Ingenieure, Chemiker, Maschinisten, Architekten, Buchhalter usw. vorbereiten. Im Zusammenhang mit diesen Kursen gibt es auch spezielle Kurse Abteilungen, in denen die Studierenden darauf vorbereitet werden, Handwerksmeister in Berufen wie Maurer, Tischler, Schreiner und Steinmetz zu werden.

Es gibt vieles im Leben und in der Geschichte des böhmischen Volkes, das für eine Rasse oder ein Volk wie die Neger besonders interessant ist, das sich selbst um eine höhere und freiere Ebene des Lebens und der Zivilisation bemüht.

Bis 1848 wurden die Massen des böhmischen Volkes in Leibeigenschaft gehalten. Bis 1867 durften sie das Land nicht verlassen und wurden daher, wie die heutigen russischen Bauern, gewissermaßen als Gefangene im eigenen Land gehalten. Der größte Teil des Landes befand sich in den Händen des Adels, der Nachkommen von Ausländern, die in das Land kamen, als es ein Jahrhundert oder länger zuvor erobert wurde. Noch heute besitzen fünf Familien 8 Prozent. des gesamten Landes im Königreich, und ein Zehntel der Bevölkerung besitzt 36 Prozent. der Fläche des Landes. Auch der Kaiser und die katholische Kirche sind Großgrundbesitzer.

Eine der Auswirkungen dieser neuen Bildung und des damit einhergehenden neuen Lebens bestand darin, dass das Land in größeren Besitztümern weniger produktiv war als das Land, das in kleinere Besitztümer aufgeteilt und von den Männern, denen es gehörte, bewirtschaftet wurde.

Für mich war es interessant zu erfahren, dass die Böhmen in ihrem eigenen Land teilweise unter den gleichen Nachteilen leiden wie die Neger im Süden. Zum Beispiel ist der Bildungsfonds zwischen den Rassen – den Deutschen und den Tschechen – aufgeteilt, so wie im Süden das Geld für Bildung zwischen Weißen und Schwarzen aufgeteilt wird, aber wie im Süden ist es nicht gleichmäßig aufgeteilt zwischen den Rennen.

Beispielsweise gibt es in der Stadt Prag auf 62.000 tschechische Einwohner ein Gymnasium (Schule), während in Deutschland auf 6.700 Einwohner ein Gymnasium kommt. Von den sogenannten Realschulen, in denen der Unterricht praktischer ist als in Gymnasien, gibt es eine auf 62.000 böhmische Einwohner, während die Deutschen eine auf 10.000 Einwohner haben. Seit einigen Jahren stellen die Böhmen jedoch 70 Prozent dar. Von der Bevölkerung haben sie nur etwas mehr als die Hälfte der Gelder erhalten, die für die weiterführende Bildung, sowohl in den Gymnasien als auch in den Realschulen, bereitgestellt wurden. Die Gehälter der Lehrer an Grundschulen liegen zwischen 155 und 400 US-Dollar pro Jahr; An den Schulen, an denen die deutsche Sprache unterrichtet wird, erhalten die Lehrkräfte jedoch eine zusätzliche Prämie für ihre Leistungen.

Um ihre Nachteile in dieser Richtung zu überwinden, haben die Tschechen die Arbeit der öffentlichen Schulen durch Industrieschulen ergänzt, die durch die Beiträge des Volkes auf die gleiche Weise aufrechterhalten werden, wie die Neger in vielen Teilen des Südens die Arbeit der Öffentlichkeit ergänzt haben Schulen, um die Dauer des Schuljahres zu verlängern und eine gewerbliche Ausbildung verschiedener Art einzuführen.

Darüber hinaus sind die Massen der Menschen in Böhmen in all ihren Bewegungen auf eine Weise begrenzt und eingeschränkt, die niemand in Amerika verstehen kann, der nicht durch die Hände der Einwanderungsinspektoren auf Ellis Island gegangen ist. Beispielsweise genießen die Menschen in Österreich seit einigen Jahren Gewissensfreiheit, und zumindest theoretisch ist es jedem gestattet, nach seinen eigenen Neigungen und Überzeugungen Gottesdienste zu verrichten. Dennoch scheint es in Österreich ebenso ein Verbrechen zu sein, etwas zu sagen, das als respektlos gegenüber der katholischen Kirche ausgelegt werden könnte, als würde es eine Beleidigung des Namens des Kaisers bedeuten . Ich hörte die Geschichte einer Frau, die einen kleinen Laden betrieb, in dem sie Kopien einer katholischen Zeitung verwendete, um Artikel einzupacken, die sie an ihre Kunden verkauft hatte. Sie wurde von der Polizei gewarnt, dass ihr eine Verhaftung drohte, wenn sie dieses Papier weiterhin für diesen Zweck verwenden würde . Später wurden in ihrem Laden Pakete gefunden, die in diesem Papier eingewickelt waren; Sie wurde verhaftet und der Fall vor das höchste Gericht gebracht, aber die gegen sie verhängte Strafe blieb bestehen und sie musste als Strafe für diese Straftat eine Gefängnisstrafe verbüßen. Doktor Clarke teilte mir mit, dass es ihm nur mit größter Mühe gelang, von der Regierung die Erlaubnis zu erhalten, in Prag eine Zweigstelle der Christlichen Vereinigung Junger Männer zu gründen.

Ich selbst habe diese Einschränkungen selbst erlebt, als ich vor einem Publikum, das größtenteils aus jungen böhmischen Arbeitern bestand, in den Räumen dieses Christlichen Vereins junger Männer sprach. Damit mir erlaubt wurde, diese Ansprache zu halten, war es notwendig, das Thema drei Tage vor meiner Ankunft in der Stadt den Beamten der Regierung mitzuteilen, und bei dem Treffen hatte ich die ungewöhnliche Erfahrung, dass meine Worte von einem niedergeschrieben wurden Regierungsbeamter , der anwesend war, um sicherzustellen, dass ich nichts sagte, was den öffentlichen Frieden stören würde.

Da ich nicht wusste, was ich diesem Publikum sonst noch sagen könnte, was es interessieren würde, erzählte ich kurz die Geschichte meines eigenen Lebens und der Arbeit, die wir für unsere Studenten in Tuskegee zu leisten versuchen. Ich erzählte ihnen auch, dass die Institution (Hampton Institute), an der ich meine Ausbildung erhalten hatte, von demselben American Board of Missions gegründet worden war, das für die Existenz der Young Men's Christian Association in Böhmen verantwortlich war.

Damit meine Zuhörer verstehen konnten, was ich sagte, war es notwendig, dass der Sekretär des Vereins, ein Böhme, der sehr gut Englisch sprach, meine Worte Satz für Satz übersetzte. Trotz dieser Schwierigkeiten glaube ich nicht, dass ich jemals vor einem Publikum arbeitender Menschen gesprochen habe, das intelligenter oder anerkennender war. Es war mir eine große Freude und Genugtuung, vor diesem Publikum sprechen zu dürfen. Ich hatte, wie ich glaube, auch sie, das Gefühl, dass wir etwas gemeinsam hatten, was andere vielleicht nicht ganz verstehen konnten, weil jeder von uns einer Rasse angehörte, die, so unterschiedlich sie auch in anderer Hinsicht sein mochte, darin gleich war: dass sie es war nach oben kämpfen.

KAPITEL V
POLITIK UND RASSEN

In Prag, der Hauptstadt Böhmens, kam ich zum ersten Mal mit der Vorhut einer neuen Rasse, wenn ich so sagen darf, der Slawen in Berührung. Ich sage eine neue Rasse, denn obwohl die slawischen Völker ein ebenso großes Alter beanspruchen wie jede andere Rasse in Europa, scheinen die Massen dieser Rasse gerade erst aus einer Lebenssituation hervorgegangen zu sein, die primitiver ist als die fast aller anderen Völker in Europa .

Viele kleine Dinge, nicht nur das, was ich mit eigenen Augen sah, sondern auch das, was ich von anderen hörte, erweckten bei meiner Reise nach Süden den Eindruck, dass ich ein Land betrat, in dem die Masse der Menschen einfacher und primitiver lebte Existenz als alles, was ich anderswo in Europa gesehen hatte. Ich erinnere mich zum einen daran, dass ich eines Tages zu meinem Erstaunen sah, wie in der Nähe der böhmischen Bergbauregionen ein halbes Dutzend Frauen damit beschäftigt waren, einen Kohlekahn zu beladen, die Kohle in Schubkarren zu schaufeln und sie über ein schmales Brett zu schieben vom Kohlekai zum Schiff daneben.

Ich war wiederum beeindruckt von der Tatsache, dass einige der Völker des Kaiserreichs Österreich – die Mähren und Ruthenen sind ein Beispiel – noch immer ihre alten Stammesnamen behalten. Bestimmte andere dieser Völker behalten nicht nur die Stammesnamen, sondern auch viele der alten Stammesbräuche. Bei den meisten slawischen Völkern beispielsweise verleiht der Brauch der Hochzeitszeremonie noch immer den Charakter von Tauschhandel und Verkauf. Tatsächlich habe ich herausgefunden, dass in einer der großen Provinzstädte Ostungarns die alten „Ehemessen" noch immer aufrechterhalten werden. An einem bestimmten Tag im Jahr werden Hunderte heiratsfähiger junger Frauen von ihren Eltern zu diesem Jahrmarkt gebracht, wo man sie auf ihren Koffern sitzend und von den Rindern umgeben sehen kann, die sie als Mitgift erwarten. Natürlich kommen junge Männer aus dem ganzen Umland zu dieser Messe, und normalerweise sitzt ein Anwalt unter einem Baum in der Nähe und bereitet sich darauf vor, den Ehevertrag auszuarbeiten. In manchen Fällen werden auf diese Weise an einem einzigen Tag bis zu vierzig Ehen arrangiert.

Aufgeteilt in kleine Königreiche oder Provinzen, von denen jedes eine eigene Sprache spricht, zum größten Teil in den Landbezirken lebt und in einer Art politischer und wirtschaftlicher Unterwerfung gehalten wird, manchmal von den Nachkommen ausländischer Eroberer und manchmal, wie im Fall von die Polen, durch den Adel ihrer eigenen Rasse, die Massen der slawischen Völker in Südeuropa haben jahrhundertelang ohne Kontakt zum Leben der

Städte und weitgehend ohne Kontakt zur Welt gelebt. Im Vergleich zu den Völkern Westeuropas, die in den Zentren des modernen Lebens und Fortschritts leben , sind die slawischen Völker also erst jetzt am Horizont.

Ich glaube, ich habe auf meinen Reisen durch Österreich und Ungarn hin und wieder Vertreter fast aller Zweige der slawischen Rasse im Reich getroffen. In Böhmen lernte ich, wie gesagt, den fortschrittlichsten Teil der Rasse kennen, die Tschechen. In Galizien habe ich etwas vom Leben des polnischen Volkes gesehen, sowohl in den Städten als auch auf dem Land. Wiederum erfuhr ich in Budapest und Wien etwas über die Lage der Arbeiter- und Bauernklasse, unter der die slawischen Völker gewöhnlich in der Mehrheit sind. In Fiume, dem Hafen Ungarns, von dem jedes Jahr vierzigtausend Auswanderer in die Vereinigten Staaten auslaufen, traf ich Dalmatiner, Kroaten, Slowenen, Ruthenen und Serben und unterhielt mich mit ihnen – eigentlich Vertretern fast aller Rassen in Ungarn. In den Ebenen Zentralungarns und erneut in Ostpreußen sah ich Banden von Wanderarbeitern , bestehend aus Männern und Frauen, die aus den weiter südlich und östlich gelegenen slawischen Ländern in diesen Teil des Landes kamen, um an der Ernte teilzunehmen tolle Anwesen.

In dieser Zeit lernte ich teilweise auch Vertreter fast aller Zivilisationen, ob hoch oder niedrig, unter den Völkern Südeuropas kennen, von den dalmatinischen Hirten, die auf den hohen, kargen Bergen ein raues und halbbarbarisches Dasein führten entlang der Adriaküste, zu den sparsamen und energischen Handwerkern Böhmens und dem talentierten polnischen Adel, der zu den intellektuellsten Menschen Europas zählt.

Ich habe unter den von mir erwähnten Klassen weder die primitivsten Menschen der slawischen Rasse noch den Typus des am weitesten unten stehenden Menschen dieser Rasse gesehen. Tatsächlich habe ich gehört, dass es in den Bergregionen Südgaliziens Menschen gibt, die sich in Erdlöchern niederlassen oder in kleinen Hütten aus Lehm zusammensitzen. Ich habe auch nicht, was ich gerne gesehen hätte, das Leben jener slawischen Menschen im Südwesten Ungarns gesehen, die noch immer ihre Ländereien gemeinsam haben und in patriarchalischen Gemeinschaften zusammenleben, mehrere Familien unter einem Dach, unter der Herrschaft eines „ „Hausvater“ und „Hausmutter“, die jährlich gewählt werden, um die Gemeinschaft zu leiten.

Das Wenige, das ich vom Leben der verschiedenen Zweige der Rasse sah, vermittelte mir jedoch den Eindruck eines Volkes mit großen Möglichkeiten, das erst spät in den Besitz moderner Ideen und moderner Methoden gelangte und an manchen Orten überall Fortschritte machte schnell und in anderen Fällen langsamer, aber es macht immer Fortschritte.

Eine Sache, die den Aufstieg der Slawen behindert hat, war der Unterschied in den Sprachen, die von den verschiedenen Zweigen der Rasse gesprochen wurden. Dieser Sprachunterschied stellt ein so großes Hindernis dar, dass vor einigen Jahren, als in Prag ein Kongress aller slawischen Völker stattfand, die Vertreter der verschiedenen Zweige der Rasse, die keine gemeinsame Sprache hatten, gezwungen waren, miteinander zu sprechen die einzige Sprache, die sie alle angeblich hassten – nämlich Deutsch.

Eine weitere Sache, die den Fortschritt der Slawen behindert hat, waren die ererbten Eifersüchteleien und die Erinnerungen, die sie an alte Verletzungen hegten, die sie sich in vergangenen Zeiten gegenseitig zugefügt hatten. Im Allgemeinen scheint es für die Rassen Österreich-Ungarns zu gelten, dass jede Rasse oder jeder Rassenzweig einander hasst und verachtet, und dieser Hass ist umso bitterer, je enger sie miteinander verbunden sind. Beispielsweise gibt es eine langjährige Fehde zwischen den polnischen Bauern und dem polnischen Adel. Diese Spaltung ist so groß, dass sich die polnischen Bauern in den Auseinandersetzungen des polnischen Adels mit der österreichischen Zentralregierung häufig auf die Seite des polnischen Adels gestellt haben. Dieses Kastengefühl, das die beiden Klassen des polnischen Volkes trennt, ist jedoch nichts im Vergleich zu der Verachtung, die angeblich jeder Pole, ob Bauer oder Adliger, gegenüber jedem Ruthenen hegt, einem Volk, mit dem der Pole sehr eng verbunden ist Er ist blutsverwandt und mit ihm seit langem politisch eng verbunden. Andererseits betrachtet der Ruthe in Galizien den Polen ebenso wie der Tscheche in Böhmen seinen deutschen Nachbarn : als seinen erbittertsten Feind. Die beiden Völker weigern sich, sich gesellschaftlich zu vermischen; sie heiraten selten untereinander; in vielen Fällen unterhalten sie getrennte Schulen und sind im kaiserlichen Parlament getrennt vertreten, wobei jede Rasse ihre eigenen Vertreter wählt. Aber alle sind sich einig im Hass und der Verachtung des Juden, der, obwohl er keinen eigenen Teil des Reiches für sich beansprucht und keine Sprache hat, um sich von den anderen Rassen um ihn herum zu unterscheiden, dennoch genauso hartnäckig an ihm festhält wie jeder andere Teil der Bevölkerung zu seinen eigenen rassischen Traditionen und Bräuchen.

Die slawischen Völker, die sonst nach Sprache und Tradition gespalten sind, sind auch nach Religion gespalten. Menschen, die dieselbe Sprache sprechen und in anderer Hinsicht dieselben Traditionen teilen, sind häufig durch Unterschiede in der Religion genauso weit voneinander getrennt wie durch Unterschiede in der Rasse. Beispielsweise sind unter den Südslawen die Mehrheit der Slowenen und Kroaten römisch-katholisch, andere sind Protestanten. Andererseits sind die meisten Serben, ihre engen Nachbarn , Mitglieder der griechisch-orthodoxen Kirche, während andere Mohammedaner sind. Die Kluft zwischen römisch-katholischen und orthodoxen Slawen ist so groß, dass in einigen Fällen Mitglieder des östlichen und westlichen Zweigs der Kirche, die derselben Nationalität angehören, eine unterschiedliche Tracht tragen, um die Unterschiede der Religion hervorzuheben, die sonst vergessen werden könnten oder übersehen.

In Galizien gibt es nicht nur den römischen und den orthodoxen Zweig der Kirche, sondern auch drei oder vier weitere kleinere Zweige. Eine davon, die Unierten, die einen Kompromiss zwischen beiden darstellt und eine Art Verbindung zwischen der Ost- und der Westkirche darstellen soll, unterscheidet sich nun, so heißt es, von beiden ebenso wie alle anderen Zweige der Kirche Kirche. In dieser Region, die das Schlachtfeld aller Religionen in Europa war, spielen religiöse Unterschiede eine viel wichtigere Rolle als anderswo, weil die Massen des Volkes die Bitterkeit und Härte der frühen Kämpfe des Europas noch nicht vergessen haben Sekten. Das Ergebnis ist, dass die religiösen Unterschiede die Rassenfeindlichkeit offenbar eher verschärft als abgemildert haben.

Trotz der bestehenden Spaltungen und Rivalitäten scheint unter dem Einfluss des Kampfes gegen die anderen und vorherrschenden Rassen im Reich und als Ergebnis der politischen Unruhen, zu denen dieser Kampf geführt hat, ein heranzuwachsen Sinn für gemeinsame Ziele und Interesse an den verschiedenen Zweigen der slawischen Rasse; eine Art Rassenbewusstsein, wie es manchmal genannt wird, das eine der Bedingungen zu sein scheint, ohne die eine untergegangene Rasse nicht den Ehrgeiz und den Mut zum Aufstieg aufbringen kann.

Es ist die Präsenz dieser großen slawischen Rasse in Westeuropa, die sich unter den von mir beschriebenen Bedingungen und Schwierigkeiten vorwärts tastet, die das Rassenproblem Südeuropas ausmacht, soweit ich es definieren kann.

In vielerlei Hinsicht ähnelt die Situation der Slawen im Österreichisch-Ungarischen Reich und in Südeuropa im Allgemeinen eher der der Neger in den Südstaaten als bei jeder anderen Klasse oder Rasse in Europa. Zum einen ist die überwiegende Mehrheit dieser Rasse, wie die Neger, ein landwirtschaftlich geprägtes Volk. Seit Jahrhunderten leben und arbeiten sie auf dem Boden, wo sie die Diener der Großgrundbesitzer sind und von der gebildeten und höheren Klasse als „minderwertige Rasse" angesehen werden. Obwohl sie sich nicht wie die Neger durch die Farbe ihrer Haut von der herrschenden Klasse unterschieden, unterschieden sie sich durch die Sprache, die sie sprachen, und dieser Unterschied in der Sprache scheint gewesen zu sein, soweit es um gegenseitiges Verständnis und Mitgefühl geht , ein größerer Maßstab als die Tatsache der Hautfarbe war im Fall des weißen Mannes und des schwarzen Mannes im Süden.

Bis vor vergleichsweise wenigen Jahren sprach ein gebildeter Slawe, zumindest in der Öffentlichkeit, normalerweise nicht die Sprache der Volksmassen. Doktor Clarke, der Leiter der österreichischen Vertretung des American Board in Prag, erzählte mir, dass es einem gebildeten Tschechen noch vor dreißig Jahren nichts ausmachte, auf den Straßen Prags seine eigene Sprache zu sprechen. Damals war die deutsche Sprache noch die Sprache der gebildeten Klassen, und die gesamte Gelehrsamkeit Europas war weitgehend ein verschlossenes Buch für die Menschen, die diese Sprache nicht sprachen und lasen.

Heutzutage haben sich die Bedingungen so verändert, erzählt mir Doktor Clarke, dass die Menschen in bestimmten Vierteln von Prag jeden böse anschauen, der auf der Straße Deutsch spricht.

„Wenn wir einen Regierungsbeamten besuchen", sagte Doktor Clarke, „erkundigen wir uns normalerweise zunächst, welche Sprache dieser bestimmte Beamte am liebsten spricht, Deutsch oder Tschechisch. Es ist klug, dies zu tun, weil die meisten Beamten." , insbesondere wenn sie die Zentralregierung von Wien vertreten, sprechen Deutsch; aber ein Tscheche, der seiner Rasse treu bleibt, wird das verhasste Deutsch nicht sprechen, es sei denn, er muss es tun."

Doktor Clarke erzählte mir, um den Fanatismus des böhmischen Volkes in dieser Frage der Sprache zu illustrieren, dass seine kleinen Mädchen, die in deutschen Schulen erzogen worden waren und es vorzogen, diese Sprache untereinander zu sprechen, mehr als einmal beschimpft worden seien, und zwar sogar von jungen Böhmen in dem Teil der Stadt, in dem er lebt, gesteinigt, weil sie eine Sprache sprachen, die den Massen des Volkes zu hassen erzogen worden war.

Eine andere Art und Weise, in der die Situation des slawischen Volkes bis zu einem gewissen Grad der der Massen der Neger in den Südstaaten ähnelt, liegt in der Frage ihrer politischen Beziehungen zu den herrschenden Rassen. Sowohl in Österreich als auch in Ungarn sollen alle Rassen die gleichen politischen Privilegien haben, und zumindest im Falle Österreichs scheint die Regierung echte Anstrengungen unternommen zu haben, um gleiche Rechte für alle sicherzustellen. Auch hier haben rassische und traditionelle Vorurteile sowie die großen Unterschiede in Reichtum und Kultur der verschiedenen Völker dazu geführt, dass die politische Macht in Österreich in den Händen der Deutschen und in Ungarn in den Händen der Magyaren blieb.

Was die Situation für die herrschenden Rassen in diesen beiden Ländern noch schwieriger macht, ist die Tatsache, dass die sogenannten minderwertigen Völker zahlenmäßig schneller zunehmen als die anderen Rassen und die Deutschen und Magyaren jedes Jahr zu einer kleineren Minderheit in der Mitte werden der Bevölkerung, die sie zu kontrollieren versuchen. Das Ergebnis war, dass das Imperium demjenigen, der es von außen betrachtet, wie eine brodelnde Masse der Unzufriedenheit erscheint, mit nichts als der Angst, von einigen seiner mächtigeren Nachbarn verschlungen zu werden, um die Nationalitäten zusammenzuhalten .

In einer Hinsicht unterscheidet sich die Situation des Negers in Amerika völlig von der der verschiedenen Nationalitäten in Österreich und Ungarn. Der Neger ist nicht gezwungen, seine Ausbildung durch das Medium einer Sprache zu erhalten, die den anderen Menschen, von denen er umgeben ist, fremd ist. Der schwarze Mann im Süden spricht dieselbe Sprache und bekennt sich zu derselben Religion wie die Weißen. Er versucht nicht, für sich eine eigene Nationalität zu etablieren oder Interessen zu schaffen, die von den Interessen der anderen Menschen in den Vereinigten Staaten getrennt sind oder diesen entgegenstehen. Der Neger strebt nicht danach, auf Kosten der weißen Bevölkerung irgendeinen Teil des Landes, in dem er lebt, politisch zu dominieren. Obwohl er Unrecht und Ungerechtigkeit erlitten hat, ist er weder verbittert noch fanatisch geworden. Der Wettbewerb mit der weißen Rasse um ihn herum hat dem Neger den Ehrgeiz gegeben, erfolgreich zu sein, und ihn stolz auf die Erfolge fühlen lassen, die er bereits erreicht hat. Aber er ist genauso stolz darauf, amerikanischer Staatsbürger zu sein, wie er es ist, ein Neger zu sein. Er hegt keine Ambitionen, die den Interessen der Weißen zuwiderlaufen, sondern ist bestrebt, sich als Hilfe und nicht als Hindernis für den Erfolg und Wohlstand der anderen Rasse zu erweisen.

Ich bezweifle, dass es in unseren Südstaaten viele Menschen gibt, die darüber nachgedacht haben, wie viel schwieriger die Situation in den Südstaaten wäre, wenn die Massen der Schwarzen eine andere Sprache sprechen würden als die Weißen um sie herum, und insbesondere wenn dies der Fall wäre Gleichzeitig hegten sie politische und soziale Ambitionen, die im Widerspruch zu den Interessen des weißen Mannes standen.

Andererseits bezweifle ich, dass das Negervolk sich des Vorteils bewusst ist, den es hat, eine der großen Weltsprachen zu sprechen, die Sprache, die tatsächlich am häufigsten von den Menschen verwendet wird, die in der Wissenschaft am weitesten fortgeschritten sind als jede andere. in den Künsten und in allem, was die Welt besser macht. Englisch ist nicht nur eine großartige Weltsprache, es ist auch die Sprache eines Volkes und einer Rasse, unter der die Höchsten weder Angst haben noch sich schämen, nach unten zu greifen und die Niedrigsten anzuheben und ihnen bei ihren Bemühungen zu helfen, ein Höheres und Besseres zu erreichen Leben.

Im Süden Europas sind die Verhältnisse ganz anders. Die dort gesprochenen Sprachen tragen nicht dazu bei, die Menschen zusammenzubringen, sondern sind vielmehr das Mittel, mit dem sie die Völker auseinander halten. Darüber hinaus sprechen die Massen der österreichischen Bevölkerung Sprachen, in denen es bis vor hundert Jahren kaum geschriebene Literatur gab. Bis zum Beginn des letzten Jahrhunderts sprach und schrieb das gebildete Volk Ungarns Latein, und bis zur Mitte des Jahrhunderts war Latein noch die Sprache des Hofes. Bis 1848 gab es in Böhmen fast keine Schulen in tschechischer Sprache. Bis zu diesem Zeitpunkt gab es fast keine Zeitungen, Zeitschriften oder Bücher, die in der Sprache der breiten Masse gedruckt wurden.

Man sagt, dass die geschriebenen oder literarischen Sprachen des slawischen Volkes, mit ein oder zwei Ausnahmen, in den letzten hundert Jahren nahezu entstanden seien. Tatsächlich haben einige der Slawen, obwohl sie über eine reiche mündliche Literatur verfügen, noch immer keine eigene Schriftsprache, wie mir gesagt wurde.

Hier hat sich in den letzten Jahren ein großer Wandel vollzogen. Derzeit sind von den 5.000 in Österreich-Ungarn gedruckten Zeitschriften etwa 2.000 auf Deutsch, 938 auf Magyarisch, 582 auf Tschechisch und die restlichen 1.480 in etwa fünf oder sechs anderen Sprachen. Die ungarische Sprache wird heute in allen Schulen Ungarns unterrichtet, unabhängig davon, ob gleichzeitig eine andere Sprache unterrichtet wird oder nicht. Außerhalb Ungarns, im eigentlichen Österreich, gibt es etwa 8.000 ausschließlich deutsche Schulen, 5.578 tschechische und 6.632 Schulen, in denen andere slawische Dialekte unterrichtet werden, ganz zu schweigen von den 645 Schulen, in denen Italienisch unterrichtet wird, und den 162 Schulen, in denen Rumänisch unterrichtet wird gelehrt wird, und die 5, in denen Ungarisch gelehrt wird.

Für einen Außenstehenden scheint es, als ob der Zweck dieser Schulen darin bestehen müsste, die bestehende Verwirrung und die Rassenfeindlichkeit im Reich aufrechtzuerhalten. Andererseits muss man bedenken, dass es für die Massen des Volkes ein enormer Vorteil war, die Sprache lesen zu können, die sie gewöhnlich sprechen. Tatsächlich scheint die Vervielfältigung dieser verschiedenen Schriftsprachen und der Schulen, in denen sie unterrichtet werden, die einzige Möglichkeit gewesen zu sein, den Massen des Volkes das Wissen zugänglich zu machen, das vor dieser Zeit in Sprachen eingeschlossen war, die sie manchmal nicht kennen lernte lesen, sprach aber selten.

Als ich über die Komplikationen und Schwierigkeiten sowohl politischer als auch wirtschaftlicher Art nachgedacht habe, mit denen nicht nur Österreich, sondern Europa aufgrund der unterschiedlichen Sprachen der verschiedenen Rassen konfrontiert ist, habe ich mich gefragt, was wahrscheinlich in unseren Südstaaten passieren würde, wenn Wie einige Leute vermutet haben, wurden große Mengen dieser fremden Völker dazu veranlasst, sich dort niederzulassen. Ich befürchte sehr, dass wir dies tun könnten, wenn diese Menschen in großer Zahl kämen und sich in Kolonien außerhalb der Städte niederließen, wo sie vergleichsweise wenig Bildungsvorteile hätten und wo sie besser in der Lage und bereit wären, ihre einheimischen Bräuche und Sprachen zu bewahren ein Rassenproblem im Süden, das schwieriger und gefährlicher ist als das, das durch die Anwesenheit des Negers verursacht wird. Was auch immer man sonst noch über den Neger sagen mag, er ähnelt in allem außer seiner Hautfarbe eher dem weißen Mann des Südens, ist eher bereit und fähig, die Ideen und die Kultur des weißen Mannes aufzunehmen und sich an die bestehenden Bedingungen anzupassen, als es wahr ist jeglicher Rasse, die jetzt in dieses Land kommt.

Vielleicht wird mein Versuch, die Rassenverhältnisse in Südeuropa mit den Rassenverhältnissen im Süden der Vereinigten Staaten zu vergleichen, manchen ein wenig seltsam und fehl am Platz erscheinen, weil im einen Fall beide Rassen weiß sind, während im anderen Fall eine weiß ist und einer ist schwarz. Dennoch bin ich davon überzeugt, dass eine sorgfältige Untersuchung der Bedingungen, wie sie in Südeuropa herrschen, viel Licht auf die Situation der Rassen in unseren Südstaaten werfen wird. Darüber hinaus vermute ich, dass Rassenkonflikte, so seltsam und irrational sie oft erscheinen, ob in Europa oder in Amerika, im Grunde nur die Bemühungen von Gruppen von Menschen sind, ihre Beziehungen unter veränderten Bedingungen neu zu regeln. Kurz gesagt, sie entstehen aus den Bemühungen der Menschen ganz unten, sich auf eine höhere Ebene der Existenz zu erheben.

Wenn dem so ist, braucht es meines Erachtens unter einer freien Regierung, in der jeder Mensch die Möglichkeit hat, eine Ausbildung zu erhalten, in der jeder Mensch dazu ermutigt wird, sich weiterzuentwickeln und das Beste in den Dienst der Gemeinschaft zu stellen, keine Angst zu haben Das liegt in seiner Überzeugung, dass die Rassenschwierigkeiten nicht endlich gelöst werden sollten und dass Weiße und Schwarze leben, wobei jeder dem anderen hilft, anstatt ihn zu behindern.

Kapitel VI
Streiks und Landarbeit in Italien und Ungarn

Es gibt ein englisches Wort, das in Europa bekannter zu sein scheint und häufiger verwendet wird als fast jedes andere. Es ist das Wort „Streik". Soviel ich weiß, haben Arbeitsstreiks ihren Ursprung im Fabriksystem in England. Aber die Menschen auf dem Kontinent haben das ursprüngliche englische Gerät verbessert und Möglichkeiten gefunden, es zu verwenden, von denen wir in Amerika, so vermute ich, selten oder nie gehört haben.

Es scheint mir, dass ich während meiner kurzen Reise durch Europa von mehr Arten von Angriffen gehört und mehr über die verschiedenen Einsatzmöglichkeiten dieser Form der Kriegsführung gelernt habe, als ich jemals zuvor in meinem Leben gelernt habe. In Europa hört man zum Beispiel von „politischen" Streiks, von „Generalstreiks" und von „Landwirtschaftsstreiks" – Erntestreiks –, die eine eigenartige und interessante Variante der gewöhnlichen Arbeitsstreiks darstellen . Es gibt Mietstreiks, „Hungeraufstände", Studentenstreiks und sogar Parlamentsstreiks, und als ich in Budapest war, machte mich jemand auf einen Bericht in einer der Zeitungen aufmerksam, in dem es um einen sogenannten „Hausstreik" ging.

Dabei handelte es sich um einen Fall, in dem die Mieter eines der großen Miets- oder Mehrfamilienhäuser der Stadt streikten, um den Vermieter zu einer Mietminderung zu zwingen. Sie hatten den Vermieter als Bildnis in dem großen zentralen Hof aufgehängt, um den das Gebäude herum errichtet ist; schmückten die Wände und Balkone mit skurrilen Plakaten und sorgten dann durch ihre Spott- und Schreirufe, ergänzt durch Fischhörner, für so viel Aufruhr, dass die ganze Nachbarschaft aufgeschreckt wurde. Die Hausstreikenden nutzten diesen Weg, um ihre Beschwerden kundzutun, öffentliche Sympathie zu gewinnen und eine Reduzierung der Miete zu erreichen.

Während meines Aufenthalts in Europa hatte ich Gelegenheit, aus erster Hand Informationen über diese Kontinentalangriffe zu erhalten. Ich war kurz vor und nach dem dreitägigen Kampf zwischen den streikenden Moabiter Kohlenarbeitern und der Polizei in Berlin , bei dem mehrere Beamte und Hunderte Menschen verletzt wurden. Mehrere Tage lang befand sich ein Teil Berlins praktisch im Belagerungszustand. Die Polizei stürmte mit ihren Pferden auf die Menge los, zertrat die Menschen mit Füßen und hieb sie mit ihren Schwertern nieder. Die Soldaten jagten die Streikenden in die Nachbarhäuser , wo sie sich zu verbarrikadieren versuchten und auf die Angriffe der Polizei reagierten, indem sie Raketen aus den Fenstern der Häuser in die darunter liegenden Straßen schleuderten. Nachts herrschte auf den Straßen Dunkelheit, weil die Streikenden die Stromkabel durchtrennt und damit das Licht ausgeschaltet hatten, so dass die Polizei gezwungen war, Taschenlampen zu tragen, um Freunde von Feinden zu unterscheiden.

Ein anderes Mal, als ich in Fiume, Ungarn, war, hatte ich die Gelegenheit, mit eigenen Augen zu sehen, wie und mit welchem Geist diese Streiks durchgeführt werden, oder besser gesagt, wie sie von der Polizei niedergeschlagen werden.

Ich war eines Tages ausgegangen, um die am Rande der Stadt gelegene Auswandererstation zu besuchen, und bemerkte auf dem Weg dorthin eine Reihe von Polizisten im Auto. Dann schienen sie, offenbar auf ein Zeichen eines verantwortlichen Mannes hin, dahinzuschmelzen. Eine halbe Stunde später, als ich am Auswandererbahnhof war, wurde ich von lauten Schreien außerhalb des Gebäudes aufgeschreckt. Alle stürzten zu den Fenstern. Auf der Straße drängten sich Männer, Frauen und Kinder, die alle hektisch in Richtung Stadt rannten. Einige Arbeiter in einer nahegelegenen Fabrik waren in den Streik getreten. Ich konnte zunächst nicht verstehen, warum alle in einem solchen Zustand des Schreckens zu sein schienen. Sehr bald erfuhr ich jedoch, dass sie vor der Polizei davonliefen, und einen Moment später rückte die Polizei selbst in mein Blickfeld.

Sie formierten sich in einer breiten Doppelreihe über die Allee und fegten in schnellem Marsch einfach alles weg, was vor ihnen lag. An ihrer Spitze stand mit einem schweren Stock ein Mann in Zivil. Ich weiß nicht, ob er ein Offizier oder der Besitzer der Fabrik war, aber ich war beeindruckt von der hochmütigen und verächtlichen Miene, mit der er den Pöbel beobachtete, der vor ihm dahinschmolz. In wenigen Minuten war die Straße leer und, soweit ich sehen konnte, war der Streik vorbei.

Es war auf jeden Fall eine kleine Angelegenheit. Soweit ich sehen konnte, gab es kein Blutvergießen und fast keinen Widerstand seitens der Streikenden. Es reichte jedoch aus, mir eine sehr anschauliche Vorstellung davon zu vermitteln, wie rücksichtslos die Regierungen dieser strengen Militärmächte mit aufständischen Arbeitern umgehen . Europäische Regierungen scheinen die Angewohnheit zu haben, sich auf eine Art und Weise in alle kleinen, intimen Angelegenheiten des Lebens einzumischen, von der wir hierzulande keine Ahnung haben. Es ist also nicht zu erwarten, dass sie, wie hierzulande die Polizei, als neutrale Partei oder sozusagen als Schiedsrichter in den Kämpfen von Arbeit und Kapital fungieren könnten. Ich vermute, dass dies der Grund dafür ist, dass Streiks in Europa fast immer zu einem Kampf mit der Polizei oder einem Aufstand gegen die Regierung führen.

davon, den ich gesehen habe – sieht alt, abgenutzt und heruntergekommen aus; und die allgemeine Atmosphäre der Trostlosigkeit wird noch verstärkt, wenn man, wie es in meinem Fall geschah, plötzlich mitten in der trostlosen Landschaft auf eine prächtige und einsame Ruine stößt, die die alte Zivilisation darstellt, die hier vor zweitausend Jahren blühte.

Statistiken, die kürzlich nach einer ausführlichen Untersuchung durch die italienische Regierung gesammelt wurden, zeigen, dass das Ausmaß der Auswanderung aus Süditalien im Allgemeinen in direktem Verhältnis zur Vernachlässigung der landwirtschaftlichen Klassen steht. Wo die Löhne am niedrigsten und die Bedingungen am härtesten sind, hat die Auswanderung den höchsten Stand erreicht. Mit anderen Worten: Gerade aus den Teilen Italiens, in denen es am meisten Armut, Kriminalität und Unwissenheit gibt, gehen die meisten Auswanderer aus Italien nach Amerika, und ich möchte hinzufügen, dass die wenigsten zurückkehren. Von den 511.935 Auswanderern, die 1906 aus Italien nach Nord- und Südamerika kamen, stammten 380.615 aus Sizilien und den südlichen Provinzen.

Nachbarn herabschauen und eine hoffnungslose Haltung einnehmen, weil sie sie für minderwertig halten. Eines der ersten Dinge, die ich in Italien zum Beispiel gelernt habe, war, dass die Menschen in Norditalien die Menschen in Süditalien als minderwertige Rasse betrachten. Während ich in Italien war, hörte und las ich oft Geschichten und Anekdoten, die die Kindlichkeit, den Aberglauben und die Ignoranz der Bauern und der Unterschicht im Allgemeinen in Süditalien veranschaulichten. Tatsächlich ist nichts, was ich über den Aberglauben des Negervolkes in Amerika wusste oder gehört habe, mit dem vergleichbar, was ich über den Aberglauben der italienischen Bauern gehört habe. Was mich noch mehr überraschte, war zu erfahren, dass die von der italienischen Regierung gesammelten Statistiken darauf hinweisen, dass in Süditalien im Gegensatz zu den Erfahrungen aller anderen Länder die Landarbeiter allen anderen Bevölkerungsschichten körperlich unterlegen sind. Die Menschen in den ländlichen Gebieten sind kleiner und in einem allgemein schlechteren Zustand als in den Städten.

Aus all diesen Gründen war ich umso bestrebter, selbst herauszufinden, wie diese Menschen waren. Ich wollte genau herausfinden, worin diese Unterlegenheit der Süditaliener bestand, denn ich wusste, dass diese Menschen zu einem großen Teil von den alten Griechen abstammten, die zumindest ihrem Ruf nach die begabtesten Menschen waren, die die Welt je gekannt hat.

Die Stadt Neapel bietet einige Vorteile für die Untersuchung der südlichen Bevölkerung, da sie der Hafen ist, an dem der Strom der Auswanderung aus den Kleinstädten und Bauernvierteln des Landesinneren das Meer erreicht. Der Export von Arbeitskräften nach Amerika ist eines der Hauptgeschäfte dieser Stadt. In Neapel lernte ich die Italiener des Südens zum ersten Mal aus erster Hand kennen.

Ich denke, was mich an Neapel am meisten beeindruckt hat, war der Kontrast zwischen der Pracht seiner natürlichen Umgebung, der Eleganz und Solidität seiner Gebäude und dem Schmutz, der Unordnung und dem Elend, in dem die Massen der Menschen leben. Es war früher Morgen, als ich zum ersten Mal in der Stadt ankam. Die Sonne, die gerade über der schwarzen Masse des Vesuvs aufging, überflutete die ganze Stadt und das umliegende Land mit bezauberndem Licht. In diesem sanften Licht ergaben die grauen und weißen Massen der Stadtgebäude, die sich an den vorspringenden Hügeln zur Rechten türmten und sich entlang der geschwungenen Ufer zur Linken erstreckten, ein Bild, das ich nie vergessen werde.

Ein Teil dieses Sonnenscheins schien auch in die Adern der Menschen gelangt zu sein, denn ich habe nirgendwo so viel Glanz und Farbe , so viel Leben und Bewegung gesehen wie unter den Menschen, die sich in den engen Gassen Neapels drängen. Ich habe noch nie zuvor so viele seltsame menschliche Geräusche gehört oder so lebhafte und ausdrucksstarke Gesten gesehen. Andererseits habe ich noch nie zuvor so viele Bettler gesehen, so viele barfüßige Männer, so viele Menschen, die am Bahnhof und auf der Straße darauf warteten, einen Gelegenheitsjob anzunehmen. Es schien mir, dass auf jeden Passagier, der den Zug verließ, mindestens sechs Träger kamen, und diese Träger waren offensichtlich gut organisiert, denn ich hatte die Erfahrung gemacht, dass ich und meine Habseligkeiten in aller Ruhe auf jeweils ein halbes Dutzend von ihnen verteilt waren Einer von ihnen verlangte natürlich ein gesondertes Honorar für seine Dienste.

Meine Erfahrung in Europa lässt mich zu dem Schluss kommen, dass die Zahl der Gelegenheitsarbeiter , Krämer, Vagabunden und Gelegenheitsjobber, denen man in einer Stadt begegnet, ein ziemlich guter Indikator für den Zustand der Masse der Menschen ist. Anhand dieser Maßstäbe hätte ich meiner Meinung nach gleich zu Beginn sagen können, dass es in Neapel eine größere Schicht gab, die im Dreck, in der Erniedrigung und in der Unwissenheit am unteren Ende der Gesellschaft lebte, als in jeder anderen Stadt, die ich in Europa besuchte. Ich gebe diese Aussage ab, obwohl Städte wie Catania und Palermo auf Sizilien, die von einer ebenso erbärmlichen Agrarbevölkerung umgeben sind, in dieser Hinsicht kaum oder gar nicht besser sind als Neapel.

Ich vermute, dass nur sehr wenige Personen, die nur als Touristen nach Neapel reisen, sich jemals mit den tatsächlichen Bedingungen der Menschen vertraut machen. Die meisten Reisenden , die Neapel besichtigen, sind vom damit beschäftigt ist, das Mittagessen zuzubereiten. Etwas weiter entfernt trifft man vielleicht auf einen Goldschmied, einen Eisen- oder Kupferarbeiter. Der eine stellt ein Schmuckstück her , der andere repariert einen Wasserkocher. In diesen Straßen sieht man tatsächlich, dass alle alten Handwerke auf die gleiche Art und Weise und offenbar mit der gleichen Geschicklichkeit ausgeübt werden wie vor dreihundert Jahren.

Schließlich gibt es noch die engeren, dunkleren und schmutzigeren Straßen, die nicht malerisch sind und in die sich kein gewöhnlicher Reisender wagt. Diese selten besuchte Region interessierte mich jedoch besonders, denn ich war nach Neapel gekommen, um die Menschen und das Schlimmste zu sehen.

In der Nähe des Hotels, in dem ich übernachtete, gab es eine schmale, gewundene Straße, die über eine Steintreppe von der Hauptverkehrsstraße den vorspringenden Hügel hinauf zu einer dieser dunklen und undurchsichtigen Gassen führte, für die Neapel trotz der vorgenommenen Verbesserungen bekannt war die in den letzten Jahren gemacht wurden, wird immer noch vermerkt. Am Fuß der Treppe befand sich eine Bäckerei und nicht weit entfernt befand sich das Büro der Staatslotterie. Die kleine Straße, auf die ich mich beziehe, wird hauptsächlich von Fischern und Gelegenheitsarbeitern bewohnt , die zur ärmsten Klasse der Stadt gehören. Sie sind auch die Schirmherren der Lotterie und der Bäckerei, denn es gibt keinen Teil von Neapel, der so arm ist, dass er nicht den Luxus einer Lotterie unterstützt; und ich möchte hinzufügen, dass es nur wenige Geschäfte gibt, die schmutziger betrieben werden als diese Bäckereien der ärmeren Klassen.

Ich kam am späten Nachmittag an diesem Ort vorbei, als ich zu meiner Überraschung sah, wie ein Krämer – ich glaube, er war ein Fischverkäufer – seinen Wagen am Fuß dieser Steintreppe anhielt und begann, sein Maultier abzuspannen. Ich schaute mit einiger Neugier zu, denn ich konnte beim besten Willen nicht erkennen, wohin er das Tier bringen würde, nachdem er es abgekoppelt hatte. Nachdem das Maultier vom Wagen befreit worden war, drehte es sich aus eigener Bewegung um und begann, die Treppe hinaufzuklettern. Ich war so interessiert, dass ich folgte.

Ein Stück den Hügel hinauf verwandelte sich die Treppe in eine dunkle und schmutzige Gasse, die jedoch voller Menschen war. Die meisten von ihnen saßen in ihren Türen oder auf der Straße; Einige strickten, andere kochten über kleinen Kohlenbecken, die draußen auf der Straße aufgestellt waren. Eine Familie hatte den Tisch mitten auf der Straße gedeckt und hatte sich gerade sehr zufrieden zum Abendessen niedergelassen. Die Straße war übersät mit alten Flaschen, schmutzigen Papieren und allerlei Müll; Gleichzeitig war es voller lüsterner Babys und Hühner, ganz zu schweigen von Ziegen und anderen Haushaltsgegenständen. Das Maultier war jedoch offensichtlich mit der Situation vertraut und lief die Straße entlang, ohne für Überraschung oder Störung zu sorgen, zu seinem eigenen Haus.

Ich habe während meines Aufenthalts in Neapel mehrere andere Straßen besucht, die sich, wenn möglich, in einem schlechteren Zustand befanden als die von mir beschriebene. In einer Stadt, in der jeder mehr als die Hälfte der Zeit auf der Straße lebt und in der alle intimen Geschäfte des Lebens mit einer Offenheit und Offenheit abgewickelt werden, von der wir in Amerika keine Vorstellung haben, ist es kaum schwierig, zu sehen, wie die Menschen leben . Ich habe zum Beispiel Fälle bemerkt, in denen die ganze Familie, bis zu sechs oder sieben, in einem einzigen Raum lebte, auf einem Lehmboden, ohne ein einziges Fenster. Darüber hinaus war dieses eine Zimmer, das sich im Keller eines großen Mietshauses befand, nicht so groß wie die durchschnittliche Negerhütte mit einem Zimmer im Süden. In einem dieser Einzimmerhäuser, die ich besuchte, gab es in einem Teil des Zimmers eine Schmiede, während die Familie im anderen Teil aß und schlief. Der Raum war so klein, dass ich mir die Mühe machte, ihn auszumessen, und fand heraus, dass er 8 x 13 Fuß groß war.

Viele dieser Häuser der ärmeren Schichten sind nichts Besseres als dunkle und feuchte Keller. Mehr als einmal fand ich in diesen dunklen Löchern kranke Kinder und behinderte Männer und Frauen, die in einem Raum lebten, in den kein Lichtstrahl eindrang, außer durch die offene Tür. Manchmal brannte vor einem Kruzifix neben dem Bett des Kranken eine kleine Kerze, aber diese flackernde Kerze, die ein blasses, blasses Gesicht erleuchtete, betonte nur die trostlose Umgebung. Es überraschte mich immer wieder, dass diese Menschen unter solchen Bedingungen so fröhlich, freundlich und scheinbar zufrieden sein konnten.

Ich erkundigte mich, welche Art von Vergnügungen sie hatten. Ich habe herausgefunden, dass eine der wichtigsten Formen der Unterhaltung dieser Menschenklasse das Glücksspiel ist. Was noch seltsamer erscheint, ist, dass dieses Laster in Italien ein Regierungsmonopol ist . Der Staat fügt durch seine Kontrolle über die Lotterie zu den anderen Einnahmen, die er den Menschen entlockt, nicht weniger als fünf Millionen Dollar pro Jahr hinzu, und diese Summe kommt zum größten Teil vom ärmsten Teil der Bevölkerung.

Es scheint, dass es etwa 1.700 oder 1.800 Büros in den verschiedenen großen Städten Italiens gibt, in denen die Menschen Lottoscheine kaufen können. Es schien mir, dass sich die meisten dieser Büros in Neapel befanden, denn als ich durch die Stadt ging, sah ich sie fast überall, besonders in den ärmeren Vierteln.

Diese Lotteriebüros waren so interessant, dass ich beschloss, selbst eines zu besuchen und zu erfahren, wie das Spiel gespielt wurde. Es scheint, dass es jeden Samstag eine Ziehung gibt. Jeder kann wetten, egal welchen Betrag er wählt, dass eine Zahl zwischen eins und neunzig in der Ziehung auftaucht. Es werden fünf Zahlen gezogen. Wenn Sie gewinnen, zahlt die Lotterie zehn zu eins aus. Sie können auch darauf wetten, dass zwei der fünf gezogenen Zahlen nacheinander auftauchen. In diesem Fall zahlt die Bank dem Gewinner etwa fünfzig zu eins. Sie können auch darauf wetten, dass drei von fünf Punkten auftauchen, und wenn Sie gewinnen, zahlt die Bank das 250-fache Ihres Einsatzes aus. Natürlich stehen die Chancen sehr schlecht für den Spieler, und es wird geschätzt, dass der Staat etwa 50 Prozent bekommt. des gesamten eingezahlten Geldes. Die Kunst des Spiels besteht dem landläufigen Aberglauben zufolge darin, eine Glückszahl zu ziehen. Um eine Glückszahl zu wählen, muss man jedoch zu einem Wahrsager gehen und seine Träume deuten lassen, oder man muss eine Zahl nach einem auffälligen Ereignis auswählen, denn man geht davon aus, dass jedes Ereignis von Bedeutung auf eine Glückszahl hindeutet . Natürlich macht das alles das Spiel interessanter und komplizierter, aber es ist schließlich eine sehr teure Form der Unterhaltung für arme Leute.

Nach allem, was ich erfahren kann, wird in Italien die öffentliche Stimmung zunehmend für die Übel geweckt, die dem gegenwärtigen System des Umgangs mit den Landarbeitern und den ärmeren Klassen anhaften. Aber Italien hat seinen unteren Schichten in der Vergangenheit nicht gut getan. Sie hat sie mit hohen Steuern unterdrückt; hat ein Landsystem aufrechterhalten, das den Boden ausgelaugt und gleichzeitig die Arbeiter verarmt hat ; hat die Landarbeiter in Unwissenheit gelassen ; hat es nicht geschafft, sie vor der Raubgier der Großgrundbesitzer zu schützen; und hat sie schließlich dazu getrieben, ihr Glück in einem fremden Land zu suchen.

Im Gegenzug haben diese Auswanderer es ihrem Heimatland zurückgezahlt, indem sie dessen Außenhandel enorm gesteigert haben, indem sie die Einkünfte, die sie im Ausland erzielt hatten, nach Italien zurückfließen ließen, indem sie selbst mit neuen Ideen und neuen Ambitionen zurückkehrten und sich an den Aufbau des Landes machten.

Arbeitsmethoden und neues Kapital in ihr Mutterland zurückgebracht . Italienische Auswanderer im Ausland spenden ihrem Mutterland nicht nur jährlich schätzungsweise fünf bis sechs Millionen Dollar, sondern die italienische Auswanderung hat Italien auch den Wert seiner arbeitenden Klassen bewusst gemacht und dadurch den Grundstein für den Wohlstand des Ganzen gelegt Land. Tatsächlich ist Italien ein weiteres Beispiel dafür, dass die Lage des Mannes unten das Leben jeder Klasse über ihm beeinflusst.

Den bisher erreichten Wohlstand verdankt Italien größtenteils der untersten
Klasse.

---

ihn dieser Weg dorthin führen würde "Paradies." Während dieser ganzen Zeit befanden wir uns keine Viertelmeile außerhalb der Zollzone der Stadt.

Schließlich gelangten wir glücklicherweise zu einem Loch in einer der Mauern, die die Straße bewachten. Wir hielten die Kutsche an, stiegen aus, kletterten das steile Ufer hinauf und gelangten durch dieses Loch in das benachbarte Feld. Dann richteten wir uns auf und atmeten tief durch, denn es kam uns vor, als ob wir aus dem Gefängnis entlassen würden, um uns umschauen zu können und etwas Grünes und Neues wachsen zu sehen.

Kaum hatten wir jedoch unsere Köpfe durch das Loch in dieser Wand gesteckt, sahen wir zwei oder drei Männer im Schatten einer kleinen strohgedeckten Hütte liegen, in der die Wachen während der Erntezeit schlafen, um die Diebe am Tragen zu hindern weg die Ernte. Sobald diese Männer uns sahen, stand einer von ihnen, der der Besitzer zu sein schien, auf und kam auf uns zu. Wir erklärten, dass wir aus Amerika kämen und uns für Landwirtschaft interessierten. Sobald dieser Mann erfuhr, dass wir aus Amerika kamen, tat er alles, was er konnte, um uns willkommen zu heißen. Offenbar hatten sich diese Männer gerade zu ihrem Abendessen gesetzt, das aus Schwarzbrot und Tomaten bestand. Tomaten schienen der Hauptbestandteil der Ernte zu sein, die dieser Bauer damals anbaute. Er lud uns auf die höflichste Art und Weise ein, sein Essen mit ihm zu teilen, und schien sehr enttäuscht zu sein, dass wir nicht annahmen. Sehr bald begann er, die gleiche Geschichte zu erzählen, die ich später während meines Aufenthalts in Sizilien so oft hörte. Er hatte einen Sohn in Amerika, der in einem Ort namens Chicago lebte, sagte er, und er wollte wissen, ob ich jemals von einem solchen Ort gehört hätte und wenn ja, hätte ich vielleicht seinen Sohn getroffen.

Der alte Mann erklärte mir alles über seinen Bauernhof; wie er seine Ernte anbaute und wie er sie erntete. Soweit ich sehen konnte, verfügte er über etwa zwei Hektar Land, für das er jährlich etwa 15 Dollar pro Hektar Miete zahlte. Dazu gehörte, soweit ich weiß, auch das Wasser für Bewässerungszwecke. Er gab zu, dass es eine Menge Arbeit erforderte, von diesem kleinen Stück Land seinen Lebensunterhalt und den der anderen, die ihm halfen, zu bestreiten. Es sei sehr schwer, irgendwo auf Sizilien zu leben, sagte er, aber den Menschen in Palermo gehe es viel besser als anderswo.

Ich fragte ihn, was er tun würde, wenn sein Sohn mit einer Tüte Geld aus Amerika zurückkäme. Das Gesicht des alten Mannes leuchtete auf und er sagte prompt: „Besorgen Sie sich etwas Land und haben Sie ein eigenes kleines Zuhause.“

Seitdem habe ich einem Mann, den ich bei der Arbeit auf dem Boden getroffen habe, viele Male die gleichen oder ähnliche Fragen gestellt. Überall erhielt ich die gleiche Antwort. Überall in der Masse der Menschen herrscht der Wunsch, bodennah zu sein und ein eigenes Stück Land zu besitzen.

Von unserem Standort aus konnten wir über das Land blicken und an mehreren Stellen die aufwendigen und teuren Anlagen sehen, die zum Pumpen von Wasser durch Dampf für Bewässerungszwecke errichtet worden waren. Einer der Kleinbauern, die ich besuchte, hatte einen kleinen Motor hinter seinem Haus, mit dem er einen etwa vier Hektar großen Blumenkohlgarten bewässerte. Dieser Mann lebte in einem kleinen niedrigen Haus aus Stein und Stuck, aber er gehörte, wie ich erfuhr, zu der wohlhabenden Klasse . Er hatte einen Motor zum Pumpen von Wasser, der ihn, wie er sagte, etwa 500 Dollar kostete. Als ich sein Haus betrat, sah ich einen kleinen Wasserstrahl, nicht viel größer als mein Daumen, der aus der Seite des Hauses nieselte und in den Garten tropfte. Er sagte, es kostete ihn zwischen 4 und 5 Dollar pro Tag, diesen Motor zu betreiben. Die von ihm verwendete Kohle stammte aus England.

Als ich in den Hafen von Palermo einlief , hatte ich gesehen, wie diese Kohle entladen wurde, und es war für mich der erste greifbare Beweis, den ich für die Billigkeit menschlicher Arbeitskraft in diesem überbevölkerten Land gefunden hatte. Anstelle der großen Maschinen, die zu diesem Zweck in Amerika und England verwendet werden, wurde diese Arbeit, wie ich erfuhr, ausschließlich von Hand erledigt.

Um diese Kohle vom Schiff zu holen, wurde sie zunächst in Körbe geladen, die über die Seite des Schiffes geschwenkt und dort auf einem Feuerzeug gestapelt wurden. Dieses Feuerzeug wurde dann von den Schiffen an die Küste gebracht. Anschließend wurden die Körbe von Hand herausgehoben und die Kohle auf dem Kai abgeladen. Von dort wurde es auf Karren umgeladen und abtransportiert. Mit dieser auf teure Weise gehandhabten Kohle pumpte dieser Bauer das Wasser, das er für die Bewässerung seines Landes benötigte.

Nachdem ich Palermo verlassen hatte, fuhr ich nach Catania, auf die andere Seite der Insel. Die Eisenbahn, die beim Überqueren der Insel die Berge hinauffährt, führte mich durch ein ganz anderes Land und unter ganz andere Menschen als die, die ich in Palermo gesehen hatte. Es war eine wilde, karge Bergregion, durch die wir fuhren; Zu der Zeit, als ich es sah, vielleicht kahler als zu anderen Zeiten, weil das Getreide geerntet und mit dem Pflügen noch nicht begonnen worden war. Es gab nirgendwo reguläre Straßen. Hin und wieder passierte der Zug ein einsames Wasserrad; Hin und wieder sah ich einen Esel oder ein Packesel, der sich einen steinigen Fußweg hinaufschlängelte, der Wasser zu den Schwefelminen oder Proviant zu einem kleinen Bergdorf im Landesinneren trug.

Außerhalb dieser kleinen Dörfer, in denen die Landarbeiter leben , war das Land vollkommen kahl. Man kann kilometerweit durch dieses dicht besiedelte Land fahren, ohne ein Haus oder Gebäude irgendeiner Art außerhalb der Dörfer zu sehen.

In Sizilien weniger als 10 Prozent. der Bauernklasse leben auf dem offenen Land. Dies führt zu einer enormen Zeit- und Energieverschwendung. Der Landarbeiter muss viele Kilometer zu und von seiner Arbeit zurücklegen . Einen Großteil des Jahres verbringt er weit weg von seinem Zuhause. Während dieser Zeit lagert er auf dem Feld in einigen der dürftigen kleinen strohgedeckten Unterstände, die man überall im Land sieht, oder vielleicht findet er ein Nest in den Felsen oder ein Loch im Boden. In dieser Zeit lebt er sozusagen auf dem Land. Wenn er Hirte ist, trinkt er die Milch seiner Kühe oder Ziegen. Ansonsten besteht sein Essen aus einem Stück Schwarzbrot und vielleicht etwas grüner Kräutersuppe.

Während meiner Reise durch dieses Berggebiet und bei mehreren Besuchen im Land, die ich später machte, hatte ich Gelegenheit, etwas über die Lebensweise dieser Bauern zu erfahren. Ich habe oft gesehen, wie Männer, die einen harten Arbeitstag hinter sich hatten, sich zu einer Mahlzeit setzten, die aus Schwarzbrot und etwas Tomate oder einem anderen rohen Gemüse bestand. Wie ich erfuhr, ernähren sich diese Bauern in den entlegeneren Regionen häufig tage- oder monatelang von fast allen grünen Dingen, die sie auf den Feldern finden, und essen sie häufig roh, genau wie das Vieh.

Als sie gefragt wurden, wie es möglich sei, so etwas zu essen, antworteten sie, dass es gut sei; „Es schmeckte süß", sagten sie.

Als ich in Sizilien war, hörte ich von dem Fall einer Frau, die sich nach der Inhaftierung ihres Mannes mit der Milch einer Ziegenherde ernährte, die sie an den steilen Hängen der Berge weidete. Ihr Verdienst belief sich auf nicht mehr als 12 bis 14 Cent pro Tag, und da dies nicht ausreichte, um sich und ihre vier Kinder zu ernähren, sammelte sie tagsüber allerlei Grünzeug ein, das sie auf den Felsen wachsen sah, und Sie trug es nachts in ihrer Schürze nach Hause, um die hungrigen Münder zu füllen, die auf ihre Rückkehr warteten. Personen, die Gelegenheit hatten, den Zustand dieses Landes sorgfältig zu studieren, sagen, es sei unglaublich, was diese armen Menschen im Landesinneren Siziliens für Dinge in ihren Magen stecken.

Einer der Hauptnahrungsmittel ist zu bestimmten Jahreszeiten die Frucht eines Kaktus namens Indische Feige, der in allen Teilen der Insel wild wächst. Man sieht ihn überall, entweder am Straßenrand, wo er als Hecke verwendet wird, oder an den steilen Klippen am Berghang. Die Frucht, die etwa die Größe und Form einer sehr großen Pflaume hat, ist in einer dicken, ledernen

Schale enthalten, die abgestreift und an das Vieh verfüttert wird. Die Frucht im Inneren ist weich und matschig und hat einen ziemlich widerlichen, süßlichen Geschmack, der jedoch von der Landbevölkerung sehr genossen wird.

Als ich eines Tages durch einen Vorort von Catania fuhr, blieb ich vor einem kleinen Gebäude aus Stein und Stuck stehen, das ich zunächst für einen Bildstock oder eine Kapelle hielt. Aber es stellte sich heraus, dass es ein Einzimmerhaus war. In diesem Haus hing ein Stück Teppich als Vorhang vor der breiten Tür. Vor diesem Vorhang stand ein grober Tisch aus groben Brettern; Auf diesem Tisch stapelten sich eine Menge der von mir beschriebenen indischen Feigen und einige Flaschen mit etwas, das aussah wie das, was wir in Amerika „Pop" nennen.

Zwei sehr gutaussehende junge Frauen führten diesen kleinen Laden. Ich blieb stehen, unterhielt mich mit ihnen und kaufte etwas von den Kaktusfrüchten. Ich fand heraus, dass fünf Stück für einen Cent verkauft wurden. Sie erzählten mir, dass sie durch den Verkauf dieser Früchte etwa 17 Cent pro Tag verdienten und dass sie und ihr Vater, der ein Invalider war, gezwungen waren, von dieser Summe ihren Lebensunterhalt zu bestreiten. Es gab ein paar Ziegen und Hühner und zwei Schweine, die in dem Ort umherirrten, und ich erfuhr, dass eine der Ökonomien des Haushalts darin bestand, die Schweine und Ziegen mit den Schalen oder Schalen der indischen Feigen zu füttern, die gegessen und auf den Boden geworfen wurden .

Soweit ich aus allem, was ich gehört und gelesen habe, erfahren konnte, hat sich die Lage der landwirtschaftlichen Bevölkerung in Sizilien seit mindestens einem halben Jahrhundert stetig verschlechtert.

Personen, die den körperlichen Zustand dieser Menschen speziell untersucht haben, geben an, dass dieser Teil der Bevölkerung deutliche Anzeichen einer körperlichen und geistigen Verschlechterung aufweist, die ihrer Meinung nach auf den Mangel an ausreichender Nahrung zurückzuführen sei. Beispielsweise liegen die Sizilianer bei Statur und Gewicht bei fast 2 Prozent. hinter der Bevölkerung in Norditalien. Dieser Unterschied ist hauptsächlich auf die schlechte körperliche Verfassung der landwirtschaftlichen Schichten zurückzuführen, die wie die landwirtschaftliche Bevölkerung des südlichen Festlandes Italiens kleiner sind als die Bevölkerung in den Städten.

In diesem Zusammenhang wird angegeben, dass auf Sizilien deutlich weniger als ein Drittel so viel Fleisch pro Kopf konsumiert wird wie in Norditalien. Dennoch wird das meiste Fleisch, das dort gegessen wird, von den Ausländern, die das Land besuchen, in den Hotels verzehrt.

Als ich mir die Budgets einiger Kleingrundbesitzer ansah, deren Situation viel besser ist als die des durchschnittlichen Landarbeiters , stellte ich fest, dass bis zu 5 Dollar für Wein ausgegeben wurden, während der Posten für Fleisch nur 2 Dollar pro Jahr betrug. Ich habe erfahren, dass es in Sizilien Tausende von Menschen gibt, die fast nie Fleisch essen. Die zu diesem Thema durchgeführten Studien deuten darauf hin, dass die gesamte Bevölkerung unterernährt ist.

Als ich nachfragte, stellte ich fest, dass es allgemein anerkannt war, dass der Zustand der Bevölkerung darauf zurückzuführen war, dass sich der größte Teil des Landes in den Händen von Großgrundbesitzern befand, die zuließen, dass die unwissenden und hilflosen Bauern durch ein System der Unterdrückung unterdrückt wurden Aufseher und Mittelsmänner, die so bösartig und unterdrückend waren wie das, was in vielen Teilen der Südstaaten während der Zeit der Sklaverei herrschte.

Gobellotto genannt und scheint der einzige Mann in Sizilien zu sein, der durch das Land reich wird. Wenn ein Gobellotto über ein Kapital von 12.000 US-Dollar verfügt, kann er ein Anwesen von 2.500 Acres für eine Laufzeit von sechs bis neun Jahren pachten. Er wird vielleicht nur einen kleinen Teil dieses Landes selbst bearbeiten und den Rest untervermieten.

Ein Teil davon wird an eine Klasse von Landwirten gehen, die den sogenannten „Cash Renters" im Süden entsprechen. Diese Männer werden etwas Vieh haben und vielleicht ein kleines Haus und einen Garten. In einer guten Saison können sie genug zum Leben verdienen und vielleicht etwas Geld sparen. Wenn der Kleinbauer jedoch das Pech hat, eine schlechte Saison zu haben; Wenn er einen Teil seines Viehs verliert oder gezwungen ist, sich Geld oder Saatgut zu leihen, wird der Mittelsmann, der ihn fördert, ihn am Ende der Saison mit ziemlicher Sicherheit „aufräumen", wie unsere Bauern sagen. In diesem Fall fällt er in die größere und unglücklichere Klasse unter ihm, die dem entspricht, was wir in den Südstaaten den „Share Cropper" nennen. Dieser Mann, der dem Pächter entspricht, soll seinen Landanteil auf halben Anteilen bearbeiten, aber wenn er, wie es häufig vorkommt, gezwungen ist, während der Saison beim Grundeigentümer einen Kredit zu beantragen, wird es für ihn hart am Tag der Abrechnung. Laut einer Beschreibung, die ich erhalten habe, wird beispielsweise die Ernte auf folgende Weise zwischen dem Grundbesitzer und seinen Pächtern aufgeteilt: Nachdem der Weizen geschnitten und gedroschen wurde – nicht mit einer Maschine, vielleicht auch nicht mit Dreschflegeln, sondern mit Ochsen, die die Garben auf einem Lehmboden treten – der Gobellotto zieht vom Ertrag der Ernte das Doppelte, vielleicht das Dreifache der von ihm vorgebrachten Saat ab. Danach übernimmt er, wie es in der Gegend üblich ist, einen bestimmten Teil der Kosten für die Bewachung des Feldes während der Getreidereife, da auf Sizilien kein Feld vor Dieben sicher ist.

Dann nimmt er einen weiteren Teil für die Heiligen, etwas mehr für die Nutzung der Tenne und des Vorratshauses und für alles andere, was ihm einfällt. Selbstverständlich nimmt er einen gewissen Anteil für seine anderen Kredite, sofern vorhanden, und für die Zinsen. Wenn dann schließlich nichts mehr abzuziehen ist, teilt er den Rest und gibt dem Bauern seine Hälfte.

Das Ergebnis ist , dass der arme Mann, der, wie jemand sagte, „den Boden mit seinem Schweiß bewässert hat", der während der Erntezeit vielleicht nicht mehr als zwei Stunden pro Nacht geschlafen hat, und das noch dazu auf dem offenen Feld, ist froh, wenn er ein Drittel oder ein Viertel des geernteten Getreides erhält.

Am Ende sinkt der Pächter vielleicht noch tiefer in die Reihen der Tagelöhner und wird zum Wanderer über die Erde, es sei denn, er hat nicht, bevor er diesen Punkt erreicht, das wenige Eigentum, das er hatte, verkauft und ist nach Amerika gegangen.

Ich erinnere mich, dass ich einen dieser Ausgestoßenen und Erschöpften getroffen habe Arbeiter , die zu einfachen Bettlern geworden waren, stapften die Straße nach Catania entlang. Er trug einen schweren Rucksack, der in einem schmutzigen Tuch von unbeschreiblicher Farbe über seinen Rücken geschwungen war. Es enthielt vielleicht einige Reste seiner irdischen Besitztümer, und als er anhielt, um um einen Penny zu bitten, der ihm auf dem Weg helfen sollte, hatte ich Gelegenheit, ihm ins Gesicht zu schauen und stellte fest, dass er nicht der übliche Typ war. Er hatte nicht das Jammern der stämmigen Bettler, denen ich, besonders in England, immer begegnet war. Er war abgemagert und abgenutzt; Not und Hunger hatten ihn demütig gemacht, und in seinen Augen lag ein geschlagener Ausdruck, doch das Leid schien dem Gesicht des alten Mannes eine Art Vornehmheit verliehen zu haben.

Ich blieb stehen und unterhielt mich mit ihm und es gelang mir, von ihm einen Bericht über sein Leben zu bekommen. Er war sein ganzes Leben lang Landarbeiter gewesen ; er konnte weder lesen noch schreiben, sah aber intelligent aus. Er hatte nie geheiratet und war ohne Verwandte oder Verwandte. Drei Jahre zuvor sei er gesundheitlich so in einen solchen Zustand geraten, dass man ihn nicht mehr auf dem Bauernhof arbeiten lassen dürfe, erzählte er, und seitdem sei er bettelnd und größtenteils lebend im Land umhergewandert auf die Barmherzigkeit von Menschen, die fast so arm waren wie er.

Ich fragte ihn, wohin er gehe. Er sagte, er habe gehört, dass in Catania ein alter Mann die Chance bekommen könnte, die Straßen zu fegen, und er versuche, vor Einbruch der Dunkelheit dorthin zu gelangen.

Einige Stunden später, als ich vom Land zurückkehrte, verließ ich die Autobahn, um die ärmeren Viertel der Stadt zu besuchen. Als ich in eine der Straßen einbog, die von schmutzigen kleinen Hütten gesäumt sind, die aus Blöcken bestehen, die aus dem großen schwarzen Lavastrom gehauen wurden, den der Ätna vor dreihundertfünfzig Jahren über diesen Teil der Stadt gegossen hatte , sah ich dasselbe Alte Mann, der in der Dachrinne liegt und den Kopf auf sein Bündel ruht, wo er zusammengesunken oder gefallen ist.

Landarbeiter in Italien ausführlich beschrieben, weil es mir wichtig erscheint, dass diejenigen, die dazu neigen, wegen des Negers im Süden entmutigt zu sein, wissen, dass seine Lage keineswegs so hoffnungslos ist von einigen anderen. Der Neger ist nicht der Mann, der am weitesten unten steht. Die Lage des farbigen Bauern in den rückständigsten Teilen der Südstaaten Amerikas ist, selbst dort, wo er die geringste Bildung und die geringste Ermutigung hat, unvergleichlich besser als die Lage und die Chancen der landwirtschaftlichen Bevölkerung in Sizilien.

Der Negerbauer glaubt manchmal, dass er im Süden schlecht behandelt wird. Nicht selten muss er hohe Zinsen auf seine „Vorschüsse" zahlen und manchmal wird er aufgrund seiner Unwissenheit bei seinen jährlichen Abrechnungen nicht gerecht behandelt. Aber es gibt diesen großen Unterschied zwischen dem Negerbauern im Süden und dem italienischen Bauern in Sizilien: In Sizilien besitzen einige Kapitalisten und Nachkommen der alten Feudalherren praktisch den gesamten Boden und das unter dem rohen und teuren Landwirtschaftssystem, das sie anwenden Es gibt nicht genug Land, um die überschüssige Bevölkerung zu beschäftigen. Das Ergebnis ist, dass die Landarbeiter um das Privileg konkurrieren, auf dem Land arbeiten zu dürfen. Wenn die Landwirtschaft zurückgeht und das Land weniger produziert, wächst die Bevölkerung und die Mieten steigen. So wird der Bauer zwischen dem oberen und dem unteren Mühlstein zerkleinert.

Im Süden haben wir genau das Gegenteil. Wir haben Land, das nach einer Hand schreit, die es bebaut; Wir haben Landbesitzer, die Arbeitskräfte suchen und fairerweise um Pächter betteln, die ihr Land bewirtschaften.

Wenn einem Negerpächter die Art und Weise, wie er behandelt wird, nicht gefällt, kann er auf die benachbarte Farm gehen; er kann in die Minen oder zu den öffentlichen Arbeiten gehen, wo seine Arbeitskraft gefragt ist. Aber der arme Italiener kann nur dann freikommen, wenn er nach Amerika geht, und deshalb segeln jedes Jahr Tausende von Palermo aus in dieses Land. An bestimmten Orten in Sizilien verließen in den drei Jahren 1905 und 1907 mehr als vier von hundert Personen Sizilien in Richtung Amerika.

Eine Sache, die den Sizilianer im Stich lässt, ist der Stolz, mit dem er sich an seine Vergangenheit erinnert, und die Hartnäckigkeit, mit der er an seinen alten Bräuchen und Vorgehensweisen festhält. Einige behaupten als Entschuldigung für die rückständige Lage des Landes, dass selbst wenn die Grundbesitzer versuchen würden, neue Maschinen und moderne Anbaumethoden einzuführen, die Bevölkerung gegen jede Innovation rebellieren würde. Sie stecken so fest in ihren alten, traditionellen Vorgehensweisen fest, dass sie sich weigern, etwas zu ändern.

Ich habe manchmal gesagt, dass es einen gewissen Vorteil habe, einer neuen Rasse anzugehören, die nicht mit Traditionen und einer Vergangenheit belastet sei – mit anderen Worten, einer Rasse, die nach vorne statt nach hinten blickt und mehr an der Zukunft interessiert ist als in der Vergangenheit. Der Negerbauer hat diesen Vorteil gegenüber dem italienischen Bauern sicherlich.

Fragt man einen sizilianischen Arbeiter, warum er etwas auf eine bestimmte Art und Weise macht, antwortet er immer: „Das haben wir schon immer gemacht", und das reicht ihm. Der Sizilianer vergisst die Vergangenheit nie, bis er Sizilien verlässt, und oft auch dann nicht.

Das Ergebnis ist, dass der sizilianische Bauer, der stolz an seinen alten Bräuchen und Methoden festhält, immer noch denselben Pflug benutzt, wie ich aus einem kürzlich veröffentlichten Bericht der deutschen Regierung ersehen konnte, während er lernt, mit Dampf zu pflügen Es wurde von den Griechen in den Tagen Homers verwendet und er drischt sein Getreide, wie es die Menschen zur Zeit Abrahams taten.

KAPITEL IX
FRAUEN UND DIE WEINERNTE IN SIZILIEN

Es war Ende September, als ich Catania auf der Ostseite Siziliens erreichte. Die Stadt liegt am Fuße des Berges Ätna am Rande des Meeres. Darüber erhebt sich die gewaltige Masse des Vulkans, dessen Hänge von Gärten und Weinbergen gesäumt sind, die sich terrassenförmig über die andere erheben, bis sie sich in den Wolken verlieren. Ein weites und fruchtbares Tal unterhalb der Stadt im Süden, durch das die Eisenbahn vom Berg zum Meer hinabführt, wirkte wie der Berg Ætna selbst wie ein riesiger Weinberg.

Dies war umso auffälliger und interessanter, als zu der Zeit, als ich dort ankam, die Ernte im Gange war; In den Weinbergen wimmelte es von Frauen, die Körbe trugen. Die Weinpressen waren in Betrieb und die Luft war erfüllt von den Dämpfen des gärenden Traubensafts.

Obwohl es Sonntagmorgen war und die Glocken in hundert Kirchen die Menschen zum Gebet riefen, war von der Sonntagsruhe, die ich erwartet hatte, nur sehr wenig zu spüren. Die meisten Geschäfte waren geöffnet; In jedem Teil der Stadt saßen Männer in ihren Türen oder auf dem Bürgersteig vor ihren kleinen zellenartigen Häusern und arbeiteten eifrig an ihrem gewohnten Handwerk. Vor dem Südtor der Stadt hatte ein sparsamer Kaufmann eine eilige Weinhandlung eröffnet, um den Durst der Menschenmassen zu stillen, die in die Stadt ein- und ausgingen, und vielleicht auch, um der Steuer zu entgehen, die die Stadt zahlen musste erlegt allen Arten von Bestimmungen auf, die aus dem umliegenden Land in die Stadt gelangen. Landwein wurde hier für ein paar Pennys pro Liter verkauft – ich habe die genaue Summe vergessen – und Scharen von Menschen aus der Stadt feierten, vermutlich nach dem alten Brauch des Landes, die jährliche Weinlese.

Aus dem südlichen Tor der Stadt, das in die fruchtbare, mit Weinreben bewachsene Ebene führt, kommt eine staubige und schwitzende Prozession – kleine zweirädrige Karren, wunderschön geschnitzt und verziert, die große Fässer mit Traubensaft tragen, kleine Esel mit einem Schweinsleder gefüllt damit Wein auf beiden Seiten und ein Fahrer, der neben ihnen trottete, drängten und drängten sich in die Stadt. Gleichzeitig ergoss sich ein stetiger Strom von Bauern zu Fuß oder Stadtbewohnern in Kutschen, die sich mit den Karren und Lasttieren vermischten, aus dem Tor entlang der staubigen Straße, teilte sich und schrumpfte, bis sich der Strom zwischen den Kaktushecken verlor die die kurvenreichen Landstraßen markieren.

Es war für mich ein seltsamer und interessanter Anblick, und nicht nur an diesem besonderen Sonntag, sondern auch danach verbrachte ich fast jeden Tag, an dem ich in der Stadt war, einige Zeit damit, diese Prozession zu studieren und mir die verschiedenen Figuren und deren unterschiedliche Typen anzusehen Es war ausgedacht. An diesem Tor beobachtete ich eines Tages eine Bäuerin, die mit dem Zollbeamten um die Steuer feilschte, die sie für das Privileg zahlen musste, ihre Produkte in die Stadt zu bringen. Sie war barfuß und voller Reiseflecken und hatte offensichtlich eine weite Strecke zurückgelegt, wobei sie ihren kleinen Vorrat an Obst und Gemüse in einem Sack über dem Rücken trug. Es schien jedoch, als hätte sie im Boden des Sacks ein paar Pfund Nüsse versteckt und sie mit Obst und Gemüse bedeckt. Irgendetwas an ihrem Verhalten, vermute ich, verriet sie, denn der Zollbeamte bestand darauf, seine Hand bis zum Boden des kleinen Sacks zu greifen und holte schließlich triumphierend eine kleine Handvoll der geschmuggelten Nüsse hervor. Ich konnte nicht verstehen, was die Frau sagte, aber ich konnte den flehenden Gesichtsausdruck nicht verwechseln, mit dem sie den Beamten anflehte, sie und ihre kleinen Produkte durchzulassen, weil sie, wie sie ihm mit ihren leeren Händen andeutete, nicht genug Geld hatte, um es zu tun bezahle alles, was er verlangte.

Ich hatte viel über die Härten und Grausamkeiten des Zolls in Amerika gehört und gelesen, aber ich gestehe, dass das beste Argument für den Freihandel, das mir je begegnet ist, das Schauspiel dieser armen Frau mit ihrem kleinen Obstvorrat war und verrückt, die versucht, mit ihren Waren auf den Markt zu kommen.

Nicht weit außerhalb der Stadt verläuft die Autobahn dicht neben einem Friedhof. Von der Straße aus kann man die eleganten und imposanten Denkmäler sehen, die zur Erinnerung an die letzten Ruhestätten der wohlhabenden und angesehenen Familien der Stadt errichtet wurden. Der Weg zu diesem Friedhof führt durch einen Marmortorbogen, der, soweit ich mich erinnere, durch massive Eisentore verschlossen ist. Als ich an diesem Tor stand, bemerkte ich eines Tages eine junge Bäuerin, die still weinte. Sie stand lange da und blickte über die Felder, als warte sie auf jemanden , der nicht kam, während die Tränen über ihr Gesicht liefen. Sie schien so hilflos und hoffnungslos, dass ich den Führer, der mich begleitete, bat, über die Straße zu gehen und herauszufinden, was ihr Problem war. Ich dachte, wir könnten vielleicht etwas für sie tun.

Der Führer ging mit dem natürlichen Takt und der Höflichkeit seiner Rasse auf die Frau zu und erkundigte sich nach der Ursache ihres Kummers. Sie rührte sich nicht und veränderte auch nicht ihren Gesichtsausdruck, sondern zeigte, während die Tränen noch über ihr Gesicht liefen, auf ein Paar hochhackige Pantoffeln, die sie ausgezogen und neben sich auf den Boden gelegt hatte.

„Sie tun mir an den Füßen weh", sagte sie und lächelte dann ein wenig, denn auch sie sah, dass in der Situation ein gewisser Humor lag . Ich schaute auf ihre Füße und dann auf ihre Schuhe und kam zu dem Schluss, dass ich ihr nicht helfen konnte.

Weiter kamen wir an einigen der großen Anwesen vorbei, die im Allgemeinen einigen der wohlhabenden Grundbesitzer der Stadt gehören. Die entsprechende Region außerhalb von Palermo ist von Orangen- und Zitronenhainen bewohnt, doch rund um Catania sind offenbar alle großen Ländereien dem Weinanbau überlassen.

Ein großer Weinberg im Herbst oder zur Zeit der Weinlese bietet einen der interessantesten Anblicke, die ich je gesehen habe. Die Trauben hängen in dicken, verlockenden Trauben so schwer an den niedrigen Reben, dass es scheint, als müssten sie durch ihr eigenes Gewicht zu Boden fallen. Währenddessen entfernen Scharen barfüßiger Mädchen mit tiefen Körben schnell die Weinreben von ihren Früchten und stapeln die Trauben in Körben. Wenn alle Körbe voll sind, heben sie sie auf den Kopf oder auf die Schultern und marschieren in einer Reihe langsam in einer Art festlicher Prozession in Richtung der Kelter.

Auf der Plantage, die ich besuchte, war das Weinhaus ein großes, raues Gebäude, das tief in die Erde eingelassen war, so dass man gezwungen war, ein paar Stufen hinunterzusteigen, um ins Erdgeschoss zu gelangen. Das Gebäude war so aufgeteilt, dass sich in einem Raum die riesigen Fässer befanden, in denen der Wein gelagert wurde, um mit der Reifung den delikaten Geschmack zu erhalten , der ihm seine Qualität verleiht, während im anderen Raum die Kelterung der Trauben stattfand.

An einer Seite des Raumes befand sich eine Presse mit einem großen, gedrehten Baumarm als Hebel, aber diese diente, wie ich erfuhr, nur zum Auspressen des Abfalls, aus dem eine schlechtere und billigere Weinsorte hergestellt wurde. Direkt vor dem Gebäude, hoch oben unter dem Dach, befand sich ein riesiger, runder, flacher, wannenartiger Bottich. In diesem Bottich trabten vier oder fünf Männer mit bis über die Knie hochgekrempelten Hosen und angezogenen Schuhen und Strümpfen im Kreis umher und stampften dabei singend auf die Trauben unter ihren Füßen.

Durch einen offenen Raum oder eine Tür an der Rückseite erhaschte ich hin und wieder einen Blick auf die Prozession von Mädchen und Männern, die die kleinen Treppen an der Rückseite des Weinhauses hinaufstiegen, um frische Trauben in die Kelter zu gießen. Im Licht, das durch diese Öffnung eindrang, waren die Gestalten der Männer, die Weintrauben zertrampelten und deren nackte Beine mit Wein befleckt waren, klar und deutlich zu erkennen. Gleichzeitig erfüllten die Dämpfe, die von den Trauben aufstiegen, das Weinhaus, so dass es fast schien, als sei die Luft rot von ihrem Geruch . Man sagt, dass Männer, die den ganzen Tag in der Kelter arbeiten, nicht selten allein durch das Einatmen der mit diesem gärenden Traubensaft gesättigten Luft berauscht werden.

Ich stelle mir vor, dass die Erntezeit in jedem Land und zu jeder Zeit immer eine Zeit der Freude und Freude war. Ich erinnere mich, dass es so unter den Sklaven auf der Plantage war, als ich ein Junge war. Als ich diese Männer beobachtete und den urigen und melancholischen kleinen Liedern lauschte, die sie sangen, während der Rotwein unter ihren trampelnden Füßen hervorsprudelte, erinnerte ich mich an das Maisschälen unter den Sklaven und an die Lieder, die die Sklaven dabei sangen mal.

Ich wurde umso mehr daran erinnert, als mir auffiel, wie der Anführer des Gesangs den Kopf senkte und die Schläfen drückte, so wie ich es schon einmal von demjenigen gesehen hatte, der den Gesang beim Maisschälen leitete. Ich erinnere mich, dass die Art und Weise, wie dieser Leiter oder Chorsänger als Junge den Kopf senkte und die Hände gegen die Schläfen drückte, einen tiefen Eindruck hinterließ. Vielleicht versuchte er auf diese Weise nur, sich an die Worte zu erinnern, aber es schien, als würde er der Musik lauschen, die in ihm aufstieg, und auf diese Weise nicht nur versuchen, sich an die Worte zu erinnern, sondern auch die Inspiration des Liedes einzufangen. Manchmal, nachdem er ein paar Minuten lang scheinbar so zugehört hatte, warf er plötzlich den Kopf zurück und brach in eine wildere und aufregendere Melodie aus.

Das alles war für mich seltsam interessant und sogar aufregend, vielleicht umso mehr, als es mir irgendwie vorkam, als hätte ich das alles schon einmal irgendwo gesehen oder gewusst. Dennoch hatte ich noch weniger Lust, Wein zu trinken als je zuvor, nachdem ich zugesehen hatte, wie diese Männer voller Wein und Schweiß die Weintrauben unter beschuhten und bestrumpften Füßen zerquetschten. Es wäre vielleicht nicht so schlimm gewesen, wenn die Männer ihre Socken nicht getragen hätten.

Was mich bei allem, was ich sah, beeindruckte, war die zweitrangige und fast untergeordnete Rolle, die die Frauen bei der Arbeit spielten. Sie arbeiteten direkt unter einem Aufseher, der alle ihre Bewegungen leitete – offenbar mit einer scharfen Rute, die er in der Hand trug. Es gab kein Lachen oder Singen und anscheinend wenig Freiheit unter den Frauen, die sich langsam und lautlos bewegten, mit der ermüdenden und eintönigen Präzision in ihrer Arbeit, die ich oft bei Bandenarbeit beobachtet habe . Sie hatten kaum oder gar keinen Anteil an der Art angenehmer Aufregung, die dazu beitrug, die Arbeit der Männer zu erleichtern.

Ein- bis zweimal im Jahr, zur Zeit der Wein- und Olivenernte, kommen die Mädchen und Frauen aus ihren Bergdörfern herunter, um sich mit den

Männern an der Feldarbeit zu beteiligen. Soweit ich weiß, werden für diese beiden kurzen Zeiträume die Frauen jedes einzelnen dieser kleinen Landdörfer in einer Bande organisiert, so wie es bei den Banden wandernder Erntearbeiter in Österreich und Ungarn der Fall ist. An dem Sonntag, an dem ich in Catania ankam, hatte ich Scharen dieser Frauen gesehen, die Arm in Arm durch die Straßen der Stadt marschierten. Tatsächlich hatte eine Gruppe von ihnen auf dem Bürgersteig des kleinen offenen Platzes am Südtor der Stadt ihr Lager aufgeschlagen. Sie waren fast den ganzen Tag dort und vermutlich auch die ganze Nacht. Es interessierte mich, die Geduld zu beobachten, mit der sie stundenlang auf dem Bordstein oder auf der Treppe saßen, den Kopf auf ihren Bündeln, und warteten, bis die Verhandlungen über ihre Anstellung abgeschlossen waren.

Diese kurze Zeit der Erntezeit ist für die meisten dieser Landfrauen fast die einzige Gelegenheit, die Außenwelt kennenzulernen. Für den Rest des Jahres ist es ihnen offenbar kaum gestattet, die Grenzen der Straße oder des Dorfes, in dem sie leben, zu überschreiten.

Während meiner Reise über die Insel hatte ich hoch oben in den Bergen einige dieser unzugänglichen kleinen Nester gesehen, aus denen diese Mädchen vielleicht gekommen waren. In ein oder zwei Fällen, insbesondere bei meinem Besuch in den Schwefelminen , hatte ich Gelegenheit, etwas vom Leben dieser Bergdörfer zu sehen. Da ich nun vor allem über die Frauen der arbeitenden und landwirtschaftlichen Klassen spreche , kann ich hier auch erzählen, was ich über die Art und Weise, wie sie in ihren Häusern leben, gesehen und gelernt habe.

Ein solches Dorf, wie ich es erwähnt habe, besteht größtenteils aus Reihen niedriger, einstöckiger Steingebäude, die entlang einer Straße aufgereiht sind, die unbeschreiblich schmutzig ist. Die Brunnen werden häufig ohne Mörtel oder Putz gebaut und manchmal mit Holz, häufiger aber mit Ziegeln gedeckt. In einer Ecke gibt es einen Steinherd, auf dem gekocht wird, wenn es etwas zu kochen gibt. Da es keinen Schornstein gibt, dringt der Rauch durch die Dacheindeckung nach außen.

Ich erinnere mich noch gut an ein Bild, das ich sah, als ich an einem solchen Haus vorbeiging. Vor dem Haus stand eine Frau, die ein vollkommen nacktes Kind auf dem Arm hielt. Ein anderes Kind, nichts an als ein Hemd, stand neben ihr und hielt ihren Rock. Durch die offene Tür konnte ich den gesamten Einzelraum sehen, in dem diese Familie lebte. Hinter dem Wohnzimmer und damit verbunden befand sich ein Stall für das Vieh. Das war typisch für viele andere Häuser, die ich sah.

Tagsüber verbringen die Frauen, die Kinder, die Schweine und die Hühner die meiste Zeit auf der schmutzigen, überfüllten Straße. In der Regel sind die Männer, sofern sie nicht gerade einer handwerklichen Tätigkeit nachgehen, auf den Feldern bei der Arbeit. In vielen Fällen kommen sie nicht einmal im Monat nach Hause.

Auf meinen Reisen durch diese Dörfer und die Armenstraßen der größeren Städte tauchte in mir immer wieder eine Frage auf, auf die ich nie eine Antwort finden konnte. Es ging um Folgendes: Was wird nachts aus diesen Menschen mit ihren Schweinen, Ziegen, Hühnern und anderen Tieren? Wie sieht das Innere dieser Häuser nach Sonnenuntergang aus?

Ich bin nachts durch einige der ärmeren Straßen von Catania gelaufen, fand sie aber ausnahmslos in fast völliger Dunkelheit vor. Ich konnte die Leute reden hören, während sie in ihren Türen saßen, aber ich konnte sie nicht sehen. Tatsächlich konnte ich außer den undeutlichen Umrissen der Gebäude nichts erkennen, denn anscheinend gab es nirgends Lichter.

Ein deutscher Autor, Herr S. Wermert , der die Verhältnisse in Sizilien eingehend studiert und ein großartiges Buch über die sozialen und wirtschaftlichen Verhältnisse der Menschen geschrieben hat, sagt über die Art und Weise, wie die Menschen in den kleinen Dörfern leben:

> „Im Süden leben die Menschen bekanntlich größtenteils im Freien. Jeder sitzt auf der Straße vor der Haustür; dort geht der Handwerker seinem Handwerk nach; dort geht die Mutter der Familie ihrer Hausarbeit nach . “ . Am Abend drängen sich jedoch alle in die Höhle, Eltern und Kinder, das Maultier oder der Esel. Das Mastschwein, das, mit einem Halsband geschmückt, tagsüber vor dem Haus angebunden wurde, wo, mit allem Die Zuneigung eines Hundes, die zwischen den Kindern herumgeglitten ist, muss auch einen Platz im Haus finden. Der Hahn und die Hühner begeben sich bei Sonnenuntergang in denselben Raum, in dem die Luft voller Rauch ist, weil es keinen Schornstein gibt Das Haus. Alle atmen diese Luft. Man kann sich vorstellen, was für eine furchteinflößende Atmosphäre den Ort durchdringt. Es mangelt an allen Notwendigkeiten körperlicher Sauberkeit und moralischem Anstand. In der Ecke gibt es oft nur eine Koje, auf der die ganze Familie schläft, und für die Zum größten Teil besteht es nur aus einem Haufen Stroh. In der großen Sommerhitze schläft man natürlich ohne Decke; Im Winter sucht sich jeder unter der Decke zu schützen. Selbst wenn es getrennte Schlafplätze gibt, erfahren die Kinder schon früh alle intimsten Geheimnisse des Familienlebens. Geschwister schlafen fast immer im selben Bett. Oft schläft ein Mädchen zu Füßen ihrer Eltern. Die Dummheit und Grobheit eines

solchen Familienlebens ist unbeschreiblich. Bei einem Volk, das seit Generationen ohne Bildung aufgewachsen ist, gibt es natürlich keine ernsthafte Vorstellung von Moral. Aus diesem Grund kommt es häufig vor, dass die unaussprechlichsten Verbrechen begangen werden. Daher ist es häufig schwierig, die Abstammung der in die Familie hineingeborenen Kinder genau zu bestimmen. Das Sprichwort der Römer, dass „die Vaterschaft immer ungewiss ist", gilt hier. Tatsächlich ist es durchaus möglich, dass diese Rechtsauffassung ihren Ursprung in Beobachtungen über die Lage der Landbevölkerung jener Zeit hat. Es ist jedoch wahrscheinlich, dass sich die Verhältnisse in den ländlichen Gebieten Siziliens seit der Römerzeit kaum verändert haben.

Nach allem, was ich lernen kann, hat die schmutzige Promiskuität dieser überfüllten Häuser und schmutzigen Straßen die sizilianischen ländlichen Dörfer zu Brutstätten von Lastern und Verbrechen gemacht, von denen beispielsweise die ländliche Negerbevölkerung in den Vereinigten Staaten wahrscheinlich noch nie etwas gehört hat. Es gibt einige Dinge im Zusammenhang mit dieser alten Zivilisation, über die der Neger besser nichts wissen sollte, denn das Wissen darüber bedeutet moralischen und physischen Verfall, und was auch immer man zum jetzigen Zeitpunkt sonst noch über den Zustand dieser Zivilisation sagen kann Der Neger ist, zumindest in den ländlichen Gebieten, kein Degenerierter. Selbst in den Teilen der Südstaaten, in denen er von der Zivilisation am wenigsten berührt wurde, scheint es mir, dass es dem Neger in seinem Familienleben unvergleichlich besser geht als den landwirtschaftlichen Klassen in Sizilien.

Erstens geht es dem Neger in seiner Familie besser, denn selbst wenn sein Zuhause kaum mehr als eine primitive Einzimmerhütte ist, lebt er zumindest auf dem offenen Land in Kontakt mit der reinen Luft und der Freiheit Wälder, und nicht in dem überfüllten Dorf, wo die Luft und der Boden seit Jahrhunderten mit den angesammelten Abfällen und Abfällen einer überfüllten und schlampigen Bevölkerung verschmutzt sind.

Was sein religiöses Leben betrifft, bin ich trotz allem, was in der Vergangenheit über die Ignoranz und sogar Unmoral einiger ländlicher Negerprediger gesagt wurde, nach dem, was ich während meines Aufenthalts in Sizilien erfahren habe, davon überzeugt, dass der Neger hat eine reinere Art von Religion und eine bessere und ernsthaftere Klasse von Geistlichen als die Massen dieses sizilianischen Volkes, insbesondere in den ländlichen Bezirken.

In diesem Zusammenhang darf auch nicht vergessen werden, dass der Neger so ist, wie er ist, weil er nie die Gelegenheit hatte, etwas Besseres zu lernen. Er geht voran. Die Menschen in Sizilien, die fast seit der Landung des Apostels Paulus in Syrakus Christen waren, sind dagegen zurückgegangen. Im Zusammenhang mit ihrem religiösen Leben sind allerlei barbarische Aberglauben entstanden, die die besseren Elemente weitgehend verdrängt haben.

Während der Zustand der Negerausbildung in den Südstaaten keineswegs perfekt ist, verfügt der Neger und insbesondere die Negerfrau über einige Vorteile, die für das Bauernmädchen in Sizilien so weit außerhalb der Reichweite liegen, dass sie nie im Traum daran gedacht hätte, sie zu besitzen. Beispielsweise hat jedes Negermädchen in Amerika die gleichen Bildungschancen wie Negerjungen. Sie könnte die Industrieschule besuchen oder, wenn sie möchte , was sie häufig tut, aufs College gehen. Alle Handwerke und Berufe stehen ihr offen. Einer der ersten Negerärzte in Alabama war eine Frau. Jedes Jahr kommen Hunderte und vielleicht Tausende von Negermädchen aus den Bauernbezirken der Südstaaten, um diese höheren Schulen zu besuchen, wo sie die Gelegenheit haben, unter den Einfluss einiger der besten und kultiviertesten Weißen zu geraten in den Vereinigten Staaten. Ich wage zu behaupten, dass in den Dörfern auf dem Land nicht eines von hundert Mädchen jemals so viel wie Lesen und Schreiben lernt.

Als ich in Sizilien umherstreifte, war ich sehr beeindruckt von dem substanziellen Charakter der Gebäude und den Verbesserungen, so wie sie waren. Alles ist aus Stein. Selbst das ärmlichste Haus ist so gebaut, als ob es Jahrhunderte überdauern würde, und überall im Land wurde unglaublich viel Arbeit in die Errichtung von Steinmauern gesteckt.

Ein Grund dafür ist, dass es zum Bauen fast kein Holz gibt. Alles ist zwangsläufig aus Stein und Fliesen gebaut. Ein weiterer Grund, warum die Sizilianer dauerhaft bauen, vermute ich, ist, dass sie nie mit einer Veränderung ihres Zustands rechnen. Wenn man sie fragt, warum sie ihre Dörfer an den unbequemsten und unzugänglichsten Orten gebaut haben, wissen sie es nicht. Sie wissen nur, dass diese Städte schon immer da waren und haben nicht die geringste Ahnung, außer dass sie immer dort bleiben werden, wo sie sind. Um eine Erklärung für die Lage dieser Städte zu finden, mussten die Studenten, wie ich erfuhr, tatsächlich mehrere Jahrhunderte vor Christus zurückgehen, in die Zeit, als die Griechen und Phönizier um den Besitz der Insel kämpften . Zu dieser Zeit suchte die ursprüngliche Bevölkerung Zuflucht in diesen Bergfestungen, und trotz aller Veränderungen seither sind diese Städte, vielleicht mit einigen Überresten der Rasse, die ursprünglich auf der Insel lebte, geblieben.

Überall auf Sizilien wird man mit der Tatsache konfrontiert, dass man zu einem Volk gehört, das zwischen den Ruinen und Überresten einer antiken Zivilisation lebt. Als ich zum Beispiel versuchte, den Unterschied in der Stellung der Frauen in Sizilien und in anderen Teilen Europas zu verstehen, lernte ich, dass man auf die Griechen und Sarazenen zurückgreifen musste, bei denen Frauen eine viel geringere Stellung innehatten und viel weniger vertreten waren freier als unter den Völkern Europas. Darüber hinaus traf ich Personen, die behaupteten, zwischen griechischen und sarazenischen Frauentypen unterscheiden zu können. Ich erinnere mich, dass meine Aufmerksamkeit einmal auf eine Gruppe von Frauen gelenkt wurde, die sehr schwarze Schals über dem Kopf trugen und zurückhaltender und weniger frei in ihren Handlungen wirkten als andere Frauen, die ich in Sizilien gesehen hatte. Mir wurde mitgeteilt, dass es sich bei diesen Frauen um sarazenische Frauen handelte und dass die Gewohnheit, diese dunklen Schals über dem Kopf zu tragen und sie fest unter dem Kinn zu halten, ein Brauch war, der von den Arabern stammte. Ich nehme an, die Schals ersetzten gewissermaßen die Schleier, die orientalische Frauen trugen.

Nun, all diese alten Bräuche und Gewohnheiten und all der seltsame Aberglaube, mit dem das Leben unter den unwissenden Klassen überwuchert ist, üben meiner Meinung nach das gleiche Interesse und die gleiche Faszination aus wie einige der alten Gebäude. Aber ich bin überzeugt, dass nur sehr wenige Menschen erkennen, wie sehr diese alten Bräuche die Menschen, insbesondere die Frauen, belasten und ihren Fortschritt behindern.

Inmitten dieser Verhältnisse leben die sizilianischen Frauen, die von den Männern als minderwertige Wesen betrachtet und von ihnen als eine Art Eigentum bewacht werden, wie Gefangene in ihren eigenen Dörfern. Einerseits fest gebunden an jahrhundertelange Bräuche, andererseits umgeben von einer Mauer der Unwissenheit, die ihnen jegliches Wissen über die Außenwelt verschließt, leben sie in einer Art geistiger und moralischer Sklaverei unter der Kontrolle von ihrer Ehemänner und der unwissenden und möglicherweise bösartigen Dorfpriester.

Aus diesem Grund ist die Reise nach Amerika für die Frau aus Sizilien eine echte Emanzipation. Tatsächlich kenne ich keine wichtigere Arbeit zur Emanzipation der Frau als die, die direkt und indirekt durch die Auswanderung aus Sizilien und Italien in die Vereinigten Staaten zur Förderung der Gedankenfreiheit geleistet wird an die Frauen Süditaliens.

KAPITEL X
DIE KIRCHE, DAS VOLK UND DIE MAFIA

Eine der interessanten Sehenswürdigkeiten von Catania auf Sizilien, wie von fast jeder anderen Stadt, die ich in Europa besucht habe, ist der Marktplatz. Ich gestehe, dass ich eine Vorliebe für den Besuch von Märkten habe. Ich schlendere gerne durch die Stände mit ihren Mengen an Obst, Gemüse, Fleisch und Brot, allen alltäglichen, gesunden und notwendigen Dingen des Lebens, aufgetürmt und in üppiger Fülle angeordnet.

Ich beobachte gerne die Menschenmassen, die kommen und gehen, kaufen und verkaufen, feilschen und chauffieren. Ein Markt, insbesondere ein altmodischer Markt, wie man ihn fast überall in Europa sehen kann, auf dem sich die Menschen aus der Stadt und die Menschen vom Land, Produzent und Verbraucher, treffen und miteinander verhandeln, scheint viel gesünder zu sein und menschlicher Ort als beispielsweise eine Fabrik. Außerdem glaube ich, dass jeder , der ins Ausland geht, um Menschen zu sehen und nicht, um Dinge zu sehen, die Märkte Europas interessanter und lehrreicher finden wird als die Museen.

Während meiner Reise durch Europa besuchte ich die Märkte in fast jeder großen Stadt, in der ich Halt machte. Ich sah etwas von den seltsamen Sonntagsmärkten von Bethnal Green und Whitechapel in London mit ihren langen Schlangen schreiender Krämer und ihren Massen hungriger Käufer, und vom jüdischen Markt im Ghetto von Krakau in Polen, wo blasse Rabbiner schlachteten, nach dem strengen Ritual des jüdischen Gesetzes scharenweise kreischende Gänse. Unter anderem besuchte ich den Montagsmarkt in Catania, der sich von den Märkten, die ich anderswo gesehen hatte, durch die Vielzahl der zum Verkauf angebotenen Haushaltswaren und durch den allgemeinen Feiertagscharakter des Geschehens unterscheidet.

Es war wie ein Jahrmarkt in einer unserer südlichen Städte, nur gröber und uriger. Anstelle der bekannten Schießbude mit bemalten Zielen hatte beispielsweise ein unternehmungslustiger Mann ein Dutzend bemalter Stöcke auf einer groben Kiste aufgestellt und dem Publikum für etwas weniger als einen Cent die Möglichkeit geboten, mit einer Zielscheibe auf sie zu schießen Eine antike Armbrust, wie ich sie außerhalb von Museen nicht für möglich gehalten hätte. Dann gab es allerlei seltsame und primitive Glücksspiele. Neben anderen Mitteln zur Unterhaltung und Mystifizierung der Menschen fiel mir eine junge Frau auf, die mit verbundenen Augen auf einem Stuhl saß. Eine Menschenmenge umringte sie, während sie verschiedene Gegenstände der Menge nannte, die ihr Begleiter, ein Mann, in seinen Händen hielt. Gleichzeitig verriet sie die Haar- und Augenfarbe und erzählte eine Prophezeiung über die Zukunft der verschiedenen Personen, denen der Artikel gehörte .

Noch interessanter waren die öffentlichen Geschichtenerzähler, die unter den Volksmassen, von denen viele weder lesen noch schreiben können, gewissermaßen den Platz der Tageszeitung einzunehmen schienen.

Die Geschichtenerzähler standen auf kleinen Plattformen, die sie wie tragbare Kanzeln mit sich herumtrugen, damit sie für die Menge gut sichtbar waren. Jeder trug ein großes Banner, auf dem eine Reihe von Bildern gemalt waren, die die Szenen in den Geschichten darstellten, die sie erzählten.

Diese Geschichten und die Bilder, die sie illustrierten, waren offenbar von den Männern verfasst worden, die sie erzählten, denn sie berührten alle zeitgenössische Ereignisse. Tatsächlich bezogen sich die meisten von ihnen in irgendeiner Weise auf Amerika. Wie die Singvögel, die nur eine sich ständig wiederholende Note haben, hatte jeder Geschichtenerzähler nur eine Geschichte, die er immer wieder in denselben Tönen, mit denselben Einstellungen und denselben kleinen dramatischen Überraschungen erzählte.

Obwohl ich das Gesagte nicht verstehen konnte, war es nicht schwer, der Erzählung anhand der Bilder zu folgen. Eine Geschichte erzählte vom Schicksal eines jungen Mädchens, das nach Amerika gelockt worden war. Vielleicht war sie eine dieser „weißen Sklaven", auf die ich in Italien und in anderen Auswanderungsländern häufig Bezug nahm. Jedenfalls war sie an einem sehr dunklen und trostlosen Ort in einem Teil von New York eingesperrt, den ich anhand des Bildes nicht lokalisieren konnte. Dann hatte ihr Bruder, oder vielleicht war es ihr Geliebter, den sie in Sizilien zurückgelassen hatte, eine Vision. Es war eine Vision des heiligen Georg und des Drachen, und nachdem er diese Vision gesehen hatte, stand er auf, ging nach Amerika und rettete sie. Das Berührende an der ganzen Sache, das zeigte, wie realistisch diese ganze Geschichte für die Menge war, die dastand und ihr gespannt zuhörte, war, dass die Geschichte den Punkt erreichte, an dem auf das Bild von St. Georg und dem Drachen Bezug genommen wird Daraufhin hoben die Männer gleichzeitig ihre Hüte. Gleichzeitig nahm der Redner einen feierlicheren Ton an, und die Menge hörte mit ehrfürchtiger Ehrfurcht zu, während er weiter von dem Wunder erzählte, durch das die junge Frau gerettet worden war.

Der Anblick dieser Menschenmenge, die barhäuptig auf einem offenen Platz stand und ehrfurchtsvoll der Geschichte eines Straßenfakirs lauschte, beeindruckte mich wie so vieles andere, was ich vom Leben der einfachen Leute in Catania und anderswo in Sizilien sah seltsam berührend und erbärmlich. Es erinnerte mich an alles, was ich über den Aberglauben des einfachen Volkes des Landes gelesen und gehört hatte, und verschaffte mir einen noch nie dagewesenen Einblick in die Art und Weise, wie die Massen des Volkes der katholischen Kirche gegenüber stehen mit all seinen religiösen Zeremonien und Symbolen. Es ließ mich auch vermuten, dass vieles im religiösen Leben des sizilianischen Volkes, das für diejenigen, die eine andere Ausbildung genossen haben, vielleicht wie Aberglaube aussieht, in Wirklichkeit lediglich der natürliche Ausdruck der Ehrfurcht und Frömmigkeit eines einfachen Menschen ist gesinntes und vielleicht ignorantes Volk.

Als ich in dieser Stadt war, wurde mir gesagt, dass es in Catania zweihundertfünfzig Kirchen gibt, und obwohl ich nicht weiß, ob diese Aussage richtig ist, konnte ich sie aufgrund des endlosen Läutens der Kirchenglocken, das mir beim ersten Mal ins Ohr klang, leicht glauben Sonntagmorgen war ich in der Stadt. Auf jeden Fall kann niemand durch die Stadt gehen und sich die öffentlichen Gebäude ansehen oder die Menschen in ihren Häusern studieren, ohne auf zahlreiche Beweise für den alles durchdringenden Einfluss der Kirche zu stoßen. Überall, eingebaut in die Gebäude, an den Straßenecken und an jedem möglichen öffentlichen Ort, sieht man kleine Marienbilder, vielleicht mit einer brennenden Lampe davor. Einmal stieß ich auf ein solches Bild mit einer Lampe davor, die auf einem Feld gepflanzt war. Mir wurde gesagt, dass es dazu da sei, die Ernte vor dem Einfluss böser Geister zu schützen.

Es schien niemandem in den Sinn gekommen zu sein, dass das Bild der Jungfrau und der Segen der Kirche, die die Felder vor bösen Geistern schützen sollten, sie auch vor Dieben schützen oder die bösen Geister aus der Gemeinde verbannen könnten inspirierte Männer zum Rauben und Stehlen. Wenn diese Meinung in der breiten Masse des Volkes weit verbreitet gewesen wäre, wäre es kaum nötig gewesen, die Felder während der Erntezeit Tag und Nacht durch mit Schrotflinten bewaffnete Männer zu bewachen.

Dies bringt mich zu einem weiteren Punkt, an dem ich die Massen des sizilianischen Volkes mit den Massen der Neger in den Südstaaten vergleichen möchte – nämlich im Hinblick auf ihr religiöses Leben.

Das erste, was einem bei dem Versuch, einen solchen Vergleich anzustellen, auffällt, ist natürlich der große Unterschied in der Situation des durchschnittlichen schwarzen Mannes in den Südstaaten und der entsprechenden Klasse in Sizilien. Zumindest in allen Äußerlichkeiten des religiösen Lebens ist der Sizilianer dem Neger weit voraus.

Sizilien war eines der ersten Länder der Welt, in dem das Christentum verankert wurde. Der heilige Paulus hielt auf seinem Weg nach Rom drei Tage lang in Syrakus an, und in Catania steht noch immer ein Gebäude, in dem der heilige Petrus gepredigt haben soll.

Sizilien hat die Traditionen, die Organisation und die prächtigen Kirchen und Gebäude geerbt, die im Laufe von mehr als tausend Jahren entstanden und angesammelt wurden. Der Schwarze hingegen erlangte seine ersten Kenntnisse des Christentums in der Sklaverei und in einer sehr unvollkommenen und unbefriedigenden Form. Erst seit der Freiheit hatte die Negerkirche Gelegenheit, ihren Einfluss auf die Massen des Volkes auszudehnen und zu etablieren, während die Neger aus ihrer Armut herauskamen, die immer noch darum kämpfen, ihre eigenen Häuser zu bauen und zu besitzen und sich so zu etablieren Familienleben mussten Kirchen und Ausbildungsschulen für ihre Geistlichen bauen, eine religiöse Presse gründen, Missionsgesellschaften und alle anderen Hilfsmittel und Zubehörteile der organisierten Religion unterstützen.

Angesichts der großen Unterschiede zwischen den Menschen in Sizilien und den Negern in Amerika, was die äußere Seite ihres religiösen Lebens betrifft, kam es mir seltsam vor, dass ich fast genau die gleiche Kritik an den Menschen in Sizilien hören sollte Respekt vor ihrer Religion, dass ich oft von den Negern in Amerika gehört habe. Ein großer Teil des populären Aberglaubens Siziliens, den wir manchmal die Folklore eines Landes nennen, ähnelt sehr vielen Vorstellungen, die die Neger angeblich aus Afrika nach Amerika importiert haben. Jeder , der einer älteren Generation farbiger Menschen zugehört hat, die von den verschiedenen Methoden der „Wurzelbearbeitung", wie sie es nennen, erzählt, wird eine Menge Dinge lernen, die sich fast genau in den populären Vorstellungen über Drogen und Drogen widerspiegeln Flaschen unter den Menschen in Sizilien.

Von den Sizilianern wird unter anderem gesagt, dass ihr Christentum von heidnischem Aberglauben durchdrungen sei und dass Religion für den durchschnittlichen Sizilianer keinen Zusammenhang mit moralischem Leben habe.

In vielen Fällen scheint es, als ob das Bild der Jungfrau in der Unterschicht kaum mehr als ein Fetisch, ein Ding zum Beschwören, geworden sei. Zum Beispiel wird der Bauer, der, um sich an seinem Grundbesitzer zu rächen und vielleicht um sich für das zu entschädigen, was ihm seiner Meinung nach durch Betrug oder Erpressung genommen wurde, beschließt, das Feld oder die Herde seines Grundbesitzers zu rauben, vor einem von ihnen beten Bilder, bevor Sie beginnen, für den Erfolg. Wenn er wirklich „fromm" ist, kann er, falls er Erfolg hat, den Heiligen einen Teil von dem anbieten, was er gestohlen hat. Wenn er jedoch scheitert und nur abergläubisch ist, verflucht und beschimpft er manchmal das Bild, zu dem er zuvor gebetet hat, oder spuckt es sogar an.

Ich habe gehört, dass sich die Wilden in Afrika manchmal genauso gegenüber dem Gegenstand verhalten, den sie zum Fetisch gemacht haben, aber so etwas habe ich bei meinem eigenen Volk im Süden noch nie gehört. Der Neger ist häufig abergläubisch, wie die meisten anderen unwissenden Menschen, aber er ist nicht zynisch und spottet nie über etwas, das eine religiöse Bedeutung hat.

Ein Hinweis auf die große Rolle, die die Religion im Leben des sizilianischen Volkes spielt, ist die Tatsache, dass von den 365 Tagen im Jahr 104 der Kirche heilig sind. Die großen Geldbeträge, die die verschiedenen Städte Siziliens jedes Jahr für Prozessionen und Feiern zu Ehren der örtlichen Heiligen ausgeben, sind einer der Gründe für Beschwerden derjenigen, die auf Reformen in den örtlichen Verwaltungen drängen. Sie sagen, dass das so ausgegebene Geld besser für die Verbesserung des sanitären Zustands der Städte verwendet werden könnte.

Als Hinweis darauf, wie wenig all diese religiöse Aktivität mit dem praktischen und moralischen Leben zusammenhängt, wird angeführt, dass Sizilien zwar im Verhältnis zu seiner Bevölkerung zehnmal so viele Kirchen und Geistliche beherbergt wie beispielsweise Deutschland, Statistiken zeigen jedoch, dass es darunter leidet elfmal so viele Morde und Gewaltverbrechen. Mit dem Zitieren dieser Aussagen möchte ich keinen Vergleich zwischen der in Deutschland vorherrschenden Religionsform und der in Sizilien anregen. Religion ist, wie alles andere in Sizilien, tief in der Vergangenheit verwurzelt. Es hat die wechselvolle Geschichte dieser Insel miterlebt und spiegelt natürlich die Verhältnisse, Gefühle und Vorurteile der Menschen wider.

Wenn die katholische Kirche in irgendeiner Weise für die herrschenden Zustände in Sizilien verantwortlich ist, dann liegt das meines Erachtens in der Tatsache, dass die Kirche in den langen Jahren, in denen die Bildung des Volkes fast vollständig in ihren Händen lag, dies getan hat hielt an der alten mittelalterlichen Vorstellung fest, dass Bildung nur wenigen vorbehalten sei, und hat aus diesem Grund wenig oder gar nichts dazu beigetragen, den Intelligenzstandard der Massen zu heben.

Meiner Meinung nach war es ein großer Fehler seitens der Kirche, sagen zu lassen, dass die Sozialisten, von denen viele nicht nur gleichgültig, sondern offen gegen die Kirche sind, die einzige Partei darstellten, die es aufrichtig gewollt hat und strebte nach Aufklärung und allgemeinem Wohlergehen der Menschen unten. Eine solche Aussage konnte natürlich nicht so einfach über die Kirche in ihren Beziehungen zu den Massen des Volkes anderswo in Italien gemacht werden.

Tatsache ist jedoch, dass der Sizilianer nicht, wie manchmal vom Neger behauptet wird, unmoralisch ist, sondern dass der Moralkodex, nach dem er sich selbst regiert, ihn manchmal zu einer Gefahr für die öffentliche Ordnung macht.

Eines der ersten Dinge, die mich während meines Aufenthalts in Sizilien beeindruckten, waren die enormen und teuren Vorsichtsmaßnahmen, die notwendig waren, um die Felder vor Dieben zu schützen. Hunderte Kilometer hohe Steinmauern wurden in verschiedenen Teilen der Insel errichtet, um Eigentum vor Vandalismus und Dieben zu schützen. In der Erntezeit ist es notwendig, die Insel praktisch mit bewaffneten Wachen zu bewachen, um die Ernte zu erhalten. Die Kosten dafür, auf jedem Feld und in jedem Garten einen Privatpolizisten einzusetzen, sind sehr hoch, und diese Kosten, die dem Land auferlegt werden, gehen auf lange Sicht zu Lasten des Arbeiters .

Der Grund für diesen Zustand liegt in der Überzeugung, die jeder Landarbeiter teilt , dass er für seine lange und erdrückende Arbeit auf dem Land keinen ausreichenden Lohn erhält. In vielen Fällen ist es wahrscheinlich, dass ihn der Hunger zum Stehlen treibt. Unter solchen Umständen ist es nicht schwer zu verstehen, dass Diebstahl bald nicht mehr als Verbrechen angesehen wird, sondern als eine Art Unternehmen betrachtet wird, das nur dann falsch ist, wenn es keinen Erfolg hat. Aber es gibt, wie ich erfuhr, noch etwas anderes im Hinterkopf fast jedes Sizilianers, das viele Dinge im sizilianischen Charakter und in den Bräuchen erklärt, die Fremden seltsam vorkommen. Ich beziehe mich auf das, was in Sizilien unter dem Namen *Omerta bekannt* ist und wie einige der Bräuche in den Südstaaten Teil des ungeschriebenen Gesetzes des Landes ist. Das Prinzip dieses ungeschriebenen Gesetzes ist Schweigen. Wenn jemand ausgeraubt, verwundet oder in irgendeiner Weise verletzt wird, schweigt er. Wenn die Polizei herausfinden will, wer sein Feind ist, wird er antworten: „Ich weiß es nicht.“

In einigen Provinzen Siziliens soll es nahezu unmöglich sein, Kriminelle zu verhaften und zu überführen, weil niemand davor zurückschreckt, vor Gericht zu gehen und für einen Freund einen Meineid zu leisten. Es gilt als Ehrensache, dies zu tun. Andererseits wird es als Schande angesehen, die Polizei in irgendeiner Weise bei der Verfolgung von Straftaten zu unterstützen. Der gewöhnliche Mensch mag ein Dieb, ein Räuber oder ein Mörder sein und Vergebung erhalten, aber für den Menschen, der einen Nachbarn oder einen Freund verrät, gibt es weder im Himmel noch auf der Erde Trost .

Manchmal wird beklagt, dass die Farbigen in den Südstaaten diejenigen unter ihnen beschützen und verbergen, denen ein Verbrechen vorgeworfen wird. In den meisten Fällen, in denen dies geschieht, wird sich meines Erachtens herausstellen, dass der wahre Grund nicht der Wunsch ist, einen von ihnen vor einer gerechten und verdienten Strafe zu retten, sondern vielmehr das Gefühl der Unsicherheit aufgrund dessen, was sie gehört und gesehen haben

Lynchmorde in verschiedenen Teilen des Landes, ob der Angeklagte eine umfassende und faire Untersuchung vor Gericht erhalten wird.

Unter der schwarzen Bevölkerung der Vereinigten Staaten gibt es, obwohl die Verwaltung des Gesetzes fast vollständig in den Händen einer anderen Rasse liegt, kein ausgeprägtes Misstrauen gegenüber der Regierung und den Gerichten und keine Neigung, Zuflucht zu suchen, wie es bei den Sizilianern der Fall ist zu privater Gerechtigkeit und Rache. Trotz der Tatsache, dass er häufig mit der Polizei und den Gerichten in Konflikt gerät, ist der Neger zumindest seinem Wesen nach der gesetzestreueste Mann in der Gemeinschaft. Damit meine ich, dass der Neger niemals ein Anarchist ist, er ist nicht gegen das Gesetz als solches, sondern unterwirft sich ihm, wenn er ein Verbrechen begangen hat.

Das bringt mich zu einem weiteren Aspekt des sizilianischen Lebens – nämlich der Mafia.

Bevor ich nach Europa kam, hatte ich viel über die Mafia in Italien und über die kriminellen politischen Organisationen in anderen Teilen Italiens gehört und wollte, wenn möglich, etwas erfahren, das mir einen Einblick in die lokalen Ursachen geben würde und Bedingungen, die sie hervorgebracht hatten.

Einer der professionellen Geschichtenerzähler, denen ich begegnete, als ich auf dem Markt in Catania umherschlenderte, erinnerte mich an das Thema. Er erzählte der Menschenmenge auf dem Marktplatz eine Geschichte, die zumindest für mich noch spannender und interessanter war als die, die ich bereits erwähnt habe. Tatsächlich handelte es sich um nichts Geringeres als einen Bericht über die Morde und Verbrechen der Black Hand in New York City.

Zuerst kam es mir sehr seltsam vor, dass ich in Italien, der Heimat der Mafia und der Camorra, auf einem öffentlichen Platz einer Menschenmenge begegnen würde, die mit scheinbarer Verwunderung und Ehrfurcht einem Bericht über die sagenhaften Verbrechen und Missetaten ihrer Mitmenschen zuhörte Landsleute in einem anderen Teil der Welt. Ich hatte die Vorstellung, dass die Operationen der Schwarzen Hand den Sizilianern so vertraut sein würden, dass sie kein Interesse daran hätten. Dem war jedoch nicht so, und nachdem ich erfahren hatte, dass New York eine größere italienische Bevölkerung hatte als Rom, tatsächlich größer als jede italienische Stadt mit Ausnahme von Neapel, kam mir das nicht mehr so seltsam vor. Tatsächlich gibt es in New York City mehr als 500.000 Italiener, und zwar 85 Prozent. von ihnen kommen aus Süditalien. Davon 85 Prozent. Es gibt sehr viele, die zu den kriminellen Klassen gehören. Das Ergebnis ist, dass die Mafia unter dem Namen „Schwarze Hand" unter der italienischen Bevölkerung in New

York heute wahrscheinlich genauso aktiv und vielleicht genauso mächtig ist wie jemals zuvor in Italien.

Während ich in Palermo war , wurde mir der Ort gezeigt, an dem Petrosino , der italienische Detektiv aus New York, der nach Sizilien ging, um die Akten einiger der bekannten italienischen Kriminellen zu sichern, die damals in Amerika lebten, erschossen wurde. Petrosino wurde am 12. März 1909 getötet. Die Ermordung dieses amerikanischen Offiziers in den Straßen von Palermo machte auf die Zahl der von Italienern in diesem Land begangenen Verbrechen der „Schwarzen Hand" aufmerksam. In den nächsten neun Monaten nach Petrosinos Tod wurde berichtet, dass laut erstellten Statistiken zwischen 1906 und 1909 nicht weniger als fünfzig „italienische Morde", wie sie genannt wurden, entweder in New York City selbst oder im umliegenden Gebiet stattfanden Nach Angaben der New York *World* waren von den 112 ungeklärten Morden, die in und um New York begangen wurden, 54 Italiener. Dies deutet zumindest darauf hin, wie sehr unser eigenes Land von den Bedingungen der Massen in Süditalien und Sizilien betroffen ist.

Die Mafia, die „Schwarze Hand", wie sie in Amerika genannt wird, ist eine Art Institution, die so eigenartig und in einem solchen Maße das Produkt rein lokaler Bedingungen ist, dass es selbst für diejenigen, die am besten über sie Bescheid wissen, schwierig erscheint, ihre Existenz zu erklären . Eine Aussage, die ich zu diesem Thema gehört habe, war für mich besonders interessant. Es wurde gesagt, dass der Geisteszustand, der die Mafia ermöglichte, die Angst und das Misstrauen, die die Massen des Volkes von den herrschenden Klassen und der Regierung trennten, das Ergebnis der Vermischung der Rassen auf der Insel seien; dass die Mafia, kurz gesagt, Siziliens Rassenproblem war.

Sicherlich haben sich in keinem anderen Teil Europas, vielleicht mit Ausnahme Spaniens, die verschiedenen Völker Europas und Afrikas so stark vermischt wie auf dieser Insel, die eine der natürlichen Brücken zwischen Europa und Afrika darstellt. Neben den Arabern und Sarazenen aus Afrika haben fast alle Rassen Europas, Deutsche, Lateiner und Griechen, zu unterschiedlichen Zeiten auf der Insel gelebt und geherrscht. In der Nähe von Palermo zum Beispiel gibt es immer noch die Überreste einer Kolonie von Albanern, einem slawischen Volk, das modernes Griechisch spricht und Gottesdienste nach der Art der Ostkirche verrichtet, und in anderen Teilen sind noch Fragmente und Überreste vieler anderer Rassen erhalten von der Insel.

Meine eigene Erfahrung hat mich jedoch gelehrt, dem zu misstrauen, was ich „rassistische Erklärungen" nenne. Sie sind bequem und einfach herzustellen, aber zu weitreichend, und in der Praxis entmutigen sie jede Verbesserungsbemühung. Wenn zum Beispiel jemand herausfindet, dass der

Zustand, in dem sich ein Volk gerade befindet , rassebedingt ist, dass er konstitutionell ist und sozusagen im Blut liegt, dann gibt es natürlich nichts dagegen Tun. Wenn es jedoch an der Umwelt liegt, kann Aufklärung hilfreich sein. Die Diskussion und die Betonung der Tatsache der Rasse wurden in den Südstaaten als Vorwand für ein großes Maß an Apathie und Gleichgültigkeit gegenüber den Hoffnungen und Fortschritten des Negers herangezogen. Tatsächlich höre ich jedes Mal, wenn ich einen Politiker im Süden die rhetorische Frage stellen höre: „Kann der Leopard seinen Platz wechseln?" Normalerweise stelle ich fest, dass er sich gegen die Gründung einer Negerschule ausspricht oder andere Bemühungen zur Verbesserung der Lage des Negervolkes ablehnt.

Das eigentliche Problem bei Erklärungen dieser Art besteht darin, dass ein Mensch, sobald er sich zum Beispiel dazu durchgerungen hat, dass ein Volk oder eine Klasse von Menschen einer sogenannten „minderwertigen Rasse" angehört, nicht geneigt ist, diese zu unterstützen Jedes Experiment wie der Bau einer Schule könnte beweisen, dass seine Erklärung falsch war.

Der wahre Grund für den rückständigen Zustand Siziliens ist meiner Meinung nach weniger die Vermischung der Rassen als vielmehr die Vernachlässigung und Unterdrückung der Volksmassen. Als Sizilien 1861 Teil der Italienischen Konföderation wurde, waren es 90 Prozent. der Bevölkerung konnten weder lesen noch schreiben. Dies bedeutet, dass es den Menschen in Sizilien zu dieser Zeit, was die Bildung betrifft, nicht viel besser ging als den Negersklaven zur Zeit der Emanzipation. Es wird geschätzt, dass zwischen 5 und 10 Prozent liegen. der Sklaven konnten lesen und schreiben.

Einer der ersten Versuche der italienischen Regierung nach der Annexion war, das Schulsystem Siziliens neu zu organisieren. Aber selbst unter der neuen Regierung und mit einem Pflichtschulgesetz in den Gesetzbüchern waren die Fortschritte nur langsam. 1881, zwanzig Jahre später, mehr als 84 Prozent. der Bevölkerung konnte weder lesen noch schreiben, und noch im Jahr 1901 kamen auf hundert Einwohner im schulpflichtigen Alter mehr als siebzig Analphabeten.

Im praktisch gleichen Zeitraum – also von 1866 bis 1900 – reduzierte die Negerbevölkerung in den Vereinigten Staaten ihren Analphabetismus auf 44,5 Prozent. Von der Bevölkerung im schulpflichtigen Alter und von hundert Negern in den Südstaaten konnten zweiundfünfzig lesen und schreiben.

Sizilien hat drei Universitäten, eine in jeder seiner drei größten Städte, Palermo, Catania und Messina, aber sie sind für wenige gedacht und haben sich in keiner Weise mit den praktischen Interessen und dem täglichen Leben der Menschen verbunden. Ein Ergebnis der Unwissenheit des Volkes ist, dass in Sizilien, wo Bildungsabschlüsse mehr Personen als anderswo vom

Wahlrecht ausschließen, nicht mehr als 3,62 Personen pro Hundert der Bevölkerung wählen . Dies geht aus Statistiken hervor, die allerdings bis ins Jahr 1895 zurückreichen.

Soweit ich das beurteilen kann, scheint die Mafia in erster Linie wie die White Caps, die Night Riders und die Lyncher in unserem eigenen Land als Mittel zur privaten Rache entstanden zu sein. Das Volk zog es, vielleicht weil es die Regierung verachtete und hasste, vor, seine Rechnungen auf die alte barbarische Art und Weise der privaten Kriegsführung zu begleichen. Die Folge war, dass die Kleinstädte durch Stammes- und Familienfehden gespalten waren. Unter solchen Umständen wurden Berufsverbrecher entweder zu Angriffs- oder Verteidigungszwecken eingesetzt . Aus solchen Verhältnissen entstand die sogenannte Mafia.

Es wird gesagt, dass es die reichen Obstgärten der „Muschel aus Gold" außerhalb von Palermo waren, die der Mafia ihren ersten sicheren Halt verschafften und diese Stadt schließlich zum Zentrum ihrer Aktivitäten machten. In dieser Region waren zusätzlich zu den hohen Mauern Feldwächter notwendig, um Diebe von den Plantagen fernzuhalten, auf denen die goldenen Früchte fast das ganze Jahr über reiften. Im Laufe der Zeit schlossen sich diese Feldwächter zu einer Art Clan oder Gilde zusammen. In diesen Gilden wurden die unternehmungslustigsten Wächter schließlich zu Anführern und regierten ihre Untergebenen wie die Stammeshäuptlinge.

Einmal etabliert, dominierten diese Bands bald die Situation. Kein Grundstückseigentümer wagte es, ohne Zustimmung des Häuptlings eine Wache aufzustellen. Wenn er es täte, wäre es wahrscheinlich, dass seine Bäume zerstört oder seine gesamte Ernte gestohlen würde. Ein Wachmann, der nicht zur Bande gehörte, würde wahrscheinlich eines Nachts durch einen Schuss aus einer Hecke niedergestreckt werden. Andererseits reichte das bloße Wissen, dass eine bestimmte Plantage unter dem Schutz der Mafia stand, fast aus, um sie vor Angriffen zu schützen, und zwar deshalb, weil die Mafia trotz all ihrer hinterhältigen Verbindungen zu den unteren und kriminellen Klassen viel bedeutete besser in der Lage, die Kriminellen aufzuspüren und zu bestrafen als die Polizei.

Indem er sich gleichzeitig nützlich machte und in der Gemeinschaft gefürchtet wurde, begann der Chef der Mafia bald, seine Hand in fast alles zu stecken, was vor sich ging. Er sah sich berufen, Streitigkeiten beizulegen. Er engagierte sich in der Politik und war heimlich bei reichen und mächtigen Männern beschäftigt. Auf diese Weise erlangte die Mafia, die im Grunde eine weitgehend kriminelle Organisation war, mit der Zeit Ansehen und Anerkennung in der Gesellschaft, in mancher Hinsicht nicht unähnlich, glaube ich, der von Tammany Hall in New York. Als die Mafia jedoch unter dem Namen Black Hand New York erreichte, schien sie sich schlicht und einfach zu einer kriminellen Organisation entwickelt zu haben.

Diejenigen, die die Geschichte dieser eigenartigen Organisation viel weiter studiert haben als ich es konnte, sagen, dass ihrer Meinung nach die Mafia oder die Schwarze Hand in Amerika nicht lange überleben wird, weil es in diesem Land keine solche Unterdrückung der Armen gibt die Reichen und kein solcher Hass und Misstrauen der Niedrigen gegenüber den Hohen, wie es in Sizilien der Fall ist, um ihm allgemeine Unterstützung zu geben. Mit anderen Worten: Die Existenz der Mafia ist auf Klassenhass und Klassenunterdrückung angewiesen.

Vielleicht kann ich eine Vorstellung davon geben, was den armen Mann in Sizilien, der kein Eigentum, keine Bildung oder Chancen hat, gegen die Großgrundbesitzer, die Reichen, Gebildeten und die herrschende Klasse verbittert.

Nach Schätzungen der Sozialisten zahlt der Arbeiter in Italien 54 Prozent. der Steuern; Geschäftsleute und Berufstätige zahlen 34 Prozent, während die Klasse, die von Mieten und Einkünften aus Investitionen verschiedener Art lebt, nur 12 Prozent liefert. der Staatseinnahmen.

Italien verfügt meiner Meinung nach über alle Arten und Methoden der Besteuerung, die jemals erfunden wurden. Es gibt eine Einkommenssteuer, die zwischen 7½ und 20 Prozent schwankt, allerdings sind kleine Einkommen von weniger als hundert Dollar pro Jahr steuerfrei. Die Grundsteuer beträgt 30, 40 oder sogar 50 Prozent. Hinzu kommen die Lotterie, die Staatsmonopole, die Stempelsteuer und die Hundesteuer. Schließlich die Gemeindesteuern auf alle Arten von Lebensmitteln, die in die Stadt gebracht werden. Diese Steuer beträgt 20 bis 30 Prozent. des Einkommens des arbeitenden Mannes.

Alle diese direkten und indirekten Steuern sind so angeordnet, dass die schwerste Last auf dem Teil der Gemeinschaft lastet, der sie am wenigsten tragen kann. Beispielsweise ist Salz in Italien ein Regierungsmonopol , und im Jahr 1901 zahlte das italienische Volk 15.000 US-Dollar für Salz, dessen Herstellung die Regierung 1.200 US-Dollar kostete. Die italienische Regierung liefert Salz für 50 Cent pro Fass von 280 Pfund oder fünfdreifünftel Pfund für einen Cent nach Amerika für die Fischer von Gloucester. Das gleiche Salz kostet den Italiener aufgrund des Regierungsmonopols 4 Cent pro Pfund, also das Zwölffache dessen, was es in Amerika kostet. Um dieses Monopol zu schützen , geht die Regierung sogar so weit, an der gesamten Küste Wachen zu stationieren, um zu verhindern, dass Menschen Meerwasser in Eimern „stehlen", um Salz zu gewinnen.

Glücklicherweise erstreckt sich das staatliche Salzmonopol nicht auf Sizilien, aber das Prinzip, die Menschen nach ihren Bedürfnissen und nicht nach ihrer Zahlungsfähigkeit zu besteuern, ist dort dasselbe wie anderswo in Italien. Als Beispiel für die unfaire Art und Weise, in der die Steuern in einigen Teilen des Landes erhoben werden, wird gesagt, dass der Esel des armen Bauern zur Zahlung einer Steuer gezwungen wird, während das Reitpferd des reichen Grundbesitzers frei bleibt.

Im Vergleich dazu weiß der Neger im Süden kaum, was Steuern sind. Der Negerbauer zum Beispiel hat einen unerschöpflichen Markt für seine Baumwolle, seinen Mais, sein Schweinefleisch und sein Gemüse sowie für alle anderen Gemüsesorten, die er auf dem Bauernhof anbauen kann. Land ist so billig, dass ein sparsamer Bauer innerhalb von fünf oder sechs Jahren einen Bauernhof kaufen und bezahlen kann. Die Steuern auf landwirtschaftliche Flächen sind so niedrig, dass der Landwirt sie in seinem Jahresbudget kaum berücksichtigt.

So dürftig einige Negerschulen in einigen Teilen des Südens auch sind, so sind sie doch weitaus besser und zahlreicher als die der Landbevölkerung in Sizilien. Darüber hinaus erhebt die Regierung weder auf Regen noch auf Sonnenschein Steuern, und der Neger in den Südstaaten hat von beidem reichlich, was nicht auf den sizilianischen Bauern zutrifft, der zu viel Sonnenschein und zu wenig Regen hat. Der Bedarf des sizilianischen Bauern an Wasser ist so groß, dass es zu bestimmten Zeiten im Jahr heißt, Wein sei billiger als Wasser. Schließlich trifft der Negerbauer, wenn er eine Ladung Produkte in die Stadt bringen möchte, nicht wie der Sizilianer am Rande der Stadt auf einen Polizisten, der ein Fünftel seiner Baumwolle, seines Maises und seiner Eier mitnimmt, oder was auch immer er gerade hat, von ihm weg, bevor er ihm erlaubt, die Stadt zu betreten.

Eines Tages, als ich am Rande des Hafens von Catania entlang spazierte, bemerkte ich einen Mann, der damit beschäftigt war, ein etwa zwanzig bis dreißig Fuß hohes Drahtgeflecht zu reparieren, das sich entlang des Wasserrandes erstreckte. Ich sah, dass es so weit reichte, wie ich sehen konnte. Auf Nachfrage erfuhr ich, dass es dort angebracht war, um zu verhindern, dass die Fischer, die ich ständig mit ihren kleinen Segelbooten kommen und gehen sah, ihren Fisch in die Stadt brachten, ohne die Steuer zu zahlen.

Am Zollhaus, wo die Fischer anlanden, beobachtete ich, wie einer dieser Fischer, der mit einer kleinen Menge Fisch gelandet war, die er zum nahegelegenen Markt trug, stehen blieb und in seinen Kleidern herumfummelte, während er versuchte, genug Geld zum Bezahlen zu finden der Tarif. Als er nicht genug Geld aufbringen konnte, um die geforderte

Summe zu bezahlen, ließ er zwei kleine Fische beim Eintreiber zurück, um den Steuerbetrag zu decken.

Fisch ist das billigste und reichlichste Lebensmittel, das die Armen in der Stadt essen können. Das Meer direkt vor ihrer Tür wimmelt von dieser Art von Nahrung. Dennoch unterhält die Stadt ein teures Beamtenheer, um diese elende kleine Steuer auf die Bedürfnisse der Armen einzutreiben.

Das Jahreseinkommen einer Arbeiterfamilie in Catania beträgt etwa 750 Lire oder 170 Dollar pro Jahr. Von diesem Betrag wurde berechnet, dass der Arbeiter 150 Lire oder ein Fünftel seines gesamten Einkommens an Steuern auf in die Stadt gebrachte Lebensmittel zahlt.

Trotz aller Vorschläge und Versuche zur Verbesserung der Bedingungen in Sizilien, seit die Insel Teil der Italienischen Konföderation wurde, ist es der Regierung, soweit ich weiß, nicht gelungen, das Vertrauen, den Respekt und die Zusammenarbeit der Massen zu gewinnen der Menschen. Natürlich können Bedingungen, die sich im Laufe der Jahrhunderte herausgebildet haben und sich in den Köpfen und Gewohnheiten aller Klassen des Volkes festgesetzt haben, nicht plötzlich geändert werden. Je tiefer ich mich mit der Situation in Sizilien befasst habe, desto mehr bin ich davon überzeugt, dass das Problem Siziliens, so unterschiedlich es auch im Detail ist, im Grunde dasselbe ist wie das, mit dem wir hier in den Südstaaten seit dem Krieg konfrontiert sind. Es handelt sich, kurz gesagt, um ein Problem der Bildung, und damit meine ich eine Bildung, die darauf abzielt, den Menschen von unten zu berühren, zu erheben und zu inspirieren und ihn für das praktische Alltagsleben fit zu machen.

In dieser Meinung stimme ich mit den Mitgliedern der Kommission überein, die 1896 von der italienischen Regierung eingesetzt wurde, um die Lage der Bauern in Süditalien, insbesondere in ihrem Verhältnis zu den Grundbesitzern, zu untersuchen. Der Bericht der Kommission, der kürzlich erstellt wurde, füllt mehrere große Bände, aber der Inhalt scheint, soweit ich weiß, darin zu bestehen, dass die Wurzel des Übels in der Unwissenheit der Landbevölkerung liegt. Eine der Auswirkungen der italienischen Einwanderung nach Amerika wird wahrscheinlich die Einrichtung eines beliebten Schulsystems für die Menschen im Land sein.

KAPITEL XI
KINDERARBEIT UND DIE SCHWEFELMINEN

In Catania auf Sizilien gibt es eine Straße, die offenbar dem Handel und der Industrie der ärmeren Bevölkerung der Stadt gewidmet ist. Es wird in den Reiseführern nicht erwähnt, und es gibt vielleicht keinen Grund, warum es so sein sollte. Dennoch gibt es in dieser Straße viele interessante Dinge zu sehen – seltsame, urige, heimelige Dinge – die einem Fremden intime Einblicke in das Leben der Menschen gewähren.

Zum Beispiel entdeckte ich eines Tages an einer Straßenecke, versteckt in einem dieser gemütlichen Räume, in denen man manchmal einen überfüllten Obststand findet, eine Makkaronifabrik. In einem Raum von vielleicht drei Fuß Breite und zehn bis zwölf Fuß Länge erledigten ein Mann und ein Junge den gesamten Verkauf und die Herstellung von Makkaroni, vom Rohkorn bis zum fertigen Handelsartikel. Der Prozess, der auf diesem engen Raum ablief, war zwangsläufig einfach. Es gab einen Beutel Mehl, eine Kiste zum Mischen des Teigs und eine Presse, mit der dieser Teig durch Löcher gepresst wurde, die ihn in hohle Röhren verwandelten. Anschließend wurden diese Hohlrohre auf einem Stoffrahmen ausgelegt, der mangels Platz im Inneren auf der Straße aufgestellt worden war. Nachdem sie diesen Stoffrahmen verlassen hatten, wurden die Makkaroni zur Besichtigung und zum Verkauf auf kleine Holzformen aufgehängt.

Einer der merkwürdigsten und interessantesten Orte auf der Straße war ein Apothekerladen, in dem der Apotheker alle seine Medikamente selbst herstellte und gleichzeitig als Arzt oder medizinischer Berater des armen Mannes fungierte. Dieser Mann hatte noch nie an einer Hochschule Pharmazie studiert. Sein Drogenwissen beruhte ausschließlich auf den Traditionen und Geschäftsgeheimnissen, die er von seinem Vorgänger in der Branche erhalten hatte. Sein Laden war gefüllt mit wohlriechenden Kräutern, die die Bauern für ihn gesammelt hatten, und daraus braute er seine Medikamente. Über der Theke, von der Medikamente ausgegeben wurden, hing das Skelett eines Fisches, und die Regale dahinter waren mit vielen seltsamen und muffigen Flaschen gefüllt.

Der Apotheker selbst war ein sehr ernster Mensch, mit einer hohen, blassen Stirn und der gedankenverlorenen Miene eines Mannes, der die Last des Wissens spürt, das er mit sich herumträgt. All diese Dinge, insbesondere der Geruch der Kräuter, waren ziemlich beeindruckend und trugen zweifellos etwas zur Wirksamkeit der Medikamente bei.

Es ist eine sehr belebte Straße, in der sich die Apotheke, der Makkaronihersteller und andere befinden. Tatsächlich scheint es, als hätte die Arbeit dort nie aufgehört, denn es gibt viele kleine Läden, in denen

Männer bis spät in die Nacht in ihren Türen oder an den offenen Fenstern sitzen, ihren verschiedenen Berufen nachgehen, die Dinge herstellen, die sie verkaufen, und dann anhalten nur hin und wieder, um die Dinge zu verkaufen, die sie herstellen. In der ganzen Region herrscht reges Gewerbe, denn hier leben die Kunsthandwerker, jene geschickten Arbeiter, die alles von Hand herstellen, was wir in unserem Teil der Welt längst gelernt haben, maschinell herzustellen. Ich vermute, dass man sich in dieser Straße tatsächlich ein sehr gutes Bild davon machen kann, wie in anderen Teilen Europas vor dem Dampfzeitalter Handel und Industrie betrieben wurden.

Ungefähr um neun Uhr am Samstagabend – in der Nacht, in der ich in Catania ankam – ging ich durch eine der Seitenstraßen in diesem Teil der Stadt, als meine Aufmerksamkeit auf einen Mann fiel, der in seiner Tür saß und neben ihm arbeitete Licht einer kleinen rauchigen Lampe. Er beschäftigte sich mit einer heiklen Art von Eisenarbeit und schien, soweit ich es erkennen konnte, ein Werkzeugmacher zu sein.

Was meine Aufmerksamkeit besonders erregte, war ein kleines Mädchen, sicherlich nicht älter als sieben Jahre, das eifrig damit beschäftigt war, die von ihm verwendeten Stempel zu polieren und zu schärfen. Ich hielt einen Moment inne und beobachtete diesen Mann und das Kind, wie sie zu dieser späten Nachtstunde ruhig und still arbeiteten. Ich konnte nur staunen über die Geduld und das Geschick, das das Kind bei seiner Arbeit an den Tag legte. Es war das erste Mal in meinem Leben, dass ich ein so kleines Kind bei der Arbeit sah, obwohl ich in den folgenden Tagen noch viele andere sah.

Ich habe oft gehört, dass Menschen, die unter dem sanften südlichen Himmel geboren werden, von Natur aus träge sind und nie lernen, dort zu arbeiten, wie sie es in nördlicheren Breiten tun. Auf Sizilien trifft dies sicherlich nicht zu, denn meiner Erfahrung nach gibt es kein anderes Land in Europa, in dem die unaufhörliche Arbeit so weitgehend das Los der Volksmassen ist. Sicherlich gibt es kein anderes Land, in dem so viel Arbeit aller Art, die geschickte Arbeit des Handwerkers sowie die harte Arbeit des Grabens und Tragens auf der Straße und in den Minen, von Kindern, insbesondere von Jungen, verrichtet wird.

gibt es ein Gesetz gegen Sonntagsarbeit , aber als ich am nächsten Morgen durch dasselbe Viertel der Stadt ging, fand ich die Mehrheit der Menschen immer noch fleißig bei der Arbeit. Ich blieb stehen, um einem Mann zuzusehen, der Mandolinen herstellte. Dieser Mann lebte in einem Raum, der gleichzeitig Werkstatt, Küche und Schlafzimmer war. Auf dem Bett in einer Ecke lag ein großer Stapel Matratzen. Auf der Werkbank stand eine kleine Kohlenpfanne, auf der für die Familie gekocht wurde. Die Decke war mit fertigen Instrumenten behängt und der Bürgersteig vor dem Haus war mit anderen Instrumenten in unterschiedlichen Fertigstellungsstadien aufgetürmt. Dieser Raum wurde von einer fünfköpfigen Familie bewohnt, die alle, mit Ausnahme der Frau und der Mutter, auf ihre unterschiedliche Art und Weise mit der Herstellung von Mandolinen beschäftigt waren. Alle handwerklichen Arbeiten (das Anbringen der Dekorationen und das Polieren der Rahmen) wurden von den Jungen durchgeführt, aber ein kleines Mädchen, das in der Nähe stand, schien sich als Helferin bei der Arbeit der anderen zur Verfügung zu stellen.

In diesem baumlosen Land, in dem es fast kein Holz gibt, scheinen Ziegel nach Stein und Gips das nützlichste Baumaterial zu sein. Nicht nur die Dächer, sondern auch die Böden der meisten Gebäude bestehen aus diesem Material, und seine Herstellung ist daher einer der wichtigsten Kleinindustrien des Landes. Eines Tages, als ich am Stadtrand von Catania umherwanderte, stieß ich auf eine Fabrik, in der zwei Männer und drei kleine Jungen damit beschäftigt waren, den Ton zu mischen, ihn in achteckige Formen zu formen und ihn zum Trocknen in der Sonne aufzustapeln. Die beiden Männer arbeiteten im Schatten eines großen offenen Schuppens, aber ich konnte nicht erkennen, was sie taten. Soweit ich sehen konnte, wurde fast die gesamte eigentliche Arbeit von den Kindern verrichtet, die, würde ich sagen, zwischen acht und zwölf Jahren alt waren. Die Arbeit, den schweren Ton zu tragen und ihn in der Sonne aufzuhäufen, nachdem er zu Fliesen geformt worden war, wurde von den jüngeren Kindern übernommen.

Ich bin sicher, wenn ich sie nicht mit eigenen Augen gesehen hätte, hätte ich nie geglaubt, dass so kleine Kinder solch schwere Lasten tragen könnten oder dass sie so systematisch und gleichmäßig arbeiten könnten, wie sie es tun mussten, um mit ihnen Schritt zu halten mit den schnellen Bewegungen des älteren Jungen, der die Fliesen aus dem weichen Ton formte. Der ältere Junge konnte, wie gesagt, nicht älter als zwölf Jahre sein, aber er arbeitete mit der ganzen Geschicklichkeit und Schnelligkeit eines erfahrenen Akkordarbeiters, der auf Höchstgeschwindigkeit gefahren wird. Ich war so von Mitleid und gleichzeitig von Bewunderung für diesen Jungen erfüllt, dass ich, da ich nicht in der Lage war, mit ihm zu sprechen, es wagte, ihm eine kleine Münze als Zeichen meiner Wertschätzung für die Fähigkeit zu geben, mit der er arbeitete. Er war jedoch so sehr mit seiner Aufgabe beschäftigt, dass er seine Arbeit nicht einmal aufgab, um das Geld abzuholen, das ich ihm anbot, sondern sich einfach bei mir bedankte und mit dem Kopf nickte, damit ich es neben ihm auf die Bank legen konnte.

Diese Fälle qualifizierter Arbeit bei Kindern sind keine Ausnahme. Ich erinnere mich, dass ich ein anderes Mal innehielt und einen kleinen Jungen ansah, der meiner Meinung nach kaum älter als acht oder neun Jahre sein konnte und Seite an Seite mit einem Mann arbeitete, offensichtlich seinem Vater, zusammen mit mehreren anderen Männern von ihnen beschäftigten sich mit dem Bau eines Bootes. Der Junge, von dem ich spreche, war damit beschäftigt, mit einem Hobel die Hartholzreling an den Seiten des Bootes fertigzustellen, und als ich ihn bei seiner Aufgabe beobachtete, musste ich mich erneut über die Leichtigkeit und Geschicklichkeit wundern, mit der diese kleinen Kerle ihre Werkzeuge benutzen .

All diese Dinge gaben mir, wie gesagt, eine Vorstellung von der Art und Weise, wie die Gewerbe betrieben wurden, bevor der umfangreiche Einsatz von Maschinen das Fabriksystem ins Leben gerufen hatte. Es zeigte mir auch, wie einfach die industrielle Ausbildung der Kinder damals war. Wenn die handwerklichen Arbeiten im Haus oder in einem an das Haus angrenzenden Laden ausgeführt wurden, war es für den Vater ein Leichtes, das von ihm selbst ausgeübte Handwerk an den Sohn zu vererben . Unter den Bedingungen, unter denen in Sizilien heute Gewerbe betrieben werden, werden Kinder buchstäblich in das Gewerbe hineingeboren, das ihre Väter ausüben . In diesen Häusern, in denen Geschäft und Wohnung in ein oder zwei Räumen zusammengedrängt sind, sehen Kinder von Geburt an ihre Väter und Mütter bei der Arbeit. Sobald sie in der Lage sind, mit einem Werkzeug welcher Art auch immer umzugehen, machen sich die Jungen, und häufig auch die Mädchen, an die Arbeit, um ihren Eltern zu helfen. Da der Vater seinerseits wahrscheinlich die gesammelten Traditionen und Fähigkeiten von Generationen geerbt hat, die ihm im selben Beruf vorausgingen, können seine Kinder von ihm auf einfachste und natürlichste Weise eine industrielle Ausbildung erhalten, die ihresgleichen sucht Art der Schule geben kann.

Was auch immer die Nachteile des sizilianischen Volkes in anderer Hinsicht sein mögen, sie haben gegenüber den Negern einen Vorteil beim Erlernen der Handwerksberufe, deren Wert schwer abzuschätzen ist. Überall sieht man die Beweise dieser Fähigkeit mit der Hand, nicht nur in öffentlichen Gebäuden, sondern auch in einigen alltäglichen Gebrauchsgegenständen. Ich habe bereits auf die Art und Weise hingewiesen, wie die gewöhnlichen kleinen zweirädrigen Karren, die hierzulande den gewöhnlichen Bauernwagen ersetzen, dekoriert sind. Ich habe in Catania gesehen, wie Männer diese Karren praktisch aus dem Baumstamm hauen. Ich weiß nicht, inwieweit der Rahmen des Wagens auf diese Weise ausgehauen ist, die Speichen jedenfalls schon. Jedes Detail wird mit größtmöglicher Geschicklichkeit ausgearbeitet, bis hin zur Schnitzerei kleiner Figuren oder Gesichter an den Enden der Balken, aus denen die Rahmen bestehen. Ebenso ist das Geschirr der Esel, die diese Karren ziehen, eine aufwendige und malerische Angelegenheit, deren Herstellung ein großes Maß an Geduld und Geschick erfordert. Was ich hier besonders betonen möchte, ist, dass all diese handwerklichen Fähigkeiten, die in einem Volk zur Tradition geworden sind, die beste Vorbereitung für jede Art höherer Bildung sind. In dieser

Hinsicht haben die Italiener, wie die Japaner und Chinesen sowie jede andere Rasse, die eine jahrhundertelange handwerkliche Ausbildung genossen hat, gegenüber den Negern einen Vorteil, der nur überwunden werden kann, wenn die Massen des Negervolkes eine Ausbildung erhalten haben der Hand und eine Fertigkeit im Handwerk, die denen anderer Rassen entspricht.

Nicht nur werden Kinder, vor allem Jungen, schon in sehr jungen Jahren in allen Berufen eingesetzt, die ich erwähnt habe, sondern junge Jungen im Alter von vierzehn bis sechzehn Jahren leisten, wie ich bereits sagte, in den Minen und anderswo einen unglaublichen Teil der groben, groben Arbeit der Gemeinschaft.

Ich erinnere mich, dass ich eines Tages in Palermo zum ersten Mal in meinem Leben Jungen sah, die sicherlich nicht älter als vierzehn Jahre waren, die auf ihren Rücken Erde aus einem Keller trugen, der für ein Gebäude ausgehoben wurde. Männer erledigten die Arbeit des Grabens, aber die bloße Plackerei, die Erde vom Boden der Ausgrabung an die Oberfläche zu tragen, wurde von diesen Jungen verrichtet. Es war nicht nur die Tatsache, dass Kinder mit dieser schweren Arbeit beschäftigt waren, die mich beeindruckte. Es waren die langsamen, schleppenden Schritte, der starre und unveränderliche Ausdruck der Müdigkeit, der sich in jeder Linie ihres Körpers zeigte. Später lernte ich, dies als die übliche Art und Weise und den üblichen Ausdruck des *Carusi zu erkennen* , wie die Italiener jene Jungen nennen, die in den Schwefelminen beschäftigt sind , um das Roherz aus den Minen, in denen es gegraben wird, hinaufzutragen und zu verladen es in die Wagen, von denen es an die Oberfläche befördert wird.

Die Arbeit in einem Schwefelbergwerk ist, wie ich erfuhr, in vielerlei Hinsicht wie die eines Kohlebergwerks organisiert. Die eigentliche Arbeit des Schwefelabbaus wird vom Bergmann durchgeführt, der für die Menge Roherz bezahlt wird, die er herausbekommt. Er wiederum hat einen Mann oder einen Jungen, manchmal zwei oder drei, der ihm dabei hilft, das Erz aus der Mine zur Schmelze zu bringen, wo es geschmolzen und raffiniert wird. Da ich als Junge selbst einige Erfahrungen mit ähnlichen Arbeiten in den Minen von West Virginia gemacht hatte, war ich daran interessiert, so viel wie möglich über diese Jungen und die Bedingungen, unter denen sie arbeiteten, zu erfahren.

Bei den für diese Arbeit beschäftigten Jungen haben die Sizilianer den Brauch, ihre Kinder dem Bergmann oder *Picconiero* , wie er genannt wird, zu übergeben. Ein solcher Junge wird dann in der Landessprache *Caruso genannt* . Tatsächlich kauft ein *Picconiero* , der einen Jungen von seinen Eltern kauft, um ihn als *Caruso zu beschäftigen* , tatsächlich einen Sklaven. Die Art und Weise, wie der Kauf getätigt wird, ist folgende: In Sizilien, wo die Masse der

Bevölkerung in allem anderen so erbärmlich arm ist, ist sie dennoch ungewöhnlich reich an Kindern und, wie so oft, an der Familie, die die meisten Kinder hat der Münder, die es zu füllen gilt, hat am wenigsten hineinzustecken. Aus diesen Familien werden die *Carusi* rekrutiert. Der Vater, der sein Kind einem Bergmann übergibt, erhält dafür einen Geldbetrag in Form eines Darlehens. Die Summe beträgt in der Regel acht bis dreißig Dollar, je nach dem Alter des Jungen, seiner Kraft und seiner allgemeinen Brauchbarkeit. Mit der Zahlung dieses Betrages wird das Kind endgültig seinem Herrn übergeben. Von dieser Sklaverei gibt es keine Hoffnung auf Befreiung, denn weder die Eltern noch das Kind werden jemals genug Geld haben, um den ursprünglichen Kredit zurückzuzahlen.

Über die Art und Weise, wie diese Sklavenjungen von ihren Herren behandelt wurden, werden seltsame und schreckliche Geschichten erzählt. Bevor ich nach Sizilien kam, hatte ich Menschen getroffen und mit ihnen gesprochen, die mir die Prozessionen halbnackter Jungen schilderten, deren Körper unter der schweren Last der Lasten, die sie trugen, gebeugt waren und die stöhnten und fluchten, als sie aus der Hitze emporstiegen Schwefelhaltige Löcher in der Erde, die das Erz von der Mine zur Schmelze transportieren. Alles, was ich anderswo gehört hatte, wurde später durch die Einzelheiten offizieller Berichte und spezieller Studien über die Bedingungen in den Bergbauregionen bestätigt, die zu verschiedenen Zeiten und von verschiedenen Personen erstellt wurden. In diesen Berichten erfuhr ich, dass die Minen in der Vergangenheit der Zufluchtsort einer erniedrigten und kriminellen Bevölkerung gewesen waren, deren Laster die trostlose, schwefelverseuchte Region, in der sich die Minen befinden, so höllisch aussehen ließen, wie sie aussieht.

Die Grausamkeiten, denen die Kindersklaven ausgesetzt waren, sind laut Berichten derjenigen, die sie studiert haben, so schlimm wie alles, was jemals über die Grausamkeiten der Negersklaverei berichtet wurde. Diese Knabensklaven wurden häufig geschlagen und gezwickt, um ihren überlasteten Körpern den letzten Rest ihrer Kraft zu entlocken. Wenn Schläge nicht ausreichten, war es Brauch, die Waden ihrer Beine mit Laternen zu versengen, um sie wieder auf die Beine zu stellen. Wenn sie versuchten, dieser Sklaverei auf der Flucht zu entkommen, wurden sie gefangen genommen und geschlagen, manchmal sogar getötet.

Als sie aus der heißen und giftigen Atmosphäre der Minen stiegen, wurden ihre Körper, nackt bis zur Hüfte und schweißtriefend, durch die kalte Zugluft in den Korridoren, die aus den Minen führten, gekühlt, und dieser plötzliche Übergang war die häufige Ursache einer Lungenentzündung und Tuberkulose.

Früher wurden Kinder im Alter von sechs und sieben Jahren mit diesen erdrückenden und schrecklichen Aufgaben beschäftigt. Unter der schweren Last (im Durchschnitt etwa vierzig Pfund), die sie tragen mussten, verformten sie sich oft, und die Zahl der gemeldeten Fälle von Wirbelsäulenverkrümmung und Verformungen der Brustknochen war sehr groß. Darüber hinaus wurden diese Kinder häufig Opfer der Lust und der unnatürlichen Laster ihrer Herren. Es ist daher nicht verwunderlich, dass sie schon früh das Aussehen grauer alter Männer annahmen und dass es sich zu einem weit verbreiteten Sprichwort durchgesetzt hat, dass ein *Caruso* selten das Alter von fünfundzwanzig Jahren erreicht.

Mit all dem im Kopf machte ich mich eines Morgens im September kurz vor Tagesanbruch von Palermo auf den Weg, um die Minen von Campofranco auf der Südseite der Insel in der Nähe von Girgenti zu besuchen . Meine Bedenken verstärkten sich erheblich, als ich, als ich den Bahnhof erreichte, um den Zug zu nehmen, feststellte, dass der Führer und Dolmetscher, der am Abend zuvor beauftragt worden war, uns auf der Reise zu begleiten, nicht erschienen war. Wir warteten, bis alle Träger am Bahnhof und die Wachen im Zug in fieberhafter Aufregung waren und ihre gut gemeinten Bemühungen durchführten, uns und unser Gepäck in den Zug zu bringen. Dann, im letzten Moment, mit dem Gefühl, dass wir ein verzweifeltes Risiko eingingen, kletterten wir an Bord und machten uns auf den Weg in eine wilde Region, die kein Reiseführer kartiert hatte und die meines Wissens noch nie ein Tourist besucht hatte.

Der Zug trug uns ein Stück über die fruchtbare Ebene zwischen Meer und Hügeln. In der Dämmerung des frühen Morgens konnte man gerade noch die undeutlichen Umrisse der kleinen Städte erkennen, an denen wir vorbeikamen. Schließlich, gerade als wir die ersten Strahlen der Morgensonne entlang der Bergkämme erhaschen konnten , bog die Eisenbahn abrupt nach Süden ab und der Zug tauchte in ein weites Tal zwischen den braunen und kargen Hügeln ein.

Bei Roccapalumba verließen wir die Hauptstrecke der Eisenbahn, die von dort nach Osten in Richtung Catania abbiegt, und setzten unsere Reise mit dem etwas gröberen Komfort eines Übernachtungszuges fort. Von diesem Punkt an wurde der Weg rauer, das Land wilder und die einzigen Begleiter unserer Reise waren die unhöfliche Landbevölkerung, gelegentlich auch Bergleute. In der kleinen Stadt Lercara gelangten wir in die Zone der Schwefelminen . Von nun an sah ich an fast jedem Bahnhof, an dem wir vorbeikamen, große Mengen der leuchtend gelben Substanz, gestapelt in Autos, die darauf warteten, zum Hafen von Girgenti gebracht zu werden, um in alle Teile der Welt und insbesondere in die Vereinigten Staaten verschifft zu werden , das immer noch der größte Markt für dieses sizilianische Gold ist.

Je näher der Zug unserem Ziel kam, desto unbehaglicher wurde mir die Aussicht, die sich uns bot. Ich war mir sehr sicher, dass ich Campofranco erreichen und vielleicht etwas von den Minen sehen würde, aber ob ich jemals wieder herauskommen würde und was aus mir würde, wenn ich gezwungen wäre, an einigen der wenig vielversprechenden Orte Schutz zu suchen Ich sah, dass der Weg sehr unsicher war.

Glücklicherweise war Dr. Robert E. Park aus Boston, der mit mir reiste und mich auf fast allen meinen Ausflügen dieser Art begleitete, auf dieser Reise dabei. Doktor Park beherrschte die deutsche Sprache ziemlich gründlich und konnte ein wenig Französisch, aber kein Italienisch. Er hatte jedoch eine italienische Grammatik in seiner Tasche, und als wir uns schließlich auf See befanden, in einer Region, in der weder Englisch, Deutsch noch Französisch für uns von Nutzen waren, nahm er diese Grammatik aus seiner Tasche und machte sich an die Arbeit zwischen Palermo und Campofranco genug Italienisch zu lernen, um zumindest unsere dringendsten Wünsche kundtun zu können. Vier Stunden lang widmete er sich eifrig dem Studium dieser schönen und notwendigen Sprache. Es war ein verzweifelter Fall, und ich glaube, ich kann mit Sicherheit sagen, dass Doktor Park in diesen vier Stunden fleißiger Grammatik gelernt hat als jemals zuvor in seinem Leben. Jedenfalls konnte er, als der Zug den felsigen Kamm der Berge überquert hatte, die die Nord- und Südseite Siziliens trennen, und bevor wir am einsamen kleinen Bahnhof Campofranco ausstiegen, ausreichend Italienisch sprechen, gemischt mit Deutsch und Französisch , und Englisch, um sich verständlich zu machen. Vielleicht war ein weiterer Grund für den Erfolg von Doctor Park die Tatsache, dass die Italiener die Gebärdensprache ziemlich gut verstehen.

Die Minen von Campofranco liegen am Berghang, direkt oberhalb des Bahnhofs. Eine Meile oder mehr auf der anderen Seite des großen, leeren Tals, hoch oben am Hang des gegenüberliegenden Berges, liegt das Dorf, nach dem die Minen benannt sind, eine kleine Ansammlung niedriger Stein- und Zementgebäude, die sich an den Berghang klammern, als wären sie darin Es besteht akute Abrutschgefahr ins Tal.

Ein paar hundert Meter oberhalb der Station waren große Müllberge ins Tal gekippt und eine Stelle am Berghang eingeebnet worden, wo sich die Hochöfen und Schmelzöfen befanden. Es gab große Reihen von Öfen, die wie große Töpfe aussahen, halb in der Erde vergraben, in denen das Erz geschmolzen und dann in Formen abgelassen wurde, wo es abgekühlt und aushärten konnte.

Ich gestehe, dass ich sehr skeptisch war, wie wir in den Minen empfangen würden, da wir weder die Sitten noch die Menschen kannten und kaum über Italienisch verfügten, um unsere Wünsche zu äußern. Der Manager jedoch, der sich als sehr höflicher und würdevoller Mann erwies, konnte ein wenig Französisch und etwas Englisch. Es schien ihm große Freude zu bereiten, uns die Werke zu zeigen. Er erklärte die Methoden, mit denen der Schwefel gewonnen wurde, bestand darauf, dass wir ein Glas Wein tranken, und war sogar so freundlich, mir ein Pferd und einen Führer zu leihen, als ich den Wunsch äußerte, einen der vorbeikommenden Esel zu mieten, um mich zu einigen von ihnen zu bringen die unzugänglicheren Stellen, weiter oben am Berg, wo ich sehen konnte, dass sich die Bergleute auf der Suche nach Schwefel in die Erde gegraben hatten . Auf dem riesigen Berghang und aus der Ferne sahen sie aus wie Ameisen, die in kleine Löcher in der Erde hinein und wieder heraus rannten.

An der Mündung eines dieser Eingänge zu den Minen bekam ich zum ersten Mal eine klare Vorstellung davon, wie Schwefelabbauarbeiter aussehen – diese unglücklichen Kreaturen, die ihr Leben inmitten der giftigen Dämpfe und der Hitze dieser unterirdischen Höllen verbringen. Es ertönte das Rumpeln eines Autos, und plötzlich trat ein Mann, fast völlig nackt, aus dem dunklen Durchgang. Er war abgenutzt, abgemagert und grau, und seine Haut hatte einen eigenartigen grauweißen Schimmer. Er sprach mit heiserem Flüstern, aber ich weiß nicht, ob das eine der charakteristischen Auswirkungen der Arbeit in den Minen ist oder nicht. Mir wurde gesagt, dass der Schwefel neben anderen Gefahren auch schädliche Auswirkungen auf die Lunge habe. Mir wurde erklärt, dass der Schwefelstaub in die Lungen gelangt und diese verstopft, und das ist der Grund für das so oft erwähnte Stöhnen der *Carusi* , wenn sie mit schweren Lasten die steilen und gewundenen Gänge hinaufziehen rohes Erz auf dem Rücken.

Es war viele Jahre her, dass ich das letzte Mal in einem Bergwerk gewesen war, aber als ich den dunklen, feuchten Stollen betrat und die plötzliche Kälte unter der Erde spürte, kamen mir alle Erinnerungen an meine frühen Erlebnisse zurück. Je weiter wir jedoch in die Mine vordrangen, desto wärmer schien die Luft zu werden. Plötzlich öffnete sich eine Tür an der Seite der Galerie; Ein Schwall heißer Luft, wie aus einem Ofen, strömte in den Korridor, und ein weiterer dieser halbnackten Männer, triefend vor Schweiß, trat heraus.

In regelmäßigen Abständen kamen wir entlang des Hauptkorridors an mehreren dieser Türen vorbei, die, wie ich herausfand, in Teile der Mine führten, in denen die Männer arbeiteten. Es kam mir unglaublich vor, dass irgendjemand bei dieser Hitze leben und arbeiten konnte, aber ich war dorthin gekommen, um zu sehen, wie es in einem Schwefelbergwerk aussah, und beschloss, das Experiment auszuprobieren.

Der Seitengang, den ich betrat, war in der Tat kaum mehr als ein Bau, der sich windete und schlängelte, aber immer tiefer und tiefer in die dunklen

Tiefen der Erde führte. Ich hatte gewusst, was es bedeutet, tief unter der Erde zu arbeiten, aber noch nie zuvor wurde mir so gründlich klar, was es bedeutet, in den Eingeweiden der Erde zu sein, wie während ich mich durch die dunklen und gewundenen Gänge dieses Schwefels tastete meins.

Am Grund dieser Löcher und in dieser dampfenden Atmosphäre arbeiten die Bergleute. Sie lösen das Erz aus den Wänden der Flöze, in denen es sich befindet, und dann wird es von den *Carusi* in Säcken aus diesen Löchern hinaufgetragen .

In der Mine, die ich besuchte, wurde die Arbeit, das Erz an die Oberfläche zu bringen, auf moderne und vergleichsweise humane Weise durchgeführt. Es war lediglich notwendig, das Erz von den verschiedenen Standorten, an denen es abgebaut wurde, zum Auto zu transportieren, mit dem es dann zur Schmelze transportiert wurde. In jenen Minen jedoch, in denen die Arbeit noch auf die alte, traditionelle Art und Weise durchgeführt wird, die seit Menschengedenken in Mode ist, wird das gesamte Erz auf dem Rücken von Jungen transportiert. In Fällen, in denen die Mine bis zu einer Tiefe von 600, 100 oder 120 Metern abgesunken ist, ist die Aufgabe, diese Erzladungen an die Oberfläche zu befördern, einfach herzzerreißend. Ich kann gut verstehen, dass Menschen, die die schlimmsten Zustände erlebt haben, die Kinder, die zu dieser Sklaverei verurteilt wurden, als die unglücklichsten Geschöpfe der Welt bezeichnen.

Nach allem, was ich lernen kann, haben sich die Bedingungen in den letzten Jahren jedoch zum Besseren verändert. Im Jahr 1902 wurde ein Gesetz verabschiedet, das die Beschäftigung von Kindern unter 13 Jahren in der Untertagearbeit verbot, und wenig später kam eine Bestimmung hinzu, die nach 1905 die Beschäftigung von Kindern unter 15 Jahren in den Minen verbot.

Soweit ich sagen kann, wurde diese Maßnahme in der von mir besuchten Mine umgesetzt, da ich nirgendwo in der Mine Kinder bei der Arbeit gesehen habe. Ich sah jedoch einige der armen kleinen Kreaturen auf den Mülldeponien außerhalb der Mine bei der Arbeit. Sie trugen Abfallerz in Säcken auf dem Rücken, warfen es auf Siebe und luden die feineren Partikel dann zurück in die Autos. Nachdem ich diese Jungstrupps einmal bei der Arbeit gesehen hatte, konnte ich ihre langsamen, schleppenden Bewegungen und den Ausdruck dumpfer Verzweiflung auf ihren Gesichtern nicht mehr verkennen.

Es wird gesagt, dass die Beschäftigung von Jungen in den Schwefelminen zurückgeht. Laut Gesetz ist die Beschäftigung von Kindern unter fünfzehn Jahren seit 1905 verboten. Bekanntlich ist es jedoch in Italien wie in Amerika viel einfacher, Gesetze zu erlassen als sie durchzusetzen. Dies gilt insbesondere für Sizilien. Die einzigen Zahlen, die ich zu diesem Thema erhalten konnte, zeigen, dass es zwischen 1880 und 1898 einen enormen Anstieg der Zahl der in und um die Minen beschäftigten Kinder gab. Im Jahr 1880 arbeiteten dort 2.419 Kinder unter fünfzehn Jahren, darunter acht Mädchen. Davon waren 88 sieben und 163 acht Jahre alt, während 12 Prozent. von allen waren unter neun Jahre alt. Im Jahr 1898 betrug die Zahl der Kinder unter fünfzehn Jahren jedoch 7.032, von denen 5.232 in den Minen arbeiteten. Zu diesem Zeitpunkt hatte die Regierung bereits versucht, die Beschäftigung von Kindern in den Minen einzuschränken, die Altersgrenze war jedoch nicht auf fünfzehn Jahre festgelegt worden.

Die Schwefelminen liegen an den Südhängen der Berge, die Sizilien von Ost nach West durchziehen. Etwa zehn Meilen unterhalb von Campofranco treffen die beiden Zweige der Eisenbahn, einer direkt südlich von Roccapalumba und der andere südwestlich von Caltanisetta , einige Meilen oberhalb von Girgenti zusammen . An den Hängen der breiten Täler, durch die diese beiden Eisenbahnzweige verlaufen, liegen fast alle Schwefelminen Siziliens. Aus diesen Minen, die etwa 70 Prozent liefern. Als Teil der weltweiten Schwefelvorräte fließt ein stetiger Strom dieses gelben Erzes im Hafen von Girgenti ins Meer .

Nachdem ich Campofranco verlassen hatte, bereiste ich diese ganze Region. An vielen Stellen sind die Berghänge recht wabenartig mit Löchern durchzogen, in denen sich die Bergleute in vergangenen Jahren auf der Suche nach dem kostbaren gelben Mineral in den Berg gegraben haben. Über viele Meilen in alle Richtungen wurde die Vegetation vom giftigen Rauch und den Dämpfen der Schmelzöfen verweht, und das ganze Land hat ein fleckiges und schuppiges Aussehen, das deprimierend anzusehen ist, besonders wenn man das Ausmaß des Elends und die Anzahl der Elend bedenkt Es hat Menschenleben gekostet, diesen Zustand zu schaffen. Ich habe noch nie in meinem Leben einen Ort gesehen, der der Beschreibung des „Gräuels der Verwüstung", auf die sich die Bibel bezieht, so nahe zu kommen schien. Es liegt sogar eine gewisse Erhabenheit in der Trostlosigkeit dieses Landes, das aussieht, als läge der Fluch Gottes auf ihm.

Ich bin jetzt nicht bereit zu sagen, inwieweit ich an eine physische Hölle im Jenseits glaube, aber eine Schwefelmine in Sizilien kommt der Hölle am nächsten, was ich in diesem Leben zu sehen erwarte.

Wie ich bereits sagte, gibt es jedoch Anzeichen dafür, dass sich in den Schwefelminen , wie auch anderswo in Sizilien, die Situation der Menschen am weitesten unten verbessert. Ich bete zu Gott, dass es so ist, denn ich könnte mir kein elenderes Leben vorstellen als die langsame Folter dieser erdrückenden Arbeit in der heißen und giftigen Luft dieser Schwefelminen .

Schwefelminen und Sizilien mit einer viel besseren Meinung über die Menschen verlassen habe als bei meiner Ankunft. Ich reiste mit der Vorstellung nach Italien, dass die Sizilianer ein Räubervolk seien, ein mürrisches und gereiztes Volk, das jederzeit dazu neigte, von gewalttätigen und mörderischen Leidenschaften umgehauen zu werden. Ich hatte das Gefühl, dass, was auch immer die Fehler der Massen des Volkes sein mögen, sie zumindest mehr gesündigt als gesündigt haben und dass sie eher das Mitgefühl als die Verurteilung der Welt verdienen.

Die Wahrheit ist, dass ich, soweit es meine persönliche Erfahrung betrifft, in meinem ganzen Leben noch nie freundlicher behandelt wurde als an dem Tag, als ich als Fremder, ohne jegliche Einführung, den Versuch wagte, die Region zu besuchen, in der das so ist Der Ruf, der Böseste und sicherlich der Unglücklichste Europas zu sein, hat seinen Ruf. Ich meine die Region um und nördlich von Girgenti , die zugleich Sitz der Schwefelminen und der Mafia ist.

Wenn mir jemand vor meiner Reise nach Sizilien gesagt hätte, dass ich bereit wäre, mein Leben den Sizilianern in der Dunkelheit einer Schwefelmine anzuvertrauen , hätte ich geglaubt, dass solch eine Person den Verstand verloren hätte. Ich hatte so viel über Morde an der Mafia in Sizilien gelesen und gehört, dass mir der Name „Sizilianer" schon lange ein Graus war; Aber als ich mit ihnen in Kontakt kam, erkannte ich, bevor ich mich versah, dass ich ihnen so sehr vertraute, dass ich ihnen bereitwillig in die Eingeweide der Erde folgte; in eine heiße, enge, dunkle Schwefelmine , wo sie ohne Vorwarnung mein Leben hätten fordern oder mich festhalten können, wenn sie wollten, um ein Lösegeld zu erpressen. Nichts dergleichen geschah; Andererseits, ich wiederhole, behandelte mich jeder Sizilianer, mit dem ich in der Schwefelmine in Kontakt kam, auf die freundlichste Weise , und ich verließ ihr Land mit größtem Respekt vor ihnen.

Während ich dort war, traf ich keine einzige Person, vom Aufseher bis zum niedrigsten Arbeiter in den Minen, die nicht nur bereit, sondern sogar bestrebt zu sein schien, mir dabei zu helfen, alles zu sehen und zu lernen, was ich wissen wollte . Darüber hinaus war Campofranco der einzige Ort in Europa, an dem ich Männer traf, die sich weigerten, Geld für eine mir erbrachte Dienstleistung anzunehmen.

KAPITEL XII
FIUME, BUDAPEST UND DER EINWANDERER

Hafen der antiken Stadt Ancona auslief und in Richtung Fiume, dem einzigen Punkt, an dem es lag, aufbrach wo das Königreich Ungarn das Meer berührt. Ich hatte von den Nöten der frühen Einwanderer gelesen und hörte einmal einen alten farbigen Mann, der als Sklave nach Amerika verschleppt worden war, von der langen Reise erzählen, die er und etwa fünfzig andere auf einem kleinen Segelschiff zusammengepfercht hatten . Doch erst bei dieser mehrstündigen Fahrt auf der Adria in einem schmutzigen, übelriechenden kleinen Schiff begann ich zu begreifen, wie unbequem eine Seereise sein konnte, obwohl ich den Ozean bereits mehrere Male überquert hatte.

Glücklicherweise dauerte die Reise nicht lange, und nachdem sich das Schiff im Schutz einer der wunderschönen grünen Inseln befand, die wie Wächter entlang der dalmatinischen Küste stationiert sind, konnte man an Deck gehen und die Aussicht auf die schroffe und raue Landschaft genießen gebrochene Küstenlinie. Es war in der Tat ein herrlicher Anblick, im klaren Licht des späten Nachmittags zu beobachten, wie die großen blaugrauen Wolken über die grünen und glitzernden Massen der Inseln rollten, die sich auf allen Seiten aus dem umgebenden Meer erhoben.

Was ich über die dalmatinische Küste gehört und gelesen hatte, hatte mich dazu veranlasst, nach den Zeichen einer alten Zivilisation zu suchen, die derjenigen nicht unähnlich war, die ich in Italien zurückgelassen hatte. Was mich jedoch auf den ersten Blick an Fiume beeindruckte, war der brandneue und moderne Charakter von allem, was ich sah. Ich meine nicht, dass die Stadt etwas von der lockeren und verstreuten Neuheit einiger unserer westamerikanischen Städte hatte. Es hatte vielmehr die Neuheit und Vollständigkeit einer jener modernen deutschen Städte, die auf Befehl einer höheren Autorität spontan geplant und errichtet worden zu sein scheinen. In dem Teil Deutschlands, den ich besuchte, fiel mir auf, dass nichts auf natürliche Weise aufwachsen konnte, in der bequemen und willkürlichen Unordnung, die man in manchen Teilen Amerikas findet. Dies gilt insbesondere für die Städte. Alles ist beschriftet, beschriftet und mit militärischer Präzision geordnet. Sogar die Rosenbüsche in den Gärten scheinen die Wirkung militärischer Disziplin zu zeigen. Gestutzt und gestutzt stehen sie aufrecht, in langen und regelmäßigen Reihen, als würden sie ständig ihre Arme präsentieren.

Der Eindruck, den ich in Fiume vom modernen Ungarn bekam, wurde durch das bestätigt, was ich einige Tage später in der Hauptstadt Budapest sah. Es herrschte die gleiche Atmosphäre von Neuheit und Neuheit, als ob die Stadt über Nacht errichtet worden wäre und die Menschen sich noch nicht daran gewöhnt hätten.

Eine kleine weitere Bekanntschaft mit den Städten Fiume und Budapest machte jedoch in beiden Fällen deutlich, dass die neue Stadt, die das Auge des Fremden erfüllte, tatsächlich überbaut oder vielmehr erweitert worden war , ein älteres.

In Fiume zum Beispiel, etwas versteckt hinter den neuen Gebäuden, die die breite Allee der modernen magyarischen Stadt säumen, sind noch immer die Umrisse der alten italienischen Stadt mit ihren engen, verwinkelten Gassen voller uriger und lebendiger Dinge erhalten das Leben, der kleine Verkehr und die vielfältigen menschlichen Anblicke und Geräusche, mit denen ich während meiner Reise durch Italien vertraut geworden war.

Ursprünge bis ins Mittelalter zurückreichen.

Noch interessanter ist, dass man in diesen beiden modernen Städten Fiume und Pest, in denen man den Eindruck eines starken und herrschaftlichen Volkes sieht und spürt, überall, inmitten dieses fieberhaften und künstlichen modernen Lebens, auf Beweise dafür trifft Gewohnheiten und Manieren, die einem älteren und einfacheren Zeitalter angehören.

Es kam mir zum Beispiel merkwürdig vor, dass man in einer Stadt, die so gut mit der neuesten Art elektrischer Straßenbahnen ausgestattet ist, Bäuerinnen sehen konnte, die mit schweren Lasten Gemüse auf dem Rücken vom Land hereinspazierten; und in einer Stadt, in der die Regierung versucht, der arbeitenden Klasse moderne Häuser mit allen Annehmlichkeiten zu bieten, die Erfindungen bieten können, sollte man dieselben Bäuerinnen friedlich auf dem Bürgersteig oder unter den Wagen auf dem öffentlichen Platz schlafen sehen, einfach nur da sie es seit langem gewohnt sind, während der Erntezeit auf den offenen Feldern zu schlafen.

Ebenso erschien es in einem anderen Zusammenhang seltsam, im Bericht des Landwirtschaftsministers zu lesen, dass eine Landwirtschaftsschule in Debreczen , die in Verbindung mit einer Landwirtschaftsschule am selben Ort betrieben worden war, geschlossen worden sei, weil „ Die Schüler dieser Schule, die im täglichen Kontakt mit den Erstklässlern des Kollegs standen, die im Pallag untergebracht waren , versuchten, ihre Sitten nachzuahmen, wollten mehr, als *für ihre zukünftige gesellschaftliche Stellung notwendig war* , und zielten gleichzeitig darauf ab eine Position, die sie nicht halten konnten.“

All dies deutet darauf hin und verdeutlicht die Schnelligkeit, mit der sich in Ungarn Veränderungen vollziehen, und die Eile, mit der die Verantwortlichen in der Regierung und im gesellschaftlichen Leben versuchen, den Fortschritt in den übrigen Ländern einzuholen und ihnen, wenn möglich, einen Schritt voraus zu sein von Europa.

Das Problem scheint darin zu liegen, dass der Fortschritt in Ungarn ganz oben, bei der Regierung, und nicht ganz unten, beim Volk, begonnen hat. Offensichtlich möchte und hofft die Regierung, den Massen des Volkes eine Bildung zu ermöglichen, die ihre Nützlichkeit erhöht, ohne gleichzeitig ihre Bedürfnisse zu steigern und ihren Aufstiegswillen anzuregen. Ihre Bemühungen, die Lage der Massen zu verbessern, werden durch die Entschlossenheit, die anderen Nationalitäten zu unterdrücken und die Vorherrschaft der magyarischen Rasse zu bewahren, noch weiter verwirrt. Kurz gesagt, ich denke, ich könnte die Situation so zusammenfassen, dass Ungarn das zweifelhafte Experiment versucht, die Leistungsfähigkeit des Volkes zu steigern, ohne ihm Freiheit zu geben.

Das Ergebnis ist, dass die Regierung zwar die Schulen schließt, weil, wie der Landwirtschaftsminister sagt, „ein wichtiges politisches und soziales Prinzip gefährdet ist", während die Schüler beginnen, von einer höheren und besseren Lebenssituation zu hoffen und zu träumen als die, in der sie leben Sie wurden geboren, die Massen des Volkes wandern nach Amerika aus, um ihre Lage zu verbessern.

In Fiume hatte ich Gelegenheit, aus nächster Nähe zu studieren, was ich den Prozess dieser Auswanderung nennen könnte. Mit anderen Worten, ich hatte Gelegenheit, etwas zu sehen, und zwar nicht nur die Art und Weise, wie der Strom der Auswanderung, der aus den kleinen Dörfern im Landesinneren fließt, in Fiume gesammelt und versorgt wird, bis er in das Land strömt und dort fortgetragen wird sondern auch, um eine genauere Vorstellung von den Motiven und gesellschaftlichen Kräften zu bekommen, die zusammenwirken, um diese gewaltige Abwanderung der Landbevölkerung Südosteuropas herbeizuführen.

In keinem Land Europas, nicht einmal in Italien, wurde die Auswanderung so sorgfältig untersucht, und in keinem Land wurde mehr getan, um die Auswanderung zu lenken und zu kontrollieren als in Ungarn. Gleichzeitig denke ich, dass man mit Sicherheit sagen kann, dass die Auswanderung nirgendwo sonst so viele Veränderungen im politischen und sozialen Leben der Menschen mit sich gebracht hat. Tatsächlich schien es einst so, als würde Ungarn vorschlagen, die Auswanderung zum Staatsmonopol zu machen. Zu diesem Zeitpunkt gewährte die Regierung der Cunard Steamship Company ein Monopol auf das Auswanderergeschäft in Fiume und schloss einen Vertrag ab, um diese Linie mit mindestens 30.000 Auswanderern pro Jahr zu versorgen. Zu dieser Zeit verließen jedes Jahr zwischen einhundert und zweihunderttausend Auswanderer Ungarn, von denen die meisten über die deutschen Linien Hamburg und Bremen die Reise nach Amerika antraten.

Es heißt, dass die ungarische Regierung, um den Auswanderungsstrom in Richtung Fiume zu lenken und den Verkehr in diesem Hafen anzukurbeln, angeordnet habe, dass alle Dampfschifftickets von Regierungsbeamten verkauft werden sollten, die den Auswanderern die Erlaubnis verweigerten, das Land zu verlassen auf einer anderen als der Fiume-Route.

Seitdem hat Ungarn jedoch meines Wissens seinen Vertrag mit der Cunard Company so geändert, dass es nicht den Anschein erweckt, als ob die Regierung sich tatsächlich darauf eingelassen hätte, ihre eigenen Bürger zu exportieren, und nicht zu versuchen, sie zu steuern Während sie die Auswanderung durch Fiume fast schon mit Gewalt durchsetzte, versuchte sie vielmehr, den Verkehr anzuregen, indem sie an dieser Stelle Musterunterkünfte für Auswanderer schuf.

Tatsächlich hat die Regierung in der Regel eher versucht, die Auswanderung zu verhindern, als sie zu verstärken. Wo das nicht möglich war, hat es immer noch versucht, seine Kontrolle über seine Bürger in Amerika aufrechtzuerhalten; ihr Interesse an ihrem Heimatland am Leben zu erhalten und die Auswanderung so weit wie möglich zu einer vorübergehenden Abwesenheit zu machen, damit der Staat keinen dauerhaften Verlust seiner arbeitenden Bevölkerung erleidet und damit offenbar der Goldstrom aufrechterhalten wird die durch diese Auswanderung ins Land geströmt waren, dürften nicht aufhören.

Der tatsächliche Geldbetrag, der von zurückkehrenden oder vorübergehend in Amerika lebenden Auswanderern mitgebracht wird, lässt sich nicht eindeutig bestimmen. Beispielsweise kehrten im Jahr 1907 nicht weniger als 47.000 Auswanderer nach Ungarn zurück. Es wird geschätzt, dass, wenn ich mich recht erinnere, jeder zurückgekehrte Auswanderer mindestens 200 US-Dollar mit nach Hause brachte, während der durchschnittliche Einwanderer, der sich nicht dauerhaft in Amerika niederließ, jedes Jahr etwa 120 US-Dollar zurückschickt , was wahrscheinlich mehr Geld ist, als er zu Hause verdienen könnte. In den Jahren 1900 bis einschließlich 1906 wurden allein durch Zahlungsanweisungen 22.917.566 US-Dollar nach Ungarn geschickt. Im Jahr 1903 ergab eine offizielle Untersuchung, dass zusätzlich zu dem Geld, das auf andere Weise aus Amerika kam, 17.000.000 Dollar über Banken nach Ungarn geschickt wurden.

Ein Ergebnis dieses Geldzuflusses aus Amerika war, dass der Bauer seine Leidenschaft befriedigen konnte, sich ein kleines Stück Land zu erwerben oder die Größe der Farm, die er bereits besitzt, zu vergrößern. Tatsächlich war an bestimmten Orten, die Frau Balch in ihrem Buch „Unser slawischer Mitbürger" erwähnt, die Nachfrage nach Land so groß, dass der Wert des Grundstücks um 500 bis 600 Prozent gestiegen ist. [1]

In einem Jahr, 1903, schickten laut Miss Balch 4.317 Auswanderer aus einem Kreis in Kroatien 560.860 Dollar nach Hause, was einem Durchschnitt von nicht ganz 130 Dollar pro Einwanderer entspricht. Mit diesem Geld wurden 4.116 Häuser verbessert, indem Schulden beglichen, mehr Land gekauft oder Verbesserungen vorgenommen wurden.

Diese Tatsachen geben jedoch nur einen kleinen Hinweis auf den Einfluss, den die Einwanderung direkt und indirekt auf die Lebensbedingungen der Massen der Menschen in Ungarn und anderen Teilen Südosteuropas hatte. Zum einen hat es die Rassenkonflikte im Königreich angeheizt, indem es die Hoffnungen, Ambitionen und die Unzufriedenheit der sogenannten „minderwertigen" Völker geweckt hat.

Der Slowake oder Kroate, der nach Amerika kommt, verliert nicht sofort sein Interesse an den politischen und sozialen Kämpfen seines Heimatlandes. Im Gegenteil, in Amerika, wo er Gelegenheit hat, in seiner eigenen Sprache gedruckte Zeitungen zu lesen und frei über die Rassenpolitik in den Gesellschaften und Clubs zu diskutieren, die von den verschiedenen Nationalitäten in vielen Teilen der Vereinigten Staaten gegründet wurden, ist der durchschnittliche Slowake oder der Kroate in Amerika wird wahrscheinlich ein intelligenteres Interesse am Kampf um die nationale Existenz seines eigenen Volkes haben als zu Hause.

Bei einigen Angehörigen kleinerer Nationalitäten kam es vor, dass sie aufgrund der Beharrlichkeit, mit der die ungarische Regierung ihre Bemühungen, ihre eigenen Sprachen zu lehren, unterbunden hatte, erst nach ihrer Ankunft in Amerika Gelegenheit zum Lesen hatten ihre Muttersprache.

Einen Hinweis auf das Interesse, das die verschiedenen Einwanderervölker an den Kämpfen der Angehörigen ihrer eigenen Rasse in ihrem Heimatland haben, gibt die Arbeit, die mehrere dieser nationalistischen Gesellschaften in Amerika leisten. Die Nationale Slawische Gesellschaft organisiert politische Treffen, sammelt Spenden für slowakische politische Gefangene in Ungarn und verteilt slowakische Literatur, um Sympathie und Interesse für die slowakische Sache zu wecken.

In seinem Buch „Rassenprobleme in Ungarn" sagt Seton-Watson, der sich speziell mit der Lage der Slowaken befasst hat:

> Nachbarn Ideen von Freiheit und Nationalität zu verbreiten ... Sie lernen schnell, von den freien Institutionen ihres Wahllandes zu profitieren." , und heute besitzen die 400.000 Slowaken Amerikas eine nationale Kultur und Organisation, die einen auffälligen Kontrast zur beengten Entwicklung ihrer Verwandten in Ungarn darstellt. Es gibt mehr slowakische Zeitungen in Amerika als in Ungarn; aber

die Magyaren versuchen, das Gleichgewicht wiederherzustellen indem sie sich weigerten, diese amerikanischen Zeitschriften über die ungarische Post auszuliefern. Überall unter den Auswanderern gedeihen Ligen, Vereine und Clubs ungestört; ... diese Vereine tun alles in ihrer Macht stehende, um die slowakische Stimmung zu wecken, und tragen materiell zur Unterstützung bei die slowakische Presse in Ungarn." [2]

Seton-Watson fügt hinzu, dass „die Unabhängigkeit und das Selbstvertrauen der zurückgekehrten Auswanderer in auffälligem Kontrast zum Pessimismus und der Passivität der älteren Generation stehen." Aus diesem Grund sagen die Magyaren, die in Ungarn die „überlegene Rasse" repräsentieren, vielleicht, dass „Amerika den slowakischen Auswanderer verwöhnt hat".

Auf meiner Reise durch Ungarn von Fiume nach Budapest und von dort nach Krakau in Polen bin ich nacheinander durch Regionen und Bezirke gereist, in denen viele verschiedene Rassentypen leben, aber ich glaube, ich habe eine lebhaftere Vorstellung von der seltsamen Rassenmischung gewonnen, aus der die Bevölkerung besteht Von dem, was ich in Fiume sah, war der Eindruck der Doppelmonarchie größer als in jedem anderen Teil des Landes. In Budapest, dem großen Schmelztiegel der Rassen in Ungarn, herrscht in der Kleidung und den Manieren der verschiedenen Rassen weitgehend die gleiche Einheitlichkeit wie in jeder anderen großen und kosmopolitischen Stadt. Im Gegensatz dazu gibt es in Fiume eine viel größere Zahl von Menschen, die offenbar noch mit den Bräuchen und dem Leben ihrer Heimatdörfer vertraut sind und noch nicht gelernt haben, sich zu schämen, die malerischen Trachten der Regionen zu tragen, zu denen sie gehören Sie gehören.

Zu den auffälligsten Kostümen, die ich gesehen habe, gehörten die der montenegrinischen Händler mit ihren roten Mützen, bestickten Westen und den roten Schärpen um die Taille, die sie wie Räuber aussehen ließen. Danach wurden die vielleicht malerischsten Kostüme, die ich sah, von einer Gruppe dalmatinischer Mädchen getragen, deren auffälligstes Merkmal die weißen Wollgamaschen waren, die am Knie mit Bändern zusammengebunden waren. Eine Figur, an die ich mich besonders erinnere, war die einer kleinen Frau, die durch die Straßen von Fiume schritt und einen kleinen Zug wunderschöner cremefarbener Ochsen lenkte .

Alle diese Unterschiede in der Tracht betonten einander durch den Kontrast, und da sie jeweils Unterschiede in den Traditionen, Vorurteilen und Zielen der Menschen, denen sie angehörten, symbolisierten, vermittelten sie einem eine Art Bild vom Kampf der Rassen in diesem seltsamen und interessanten Land .

Selbst unter den Rassen, die nicht mehr durch Tracht und Gewohnheiten getrennt sind, scheinen die Rassenunterschiede deutlicher zu sein als in Budapest. Beispielsweise scheinen die Geschäfte der Stadt weitgehend von Deutschen und Juden monopolisiert zu sein. Die Regierungsbeamten sind Magyaren, aber der Großteil der Bevölkerung sind Italiener und Kroaten. Tatsächlich gibt es drei verschiedene Städte, die üblicherweise unter dem Namen Fiume bekannt sind. Da ist die moderne Stadt mit ihrem Opernhaus, ihren schönen Amtsgebäuden, die magyarisch ist; Die ältere Stadt mit ihren engen, geschäftigen Gassen und dem römischen Triumphbogen, der italienisch ist, und schließlich auf der anderen Seite des Kanals oder „ fiume ", der der Stadt offenbar ihren Namen gegeben hat, ist eine hübsche neue kroatische Stadt die sich offiziell vom Rest der Stadt unterscheidet und über einen eigenen Bürgermeister und eigene Stadtbeamte verfügt.

Fiume selbst nimmt im Königreich Ungarn eine Sonderstellung ein. Es handelt sich um das, was im Mittelalter als „freie Stadt" bekannt war, mit einem Gouverneur und Vertretern im ungarischen Parlament. Soviel ich weiß, ist der Bürgermeister jedoch ein Italiener, der eine kroatische Frau geheiratet hat. Dieses Bündnis zweier Rassen in einer Familie scheint in der ziemlich turbulenten Politik der Stadt einen gewissen Vorteil zu haben, denn mir wurde gesagt, dass, wenn die Kroaten, wie es manchmal vorkommt, in einer Prozession zum Haus des Bürgermeisters gehen und ihre Beschwerden mitbringen, die des Bürgermeisters Die Frau konnte ihrem Mann helfen, indem sie ihre eigenen Leute in deren Muttersprache ansprach.

Das Interessanteste, was ich in Fiume sah, war jedoch das riesige Auswanderungsgebäude, das meiner Erinnerung nach etwa 3.000 Auswanderern Unterkunft bietet. Hier befinden sich die Büros der ungarischen Auswanderungsbeamten, und in demselben Gebäude werden bis zur nächsten Überfahrt die Ansammlungen des Auswanderungsstroms empfangen und betreut, der in diesem Hafen stetig aus allen Teilen des Königreichs abfließt.

Hier werden die Auswanderer, nachdem sie medizinisch untersucht, gebadet und ihre Kleidung desinfiziert wurden, bis zur Einschiffung festgehalten. In Begleitung des US-Konsuls Slocum, von dem ich viele wertvolle Informationen erhielt, besuchte ich das Auswanderungsgebäude und verbrachte einen großen Teil eines Tages damit, mich über die Vorkehrungen zu informieren und mithilfe eines Dolmetschers mit Auswanderern aus verschiedenen Teilen des Landes zu sprechen, die dort waren dort auf die Einschiffung warten.

Unter seiner Führung inspizierte ich die Baracken, die reihenweise mit doppelstöckigen Eisenbetten ausgestattet waren, beobachtete die Maschinen zur Desinfektion der Kleidung der Auswanderer, besichtigte die Küche, probierte die Suppe und sah schließlich alle Nationalitäten gemeinsam zum Abendessen einmarschieren , die Frauen in einer Reihe und die Männer in einer anderen. Die meisten von ihnen waren ungarischer Nationalität; Sie schienen gute, gesunde, robuste und sparsame Menschen zu sein. Sie kamen aus den ländlichen Bezirken. Einige von ihnen waren vermögende Personen, die nach Amerika gingen, um genug Geld zu verdienen, um die Hypotheken abzubezahlen, mit denen ihr Land belastet war. Sehr viele von ihnen hatten Verwandte, einen Bruder, eine Schwester oder einen Ehemann bereits in Amerika, und sie schienen sehr gut über die Verhältnisse in dem neuen Land, in das sie gingen, informiert zu sein.

Die beiden interessantesten Gestalten, die mir unter den beabsichtigten Auswanderern auffielen, waren ein großes, blasses und barfüßiges Mädchen mit eher zarten und lebhaften Gesichtszügen und ein Mann in einer Leinenbluse, die bis zu den Knien herabhing und dessen Füße und Beine in ein Tuch gehüllt waren Art Mokasson , darüber Leggings, gebunden mit Lederriemen. Das Mädchen war eine Ruthenin, die Verwandte in Amerika treffen wollte. Der Mann, den ich bemerkte, als er mit scheinbar neidischem Interesse und Neugier ein Paar amerikanischer Schuhe betrachtete, die an einem der Stände in der großen Gemeinschaftshalle zum Verkauf standen, war ein Rumäne .

Zwei der Auswanderer, mit denen ich gesprochen habe, waren schon einmal in Amerika. Einer von ihnen, der ein wenig Englisch verstand, schien unter den anderen führend zu sein. Als ich ihn nach dem Grund für seine Rückkehr nach Amerika fragte, äußerte er sich ganz offen und abfällig über die Verhältnisse im alten Land.

Er sagte, dass es nicht so sehr die Löhne seien, die die Menschen zur Auswanderung bewegten, auch wenn sie gering genug seien. Aber das Schlimmste war, dass es lange Zeiträume gab, in denen es nicht möglich war, Arbeit zu bekommen. Außerdem waren die Steuern hoch.

„Und dann", fügte er hinzu, zuckte mit den Schultern und streckte mit einer Geste der Ungeduld den Arm aus, „ist es hier zu eng."

Ich vermute, dass dies das Gefühl vieler Auswanderer zum Ausdruck bringt, die nach ihrer Rückkehr in ihr Heimatland ein zweites Mal ausgewandert sind. Sie fanden die Dinge im alten Land „zu eng", um bequem zu sein. In Amerika gibt es immer noch Raum für Menschen, sich zu entfalten, zu wachsen und selbst herauszufinden, wozu sie fähig sind. Solange die Leute die Dinge als „zu eng" empfinden, werden sie weitermachen. Die Pflanze streckt sich immer dem Licht entgegen.

Zu den Auswanderern, mit denen ich Gelegenheit hatte, zu sprechen, gehörte auch eine Gruppe Rumänen , die aus Siebenbürgen , wie sie es nannten, gekommen waren . Es waren dunkle, schweigsame Menschen, die sehr eng beieinander standen und uns aus den Augenwinkeln ansahen. Als ich versuchte, mit ihnen zu sprechen , schienen sie nicht in der Lage zu sein, meine Fragen zu beantworten, und schließlich sagte einer von ihnen dem Dolmetscher, dass sie angewiesen worden seien, mit niemandem zu sprechen, bis sie Amerika erreichten.

Angesichts der ausführlichen Vorschriften, die ihre Regierung den Menschen auferlegt hat, die Ungarn verlassen wollen, und der noch ausführlicheren Vorschriften, die unsere Regierung den Menschen auferlegt hat, die in die Vereinigten Staaten einreisen wollen, überraschte mich das nicht besonders.

Da diese Menschen Rumänen oder Wallachen aus Siebenbürgen waren , hatten sie möglicherweise andere Gründe, warum sie das Land verließen. Obwohl die Rumänen stolz behaupten, von den römischen Eroberern dieses Teils der Welt abzustammen, werden sie dennoch zu den „minderwertigen" Rassen gezählt, da sie tatsächlich zu den unwissendsten Rassen in Ungarn gehören. Da sie besonders beharrlich ihre Fehler gegenüber dem Rest Europas bekannt gemacht haben und häufig dafür bestraft wurden, haben sie vielleicht gelernt, dass Schweigen Gold wert ist, insbesondere in Anwesenheit magyarischer Beamter.

Als ich in Wien nach Informationen suchte, die mir helfen könnten, die Rassensituation in der Doppelmonarchie zu verstehen, fand ich heraus, dass einer der gelehrtesten und brillantesten Schriftsteller zu diesem Thema ein Rumäne war, der während seines Studiums an einer rumänischen Akademie studierte 1892 war er zusammen mit anderen Studenten verhaftet und zu vier Jahren Gefängnis verurteilt worden, weil er eine Broschüre geschrieben und verbreitet hatte, in der „Gewaltakte" der „überlegenen" Magyaren gegen die anderen Rassen Ungarns aufgezählt wurden.

Die Überlegenheit der herrschenden Rasse scheint tatsächlich der Grundstein der politischen Politik der gegenwärtigen Regierung in Ungarn zu sein. Letztlich scheint es sozusagen die Hauptprämisse jedes Arguments zu sein, das ich zufällig gehört oder gelesen habe, um die Politik zu rechtfertigen, die die Regierung in Bezug auf die anderen Rassen der Monarchie verfolgt hat. Tatsächlich ist die „Überlegenheit der Magyaren" für das meiste Gute und Böse in der Geschichte Ungarns in den letzten siebzig Jahren verantwortlich. Es scheint zum Beispiel die Hauptinspirationsquelle für den heroischen Kampf gegen Österreich gewesen zu sein, der 1848 begann und mit der Unabhängigkeit Ungarns im Jahr 1867 endete. Es scheint auch der Ansporn gewesen zu sein, der die Ungeduldigen angespornt hat Führer des modernen Ungarn in ihrer Eile, den Fortschritt der Zivilisation im übrigen Europa zu überholen und zu übertreffen.

Bedauerlicherweise haben der Ehrgeiz und der Erfolg der Magyaren in ihrem Bemühen, ihre politische Unabhängigkeit zu erlangen und ihren besonderen Rassentyp davor zu bewahren, verloren zu gehen und von den anderen und „minderwertigen" Völkern, von denen er umgeben ist, verschlungen zu werden, jede andere Nationalität in einem ähnlichen Wunsch bestärkt und Entschlossenheit.

„Wenn es für die Magyaren gut ist, ihre Sprache, Bräuche und Rassentraditionen zu bewahren", sagen die anderen Rassen im Grunde, „warum ist es dann nicht genauso wichtig für uns, dass wir unsere bewahren?"

Die Antwort der Magyaren lautet im Wesentlichen: „Sie haben keine Sprache, keine Geschichte, keine Tradition, die es wert wäre, bewahrt zu werden. Kurz gesagt, Sie sind eine minderwertige Rasse."

Natürlich ist die Auseinandersetzung damit noch nicht beendet. Die anderen Nationalitäten reagieren darauf, indem sie nationale Schulen und Hochschulen gründen, um ihre besondere Sprache, Traditionen und Bräuche zu studieren und zu bewahren, während diese Nationalitäten, die zuvor keine Geschichte hatten, fortfahren, welche zu gründen. Somit scheint die Doktrin der Überlegenheit der magyarischen Rasse, die so wertvoll war, um die Magyaren zu heroischen Anstrengungen für ihre eigene Rasse anzuspornen, ebenso wertvoll gewesen zu sein, um den Rassenstolz und die Loyalität der anderen Rassen zum Leben zu erwecken. Und so scheint der Rassenkonflikt in Ungarn, ebenso wie der Kampf der weißen und schwarzen Rassen im Süden, trotz seiner gelegentlichen Grausamkeiten insgesamt weniger Schaden als Nutzen gebracht zu haben. Zumindest trifft dies zu, soweit es die Rassen betrifft, die untergegangen sind und nach oben kämpfen, denn Unterdrückung, die häufig das Individuum oder die Rasse, die darunter leidet, stimuliert, schadet ausnahmslos dem Individuum oder der Rasse, die sie zufügt, am meisten.

Die meisten „Gewalttaten", über die die untergeordneten Nationen klagen, werden im Namen der sogenannten „magyarischen Staatsidee" begangen, die jedoch kaum mehr zu sein scheint als die Idee, dass die Magyaren jedoch dominieren müssen sie machen nur 51 Prozent aus. der Bevölkerung im eigentlichen Ungarn und 45 Prozent. der Gesamtbevölkerung, einschließlich der des annektierten Gebiets Kroatien-Slawonien.

Die magyarische Rasse wird insoweit mit der Regierung in Ungarn identifiziert, dass es als eine Art Verrat bestraft wird, etwas gegen die Magyaren zu sagen. Den meisten Personen, die in Ungarn wegen politischer Verbrechen verfolgt werden, wird offenbar entweder Panslawismus vorgeworfen , bei dem es sich in der Regel kaum um mehr als den Wunsch der Slawen handelt, ihre eigene nationale Existenz zu bewahren, oder sie werden wegen „Aufwiegelung gegen die ungarische Nationalität" angeklagt.

Seitens der Magyaren scheint es kein Verbrechen zu sein, respektlos oder sogar verächtlich über die anderen Rassen zu sprechen. Ich habe beobachtet, dass diejenigen Autoren, die die „magyarische Staatsidee" zu verteidigen versuchten, die Rumänen und Slowaken ganz offen als „minderwertige Rassen" bezeichneten, die nicht in der Lage seien, sich selbst zu regieren.

Unter den Magyaren gibt es auch ein Sprichwort, das besagt: „Ein Slowake ist kein Mensch", eine Vorstellung, die ganz natürlich im Geist jeder Rasse aufzutauchen scheint, die sich an die Sklaverei und Unterdrückung eines anderen gewöhnt hat Wettrennen.

Es ist jedoch umso merkwürdiger, dass ein solches Sprichwort in Ungarn Verbreitung findet, wenn man bedenkt, dass Kossuth, der große Nationalheld Ungarns, selbst Slowake war.

In Ungarn hört man seltsame Geschichten über die Methoden, mit denen die dominierende Rasse die anderen Rassen unterdrückt. Beispielsweise werden bei Wahlen Bestechung, Einschüchterung und alle anderen bekannten Methoden zur Ausbeutung der Stimmen unwissender und einfältiger Menschen auf eine Weise und in einem Ausmaß praktiziert, die an die Tage des Wiederaufbaus in den Südstaaten erinnern .

Um die überlegene Rasse an der Macht zu halten, werden Zeitungen unterdrückt, Schulen geschlossen und die Gelder für ihre Unterstützung, die für Bildungszwecke gesammelt wurden, von der Regierung beschlagnahmt.

Als Beispiel für die Anstrengungen, die Ungarn unternommen hat, um die magyarische Vorherrschaft aufrechtzuerhalten, wird gesagt, dass die Regierung diese Organisationen unterdrückte, als der katholische Klerus angesichts der verheerenden Folgen, die der Alkoholkonsum unter den Slowaken angerichtet hatte, Abstinenzgesellschaften unter ihnen zu organisieren versuchte mit der Begründung, dass sie dazu neigten, die Stimmung des Panslawismus zu fördern und daher im Widerspruch zur „magyarischen Staatsidee" standen. Es ist jedoch bekannt, dass die Hauptbeschwerden gegen diese Gesellschaften von Spirituosenhändlern stammten.

Anscheinend ist es in Ungarn genauso leicht wie in Amerika für selbstsüchtige Menschen, rassistische Vorurteile und Gefühle auszunutzen, um sie für ihre eigenen Zwecke zu nutzen. Tatsächlich zeigte mir alles, was ich über das Verhältnis der Rassen in Ungarn gesehen und gelernt habe, dass Rassenhass auf ziemlich die gleiche Weise funktioniert , ob er nun unter Menschen gleicher Hautfarbe , aber unterschiedlicher Sprache, oder unter Menschen anderer Rassen existiert andere Farbe und die gleiche Sprache.

Wenn es einige Punkte gibt, in denen die Beziehungen der Rassen in Ungarn und den Vereinigten Staaten ähnlich sind, gibt es andere, in denen sie sich unterscheiden. Während Ungarn versucht, sein Rassenproblem zu lösen, indem es die schwächeren Rassen und Völker unterdrückt, versucht Amerika, das gleiche Ergebnis zu erreichen, indem es sie hochhebt. In Ungarn scheint jede Anstrengung unternommen zu werden, um die sogenannte „minderwertige Rasse" dazu zu zwingen, ihre eigene Sprache aufzugeben und ihre nationale Geschichte, Traditionen und Zivilisation zu vergessen – eigentlich alles, was sie als Volk inspirieren könnte. mit dem Wunsch oder dem richtigen Ehrgeiz, sich eine Position des Respekts und der Achtung in der zivilisierten Welt zu erkämpfen.

In Amerika hingegen wird jede Rasse und Nationalität dazu ermutigt, alles zu pflegen und stolz darauf zu sein, was einzigartig oder eigenartig ist, sei es in ihren Traditionen, Rassenmerkmalen oder ihrer Veranlagung. Ich glaube, ich kann mit Sicherheit sagen, dass es kein Land auf der Welt gibt, in dem so viele verschiedene Rassen mit so unterschiedlichen Farben , Gewohnheiten und Traditionen in so viel Frieden und Harmonie zusammenleben wie in den Vereinigten Staaten. Ein Grund dafür ist, dass es kein anderes Land gibt, in dem „der Mann am weitesten unten" mehr Möglichkeiten oder größere Freiheiten hat als in den Vereinigten Staaten.

FUSSNOTEN:

[1] Charities Publication Committee, 1910.

[2] Zitiert von Miss Balch in „Our Slavic Fellow Citizens", S. 116.

Kapitel XIII
Krakau und der polnische Jude

Seit ich denken kann, habe ich ein besonderes und besonderes Interesse an der Geschichte und dem Fortschritt der jüdischen Rasse gehabt. Das erste Buch, das ich kannte, die Bibel, war eine Geschichte der Juden, und für meinen kindlichen Verstand war der faszinierendste Teil dieses Buches die Geschichte über die Art und Weise, wie Moses die Kinder Israels aus dem Haus der Knechtschaft führte. durch die Wildnis, ins gelobte Land. Ich habe diese Geschichte zum ersten Mal von meiner Mutter gehört, als sie und ich Sklaven auf einer Plantage in Virginia waren. Ich habe es seitdem oft wiederholt und wiederholt gehört. Ich bin mir tatsächlich sicher, dass es kaum einen Tag oder eine Woche vergeht, an denen ich in meinem Volk nicht einen Hinweis auf dieselbe biblische Geschichte treffe.

Die Negersklaven freuten sich immer auf die Zeit, in der irgendwo ein Moses auftauchen würde, der sie, wie er die alten Hebräer führte, aus dem Haus der Knechtschaft führen würde. Und nach der Freiheit haben die Massen des Negervolkes immer noch auf einen großen Führer geschaut, auf einen von Gott inspirierten Mann, der sie aus ihren Schwierigkeiten in das gelobte Land führen würde, das sie irgendwie nie erreichen zu können scheinen.

So wie ich in der Sklaverei gelernt habe, den Zustand des Negers mit dem der Juden in der Knechtschaft Ägyptens zu vergleichen, so war ich seit der Freiheit oft gezwungen, die Vorurteile und sogar die Verfolgung zu vergleichen, denen das jüdische Volk ausgesetzt ist und die es überwinden muss verschiedenen Teilen der Welt mit den Nachteilen des Negers in den Vereinigten Staaten und anderswo.

Bevor ich nach Europa ging, hatte ich viele Angehörige der unteren Schichten der Juden in New York City gesehen, und als ich Whitechapel in London besuchte, hatte ich Gelegenheit, etwas über die Lage der polnischen und russischen Juden zu erfahren, die vertrieben wurden aus ihrem Heimatland, haben in England Zuflucht gefunden. Erst als ich Krakau im österreichischen Polen oder Galizien erreichte, begann ich jedoch wirklich zu verstehen, wie das Leben im Ghetto, von dem ich so viel gehört hatte, wirklich war. Erst da begann ich zu begreifen, was die Abnutzung jahrhundertelanger Verfolgung, Armut und Leid für das Leben der Juden bedeutet hatte.

Eines der ersten Dinge, die mir in Bezug auf die Juden im Ausland auffielen, waren die sehr unterschiedlichen Formen der Rassenvorurteile in den verschiedenen Ländern, die ich besuchte. In East London zum Beispiel, das seit langem ein Zufluchtsort für die Armen und Unterdrückten anderer Länder ist, wird der Jude toleriert, obwohl er nicht gemocht wird. Es ist nicht klar, woher die englischen Vorurteile stammen. Manchmal wird beklagt, dass der jüdische Einwanderer den gebürtigen Briten aus bestimmten Teilen von East London vertrieben hat, aber gleichzeitig wird zugegeben, dass dies in solchen Fällen daran liegt, dass der Jude sich als besserer Mieter erwiesen hat. Er trinkt nicht, hält sich an die Gesetze und zahlt regelmäßig seine Miete. Es scheint sowohl in London als auch in New York wahr zu sein, dass der jüdische Einwanderer, sobald er ein wenig Erfolg hat, nicht im selben Viertel der Stadt bleibt. Er zieht bald aus und an seine Stelle tritt ein neuer, halb verhungerter Flüchtling aus Russland oder Rumänien , so dass ein ständiger Strom von „ Grünern ", wie sie genannt werden, eintrifft, und ein weiterer, vielleicht etwas kleinerer Strom derjenigen, denen der Auszug gelungen ist. Dennoch wird allgemein anerkannt, dass sich die allgemeinen Verhältnisse unter dem Einfluss der Juden verbessert haben. Die Vorurteile der Engländer, soweit vorhanden, scheinen daher teilweise auf wirtschaftliche Ursachen und teilweise auf das allgemeine Misstrauen gegenüber dem Fremden zurückzuführen zu sein, das in England mit dem Zustrom von Einwanderern aus Südeuropa zuzunehmen scheint. In Dänemark hingegen, wo die Juden in der gebildeten und wohlhabenden Klasse sehr stark vertreten zu sein scheinen, entdeckte ich viele Vorurteile gegenüber den Deutschen, aber fast keine gegenüber den Juden. Tatsächlich ist Prof. Georg Brandes , einer der angesehensten Männer Dänemarks außerhalb des Königs, ein Mann, der in den letzten dreißig Jahren eine führende Rolle im intellektuellen Leben dieses Landes gespielt hat, Jude .

In Deutschland erfuhr ich, dass die Juden zwar nicht nur in der Wirtschaft, sondern auch in den Berufen eine herausragende Stellung einnahmen, es für sie jedoch dennoch schwierig war, in der Armee aufzusteigen oder zum Professor an den Universitäten aufzusteigen, wenn sie nicht zuvor getauft waren.

Als ich über diese Angelegenheit mit einem Deutschen sprach, den ich in einem der Hotels in Wien traf, fiel mir der Name eines angesehenen Professors ein, dessen Namen ich als Beispiel dafür gehört hatte, dass ein Jude eine hohe Position an einer deutschen Universität erlangte.

„Na ja", antwortete er, „er ist getauft."

Das erinnert mich an ein Rätsel, das ein Bekannter aufgeworfen hat, als wir über einige Besonderheiten der Rassenvorurteile in Europa diskutierten.

„Wann ist ein Jude kein Jude?" er hat gefragt. Die Antwort lautet natürlich: „Wenn er ein Christ ist." Mit anderen Worten: Vorurteile scheinen sich in Deutschland nur gegen den Juden zu richten, der an seiner Religion festhält.

Als ich in Prag in Böhmen ankam, erfuhr ich, dass es in der Masse des Volkes kaum einen Unterschied zwischen Juden und Deutschen gibt, da beide dieselbe Sprache sprechen und die Tschechen, indem sie die eine mit der anderen verwechseln, beide mit doppeltem Hass hassen. Zuerst für das, was sie sind, und dann für das, was sie zu sein scheinen.

In Wien und Budapest scheinen die Juden durch die von ihnen kontrollierten Zeitungen einen mächtigen Einfluss auf die Politik auszuüben. Ich erinnere mich, dass ich während meines Aufenthalts wiederholt Hinweise auf die „jüdische Presse" gehört habe. In Prag heißt es, dass alle deutschen Zeitungen bis auf eine von Juden kontrolliert werden. Juden sind in Österreich-Ungarn jedoch nicht nur in der Presse vertreten, sondern auch in der Armee und in allen anderen Berufen. Sie sind nicht nur Finanziers und Geschäftsleute, sondern auch Ärzte, Anwälte, Künstler und Schauspieler, wie anderswo in Europa, wo sie ihre Freiheit erlangt haben. Dennoch ist es in Österreich-Ungarn immer noch gesetzeswidrig, dass Juden und Christen untereinander heiraten.

Ich habe ausführlich auf die Lage der Juden in anderen Teilen Europas eingegangen, wo sie von der sozialen und politischen Freiheit profitiert haben, die ihnen im Laufe des 19. Jahrhunderts gewährt wurde, weil ihr Fortschritt dort in so auffallendem Gegensatz zu ihrem Fortschritt steht Zustand, wie ich ihn in und um Krakau in Galizien gesehen habe; wie es auch direkt hinter den Grenzen Österreich-Ungarns, in Russisch-Polen und Rumänien ist, und wie es in anderen Teilen Europas vor fünfundsiebzig oder hundert Jahren vor der Öffnung der Tore des Ghettos gewesen zu sein scheint und die Einwohner befreiten sich.

Eine Vorstellung von den Bedingungen, unter denen die Juden vor hundert Jahren in fast allen Teilen Europas lebten, lässt sich aus den Beschränkungen gewinnen, die ihnen heute in Russland und Rumänien auferlegt werden . In Rumänien kann ein Jude weder wählen noch ein öffentliches Amt bekleiden. Er ist von den Berufen ausgeschlossen; es ist ihm beispielsweise nicht gestattet, Arzt zu werden oder gar eine Apotheke zu eröffnen; es ist ihm nicht gestattet, in den ländlichen Bezirken zu wohnen; er darf weder Land außerhalb der Stadt besitzen noch als Landarbeiter arbeiten . In den Mühlen und Fabriken nicht mehr als 25 Prozent. der Mitarbeiter können Juden sein. Obwohl sie praktisch auf Wirtschaftsunternehmen beschränkt sind, ist es Juden nicht möglich, Mitglied in Handelskammern zu werden. Juden sind verpflichtet, in der Armee zu dienen, sie zahlen verhältnismäßig höhere Steuern als andere Teile der Gemeinschaft, werden aber gesetzlich als „Ausländer, die keinem Fremdenschutz unterliegen" eingestuft.

In Russland ist es Juden nicht gestattet, außerhalb des sogenannten „Siedlungsgebiets" zu leben, das zwölf Provinzen an der West- und Südwestgrenze umfasst, die Russland in den letzten zweihundert Jahren annektiert hat. Nur Händler, die eine Sonderlizenz von 1.000 Rubel oder etwa 500 US-Dollar zahlen, Universitätsabsolventen und einige andere dürfen außerhalb des Verbots leben. Einem Juden ist es nicht einmal gestattet, in Sibirien zu leben, es sei denn, er wurde zur Strafe für ein Verbrechen dorthin geschickt.

Innerhalb des Palästinas ist es Juden nicht gestattet, außerhalb der Städte und eingemeindeten Orte zu leben. Obwohl Juden in Russland wählen und Abgeordnete in die Duma entsenden dürfen, ist es ihnen nicht gestattet, ein Amt zu bekleiden oder im öffentlichen Dienst angestellt zu sein. Sie sind gezwungen, zusätzlich zu den gewöhnlichen Steuern, die hoch genug sind, Steuern auf die Mieten zu zahlen, die sie aus Eigentum, das ihnen gehört, oder Erbschaften, auf das nach dem jüdischen Gesetz geschlachtete Fleisch und auf Kerzen, die in einigen ihrer Ordensgemeinschaften verwendet werden, zu zahlen Bräuche und auf den Schädelkappen, die sie während des Gottesdienstes tragen. Trotzdem sind sie von Krankenhäusern, Schulen und öffentlichen Veranstaltungen ausgeschlossen, die größtenteils aus den ihnen auferlegten zusätzlichen Steuern finanziert werden.

Das Merkwürdigste daran ist, dass die Behinderungen, unter denen der russische Jude jetzt leidet , durch die Taufe sofort beseitigt werden. Darüber hinaus erhält jeder Jude, der sich als Zeichen der Abkehr von seiner Religion und seinem Volk mit Weihwasser besprengen lässt, dreißig Rubel, „dreißig Silberlinge“, als Belohnung.

Die Juden, die ich in Galizien sah, unterliegen keinen der mittelalterlichen Beschränkungen, die den Angehörigen ihrer Rasse in Russland und Rumänien auferlegt wurden . Sie genießen tatsächlich alle politischen Rechte anderer Rassen. Dennoch sollen die Juden in Galizien ärmer sein als in einigen Teilen von Russisch-Polen, obwohl es ihnen sehr viel besser geht als in einigen Teilen Südrusslands.

Anderswo in Europa, wo sie ihre Freiheit hatten, sind Juden in der Regel wohlhabender als die Menschen, von denen sie umgeben sind. In Berlin beispielsweise, wo Juden einen Anteil von 4,88 Prozent ausmachen. der Gesamtbevölkerung 15 Prozent. von denen, die ein Einkommen von 1.500 Mark oder mehr hatten, waren Juden. Statistiken zeigen, dass in anderen Teilen Europas ähnliche Bedingungen herrschen. [3]

Als ich einen Bekannten, der mehrere Jahre in Österreich gelebt hatte, fragte, warum das so sei, antwortete er, dass es in Galizien so viele Juden gäbe, dass es nicht genug andere Menschen gäbe, die sie unterstützen könnten. Anschließend erklärte er, dass zwischen den beiden Klassen, dem Adel, dem das Land gehörte, und dem Bauern, der es bewirtschaftete, der Jude den Händler oder Mittelsmann darstellte. Es stimmte also im wahrsten Sinne des

Wortes, dass es nicht genügend andere Menschen im Land gab, um den Juden zu unterstützen, der allerdings nicht mehr als 11 Prozent ausmacht. der Gesamtbevölkerung.

Einer der ersten Menschen, die ich in Galizien traf, war ein Vertreter dieser ärmeren Schicht von Juden. Ich erreichte Krakau am späten Nachmittag Ende September. Es wehte ein kalter Wind und zum ersten Mal seit ich Schottland verlassen hatte, bemerkte ich eine unangenehme Frische in der Abendluft, was vermutlich ein Hinweis darauf war, dass ich mich auf der nördlichen und östlichen oder russischen Seite befand Karpaten. Einer der ersten Menschen, denen ich begegnete, als ich zitternd am Eingang des Hotels stand, war ein kleiner Junge mit blassem Gesicht und braunen Augen, der auf Englisch mit mir sprach und anscheinend eine Art Freundschaft mit mir schließen wollte Grundlage unserer gemeinsamen Vertrautheit mit der englischen Sprache. Er war eindeutig ein Jude und als wir zusammen die Straße entlang gingen, erzählte er mir etwas aus seinem Leben in London und dann in Krakau. Aus dem, was er mir erzählen konnte, entnahm ich, dass es seinem Vater, der Tischler war und, wie er sagte, „sehr arm" war, schwerer gefallen war, in der harten Konkurrenz der Londoner Ausbeutungsbetriebe zu überleben, in denen er beschäftigt gewesen war. als im Ghetto von Krakau, und so war er entmutigt und kehrte zurück.

Ich erfuhr von ihm, wie ich es später auch von anderen seiner Rasse lernte, dass nicht alle Juden, die nach England und Amerika kamen, innerhalb weniger Jahre Erfolg hatten und reich wurden, wie gemeinhin angenommen wird. Einige von ihnen scheitern, andere geraten in unerwartete Schwierigkeiten, und häufig werden eingewanderte Familien aufgrund der Durchsetzung der Einwanderungsbestimmungen getrennt und einige von ihnen zurückgeschickt, so dass die Bereitschaft, nach Amerika zu gehen, nicht so groß ist gab es vor ein paar Jahren.

Trotz dieser Tatsache scheinen die Juden Galiziens, von denen fast jeder wahrscheinlich Freunde oder Verwandte entweder in England oder Amerika hat, jeden , der die englische Sprache spricht, mit besonderem Interesse zu betrachten, weil sie ihn als Vertreter eines Volkes betrachten die mehr als alle anderen auf der Welt versucht haben, den Juden gegenüber gerecht zu sein.

Ein paar Tage später traf ich in einem kleinen Dorf ein paar Meilen von Krakau entfernt einen jüdischen Händler, der, wie die meisten Juden in diesem Teil des Landes, sowohl Deutsch als auch Polnisch sprach, so dass ich mit der Hilfe von Doktor Park in der Lage war mit ihm zu sprechen. Er sagte, sein Geschäft bestehe darin, Getreide und Futter von den Großgrundbesitzern in verschiedenen Teilen Galiziens zu kaufen und es wieder an die Bauern zu verkaufen, die damit ihr Vieh ernährten. Als er erfuhr, dass ich aus Amerika stamme und etwas vom Leben der Bauern sehen wollte, meldete er sich freiwillig als mein Führer. Es war ein sehr glückliches Treffen für mich, denn ich stellte fest, dass dieser Mann nicht nur über die Lage fast jeder Familie im Dorf Bescheid wusste, sondern auch genau verstand, wie er mit ihnen umgehen sollte, sodass bei seiner Berührung jede Tür geöffnet wurde Wie von Geisterhand öffnete sich die Tür und ich konnte alles sehen und erfahren, was ich wissen wollte.

In der Zwischenzeit bemerkte ich, dass unser Führer und Dolmetscher anscheinend genauso daran interessiert war, etwas über Amerika zu erfahren, wie ich daran interessiert war, Galizien kennenzulernen. Er vermischte alle seine Informationen über die Lage der Bauern in verschiedenen Teilen des Landes mit Fragen über die Lage in Amerika. Wie sich herausstellte, hatte er nicht nur Verwandte in Amerika, sondern auch einen Cousin in New York, der in Schwierigkeiten geraten war und wegen einer geschäftlichen Unregelmäßigkeit zu drei Jahren Gefängnis verurteilt worden war. Laut meinem jüdischen Freund handelte es sich um eine Kleinigkeit, die in Galizien nicht mehr als acht Tage Gefängnis gekostet hätte. Er konnte daher nicht verstehen, wie ein armer Mann in einem freien Land wie Amerika, in dem alle gleich sind, härter behandelt werden sollte als zu Hause, wo er der Außenseiter war und keine Gegenleistung erwartete. Was ihn jedoch am meisten zu beunruhigen schien, war die Tatsache, dass er ein Jahr lang nichts von seinem Cousin gehört hatte und niemand wusste, was aus ihm geworden war.

Als mir die Angelegenheit erklärt wurde, sagte ich dem Mann, dass ich, wenn ich nach New York zurückkäme, die Angelegenheit nachschlagen und, wenn möglich, erfahren würde, was daraus geworden sei, wenn er mir den Namen und die Nachnamenadresse seines Cousins geben würde vermisster Cousin.

Unter den gegebenen Umständen schien mir das ein ganz natürlicher Vorschlag, aber er überraschte den armen Mann offensichtlich, denn er blieb stehen, starrte mich einen Moment lang an, kniete dann nieder und küsste meine Hand in aller Demut . Ich gestehe, dass ich zunächst etwas schockiert und eher angewidert war. Später erfuhr ich, dass es vor allem in Russland eine weit verbreitete Gewohnheit ist, dass Bauern ihren Vorgesetzten die Hände und sogar die Füße küssen. Der Gedanke, der mir jedoch in den Sinn kam, war, dass es viele Jahrhunderte der Unterwerfung und Unterdrückung gedauert haben musste, um diese Haltung der Demut zu einer vertrauten und natürlichen Art und Weise zu machen, wie es in diesem Fall zu sein schien, um Dankbarkeit auszudrücken.

Das Besondere daran war, dass dieser Jude, der sich mir gegenüber so demütig gezeigt hatte, auf die polnischen Bauern, mit denen er Handel trieb, herabschaute und sie verachtete. Er bezeichnete sie als „ignorante und schmutzige Kreaturen". Dennoch schien er gelernt zu haben, wie sie sich gegenüber jenen ausdrücken konnten, bei deren Macht oder Einfluss er Hilfe oder Schutz suchte.

Unter diesen Umständen, angesichts dieser tief verwurzelten Gewohnheiten in der Masse des Volkes, konnte ich mir kaum vorstellen, was das Männerwahlrecht, das dem Volk in allen Bundesländern kürzlich verliehen wurde, tatsächlich bedeuten sollte üben.

Während meines Studiums der Verhältnisse in Europa ist mir nichts eindringlicher eingeprägt als dies, nämlich dass wir aus der bloßen Tatsache, dass diese oder jene politische Institution in einem Land existiert, sehr wenig erkennen können, welche Privilegien oder Nachteile diese Institutionen den Massen bringen der Menschen. Tatsächlich scheint es in Europa genauso wahr zu sein wie in Amerika, dass bloße Gesetzeserlasse an sich ebenso wenig Gerechtigkeit und Freiheit hervorbringen können wie Fleiß und Sparsamkeit. Nachdem die physische Bindung zerstört wurde, bleibt immer noch die Bindung des Aberglaubens, der Unwissenheit und der religiösen, Klassen- und Rassenvorurteile bestehen. Die Tat dieses Juden, der mir die Hand küsste, war für mich eine Offenbarung nicht nur seines eigenen Geisteszustandes, sondern auch der Umstände, unter denen er sich befand.

Ich glaube, dieser eine Vorfall hat mir mehr als alles andere, was ich während meines Aufenthalts in Galizien gesehen oder gehört habe, einen Einblick in das Leben der Menschen gegeben. Es schien mir, als ob ich zum Beispiel allein dadurch verstehen könnte, warum die Juden in Galizien kaum größere Fortschritte gemacht haben als in den Nachbarprovinzen Rumänien und Russland.

Was meinen Führer betrifft, möchte ich hinzufügen, dass ich danach nie wieder etwas von ihm gehört habe. Wenn er mir schrieb, erreichte mich der Brief nie, und ich weiß nicht, was schließlich aus dem Cousin wurde, den er verloren hatte.

Vielleicht sollte ich, bevor ich versuche, die Lage der ärmeren Klasse der Juden in Krakau zu beschreiben, etwas über ein anderes Ghetto sagen, das ich in Europa gesehen habe.

Während meines Aufenthaltes in Prag machte ich eines Tages einen Spaziergang durch ein altes Viertel der Stadt, das früher von Juden bewohnt war. Das Prager Ghetto soll das größte und berühmteste in Europa gewesen sein. Es war in der Tat eine Stadt für sich, denn sie enthielt nicht nur die älteste Synagoge Europas mit einer daran angeschlossenen berühmten alten jüdischen Grabstätte, sondern auch ein Rathhaus oder Rathaus und einen Markt, in dem, so heißt es , Traditionell verkauften jüdische Händler einst christliche Sklaven. Einst waren die Juden in diesem Viertel der Stadt so stark etabliert, dass es den Namen „ Judenstadt “ erhielt . Dort unterhielten sie in geringem Umfang eine eigene Zivilregierung, so wie sie es in geringerem Maße auch heute in Russland tun. In seinem bereits erwähnten Buch über die Juden sagt Herr M. Fishberg , dem ich viele Fakten und Statistiken über die Lage der Juden zu verdanken habe, über die Juden in Russland heute:

> Sie sprechen ihre eigene Sprache, Jiddisch, und viele führen ihre Geschäfte, führen ihre Bücher, schreiben Verträge, Testamente und viele andere Dokumente in diesem Dialekt; die Registrierung von Geburten, Eheschließungen und Todesfällen erfolgt durch ihre Rabbiner, und die von ihnen erteilten Scheidungen werden vom Staat als gültig anerkannt; In den kleineren Städten entscheiden sie ihre Differenzen lieber vor der eigenen Justiz (Beth din) und nicht vor den staatlichen Gerichten. Sie erheben den größten Teil ihrer eigenen Steuern für die Regierung im Namen der jüdischen Gemeinde; Nicht nur muss jeder einzelne Jude Militärdienst leisten, sondern die jüdische Gemeinschaft als Ganzes ist dafür verantwortlich, jährlich eine bestimmte Anzahl von Rekruten auszuliefern. Diese Getrenntheit reicht bei vielen Juden bis hin zum Kalender, die ihre Briefe und Dokumente nach dem hebräischen und nicht nach dem russischen Kalender datieren. Bis vor etwa fünfzig Jahren war es für einen Juden eine Schande, Russisch oder Deutsch lesen zu können oder auch nur ein Buch in einer dieser Vulgärsprachen zu besitzen; es war eine Sünde neben dem Abfall vom Glauben. Doch in den letzten beiden Generationen hat ein tiefgreifender Wandel stattgefunden.

Zu der Zeit, als ich in Prag war, befand sich das alte Ghetto im Abrissprozess, und es zeigt die Veränderung, die in den letzten Jahren stattgefunden hat, dass die meisten Menschen, die in den engen Gassen und ramponierten alten Gebäuden des ehemaligen Ghettos lebten, keine Juden, sondern Christen waren .

Nach Prag ist Krakau die Stadt mit dem ältesten und interessantesten Ghetto Europas, und das Interessanteste daran ist die Tatsache, dass sie immer noch von Juden bewohnt wird. Ich nehme an, dass sie heute noch genauso wie vor hundert Jahren dort leben, eine getrennte und getrennte Rasse, offenbar weiter entfernt von den Sitten, Bräuchen und dem Verständnis des Rests der Welt als jedes andere Volk auf dieser Seite von China.

Ich kenne Juden fast mein ganzes Leben lang. Ich habe mit ihnen Geschäfte gemacht und mehr als einmal in ihren Synagogen mit ihnen gesprochen und bei ihnen immer Sympathie und Unterstützung für die Arbeit gefunden, die ich für mein eigenes Volk leisten musste. Ich habe die ärmeren Schichten im jüdischen Viertel auf der East Side in New York häufig besucht und teilweise auch studiert. Trotzdem jedoch, als man auf gewisse seltsame Gestalten in langen schwarzen Mänteln, weichen Filzhüten, mit blassen Gesichtern, beleuchtet von dunklen, glitzernden Augen und umrahmt von glänzenden Locken, die auf beiden Seiten vor ihren Ohren herabhingen, hingewiesen wurde Als ich in Wien war, hatte ich nicht die geringste Ahnung, welcher Rasse oder Nationalität sie angehörten. Später, als ich Krakau erreichte, wurden mir dieselben schlanken Gestalten und blassen, zarten Gesichter sehr vertraut, und ich lernte, in ihnen den höheren Typus polnischer Juden zu erkennen.

Die große Mehrheit der Juden in Krakau lebt noch immer in einem Viertel der Stadt namens „Kazimierz", das seinen Namen von einem polnischen König hat, der sich vor etwa vierhundert Jahren in eine schöne Jüdin verliebte und, für Ihr zuliebe machte Polen zu einem Zufluchtsort für die Angehörigen ihrer Rasse, die damals in anderen Teilen Europas fast wie wilde Tiere gejagt wurden.

Ich besuchte das Kazimierz am späten Nachmittag, als die engen, schmutzigen und übelriechenden Straßen von ihrer seltsamen Horde schlampiger, verarmter und ungesund aussehender Bewohner wimmelten.

Ich bin durch das jüdische Viertel in New York gegangen, mit seinem Gewirr von Handkarren, seinen Schwärmen schwarzäugiger Kinder und seinen seltsamen alten Männern mit graubraunen Bärten, die besorgt und versunken durch die überfüllten Straßen wandern, jeder ängstlich auf einen Gedanken konzentriert oder seinen eigenen Zweck. Das jüdische Viertel auf der East Side in New York ist jedoch ein blasses Abbild des Ghettos in Krakau. Zum einen scheint der Jude in New York, obwohl er viele der Gewohnheiten und Bräuche des Landes, aus dem er kam, beizubehalten, in den meisten Fällen ernsthafte Anstrengungen zu unternehmen, um aus sich einen Amerikaner zu machen; die Sprache zu lernen, die Kleidung und, soweit möglich, die Manieren des neuen Landes anzunehmen, dessen Staatsbürger er bald werden soll, sofern er dies noch nicht ist.

Die Massen der polnischen Juden halten jedoch immer noch hartnäckig an den Bräuchen ihrer Religion und des Ghettos fest, in dem sie seit tausend Jahren oder länger als Verbannte und mehr oder weniger wie Gefangene leben. Anstatt zu versuchen, wie der Rest der Menschen, unter denen sie leben, auszusehen, scheinen sie alle Anstrengungen zu unternehmen, um die Charaktere zu bewahren und hervorzuheben, in denen sie sich von den Menschen in ihrer Umgebung unterscheiden.

Obwohl ich in Krakau Juden in allen verschiedenen Phasen des Übergangs – was ihre Kleidung betrifft – vom traditionellen Ghettojuden zum modernen Literaten, Berufstätigen oder Geschäftsmann traf, klammert sich die Mehrheit der Juden immer noch an den langen schwarzen Mantel die sie im Mittelalter tragen mussten. Einige haben dieses Symbol der Exklusivität abgelegt, tragen aber immer noch den langen Bart und die Locken vor den Ohren, die ihnen besonders am Herzen zu liegen scheinen, vielleicht weil sie aus irgendeinem Grund, den ich nicht verstehen konnte, verboten sind um sie in Russland zu tragen.

Vielleicht war es die Wirkung der Tracht, die ihnen ein seltsames und fremdartiges Aussehen verlieh, aber es schien mir zunächst, als ob jeder Jude in Krakau genau die gleichen Gesichtszüge, die gleiche Gangart und den gleichen Ausdruck hätte Antlitz. Als ich jedoch die verschiedenen Gestalten in den überfüllten Straßen genauer betrachtete, entdeckte ich, dass sich unter der eigentümlichen Kleidung und Art viele verschiedene Arten von Menschen verbargen. Da waren die blasshaarigen Studenten, die sich mit hastiger und zerstreuter Miene durch die Menge bewegten; Es gab schlanke und elegante Aristokraten, die, obwohl sie noch die Uniform ihrer Rasse trugen, sich mit peinlicher Korrektheit kleideten und einen mit einem Ausdruck ansahen, der eine seltsame Mischung aus der Demut des Juden und der Verachtung des Pharisäers zu sein schien.

Da war der alltägliche, schwerfällige Jude, der demütig den üblichen Regeln des Tauschhandels und Handels folgte und den täglichen und wöchentlichen Routinen folgte, die seine Religion vorschrieb. Da war der ausgestoßene Bettler, schmutzig und elend, der ziellos durch die schmutzige Straße schlenderte oder in irgendeinem Hauseingang saß und trostlos auf die Straße starrte. Es gab auch den schmutzigen, gefräßigen, unwissenden und brutalen Typ, auf den weder Leid noch Fanatismus irgendeinen Eindruck gemacht zu haben schienen und der in seiner jüdischen Kleidung und Manieren wie eine Karikatur seines vornehmeren Nachbarn aussah .

Als ich in Krakau war, besuchte ich die alte Synagoge, die angeblich von demselben polnischen König, Kazimierz, für die Juden erbaut wurde, der sie als erster einlud, in seinem Land Zuflucht zu suchen. Ich sah dort die alte Gesetzesliste und das alte Gebetbuch, die aus Spanien mitgebracht wurden, als die Juden aus diesem Land vertrieben wurden.

In der Nähe der Synagoge befindet sich der alte jüdische Markt. Eine schmale Straße führt auf einen offenen Platz, in dessen Mitte sich ein rundes Gebäude befindet. Vor einem der Eingänge dieses Gebäudes schlachtete ein Mann mit der blassen Stirn und den zarten Gesichtszügen, die unter den Menschen im Ghetto ein Zeichen der Überlegenheit zu sein scheinen, öffentlich Gänse. Der Platz, auf dem dieses Gebäude stand, war auf allen Seiten von Reihen kleiner Marktstände umgeben, vor denen Gruppen von Männern und Frauen feilschten und mit verschiedenen Kleinwaren handelten. Eine Schar von Frauen stand um das Gebäude in der Mitte des Platzes herum und beobachtete den blasshaarigen Mann, der die Arbeit nicht zu genießen schien, wie er schnell und geschickt die Zeremonie durchführte, den Gänsen die Kehle durchzuschneiden. Diese wurden ihm von einer gutmütig aussehenden Frau überreicht, die eine Schürze und hohe Stiefel trug und rot vor Blut war. Nachdem die Gänse getötet worden waren, wurden sie zum Abtropfen über eine Grube gehängt, während frische Opfer aus den auf dem offenen Platz herumstehenden Körben und Kisten geholt wurden. Ein übler Geruch aus der offenen Grube, in der die Gänse bluten durften, erfüllte den Platz. Das trug zwar nicht zur Würde des Verfahrens bei, trug aber dazu bei, es mir ins Gedächtnis einzuprägen.

In einer Ecke des Platzes bemerkte ich ein mattgraues Gebäude , aus dem Scharen kleiner jüdischer Kinder herauskamen. Es war eine dieser Schulen, mit denen jüdische Lehrer trotz aller Verfolgungen und Zerstreuungen im Laufe des 19. Jahrhunderts die Erinnerung an die jüdische Geschichte und das jüdische Gesetz wachgehalten und so die Rasse zusammengehalten haben. Ich glaube, ich kenne nichts, was die Macht der Bildung so verdeutlicht und hervorhebt wie den Einfluss, den diese Schulen auf das jüdische Volk hatten.

Mich interessierte alles, was ich über das Leben der Juden in Krakau sah, weil es mir eine Vorstellung von der Armut, Erniedrigung und dem Elend gab, in dem mehr als die Hälfte der jüdischen Rasse heute in verschiedenen Teilen Europas lebt . Von den zwölf Millionen Juden auf der Welt leben etwa neun Millionen in Europa. Davon leben mehr als sechs Millionen in Russland und fast zweieinhalb Millionen in Österreich, Rumänien und den anderen Teilen Südosteuropas. Ich habe einen Eindruck von der Armut der Juden in Galizien vermittelt, wo sie politisch frei sind. Nach allem, was ich erfahren habe, geht es den Juden in Russland und Rumänien viel schlechter als in der österreichischen Provinz Galizien. Die meisten von uns, die Juden nur in Amerika oder Westeuropa kennen, wurden zum Glauben verleitet, trotz der offensichtlichen Armut vieler Juden, die auf der East Side in New York und im Londoner Stadtteil Whitechapel leben , dass die Juden als Rasse äußerst wohlhabend sind. Daher war ich überrascht, kürzlich die Aussage von Juden zu lesen, die die Lage ihres eigenen Volkes untersucht haben, wonach sie in den letzten hundert Jahren unbestreitbar reicher waren als ihre christlichen Nachbarn in den Ländern, in denen sie lebten Ihnen wurde ihre Freiheit gewährt, und wenn man die Juden als Ganzes betrachtet, sind sie ärmer als jede andere zivilisierte Nation auf der Welt. Kurz gesagt hat ein Autor gesagt: „Wenn wir ihren Reichtum kapitalisieren und ihn unter den zwölf Millionen

Juden verteilen würden, würden sie mit jeder armen Nation um den niedrigsten Platz auf der Skala des Reichtums streiten." [4]

Die Richtung, in der die Juden dem Rest der Welt überlegen zu sein scheinen, liegt offenbar nicht im Reichtum, sondern in der Bildung. Selbst in Russland, wo sie nicht über die gleichen Bildungsvorteile verfügen wie der Rest der Bevölkerung, sind es zwar 79 Prozent. Da die Gesamtbevölkerung weder lesen noch schreiben kann, liegt der Anteil der Analphabeten unter den Juden bei 61 Prozent. Das sind 18 Prozent. weniger als der Rest der Bevölkerung.

In Westeuropa, wo Juden in Sachen Bildung die gleichen Chancen wie ihre nichtjüdischen Nachbarn haben, sind sie ihnen in der Bildung weit voraus. Statistiken für Krakau zeigen beispielsweise, dass es zwar nur etwas mehr als 2 Prozent sind. Von den Juden, die eine Heiratsurkunde beantragten, waren zwischen 15 und 20 Prozent nicht in der Lage zu lesen und zu schreiben. der Christen derselben Kategorie waren Analphabeten. In Italien sind es 42,6 Prozent. der Männer und 57 Prozent. Von den über fünfzehnjährigen Frauen der christlichen Bevölkerung können nur 3 Prozent nicht lesen und schreiben. der Männer und 7,5 Prozent. der Frauen unter den Juden sind Analphabeten.

In Österreich über 25 Prozent. der Studierenden der Universitäten sind Juden, obwohl sie nur 5 Prozent ausmachen. der Bevölkerung. In Ungarn stellen Juden einen Anteil von 4,9 Prozent. Von der Bevölkerung stellen sie 30,27 Prozent. der Studierenden an den Universitäten und anderen Hochschulen. In Baden haben Juden verhältnismäßig dreieinhalbmal so viele Studenten wie Christen. Seit 1851 hat sich die Zahl der jüdischen Studierenden an österreichischen Universitäten mehr als versiebenfacht, während sich die Zahl der christlichen Studierenden in dieser Zeit kaum mehr als verdreifacht hat.

Ein Grund dafür ist, dass die Juden fast ausnahmslos in den Städten ansässig waren, in denen es Möglichkeiten zur Bildung gab. Gleichzeitig waren sie fast ausschließlich in der Wirtschaft tätig, die nicht nur ein gewisses Maß an Bildung erfordert, sondern an sich, mehr als andere Berufe, eine Quelle der Bildung darstellt.

Der Name „Rabbi" oder „Lehrer" war bei den Juden seit jeher ein respektvoller und ehrenvoller Titel. Es war der Name, den seine Jünger Jesus gaben.

Wenn es keine anderen Gründe gäbe, warum die Geschichte des Juden untersucht werden sollte, wäre es interessant und inspirierend, zu zeigen, was Bildung für ein Volk bewirken kann und getan hat, das sich angesichts von Vorurteilen und Verfolgung geduldig bis zu einem Ziel erkämpft hat Macht-

und Vorrangstellung im Leben und in der Zivilisation, an der jetzt alle Rassen teilzuhaben beginnen.

FUSSNOTEN:

[3] M. Fishberg , „Die Juden", S. 366.

[4] M. Fishberg , „Die Juden: Eine Studie über Rasse und Umwelt", S. 361.

KAPITEL XIV
Ein polnisches Dorf in den Bergen

Es war ein jüdischer Händler, der mir riet, Jedlovka zu besuchen . Er sagte, dass ich die Bauern jetzt dort leben sehen würde, wie sie Hunderte von Jahren gelebt hatten – auf die einfachste und primitivste Art und Weise.

Jedlovka ein kleines, verstreutes Dorf am Fuße der Karpaten ist – den Bergen, die Galizien von Ungarn trennen. Um das Dorf zu erreichen, musste man in Krakau den Zug nehmen und eine Stunde oder länger in Richtung Lemberg fahren, das die ruthenische Metropole Galiziens ist, so wie Krakau die polnische Metropole ist.

An einem Ort namens Turnow wechselten wir das Auto und setzten unsere Reise in einer Richtung fort, die im rechten Winkel zu der Richtung war, in der wir zuvor gereist waren. Bis zu den Ausläufern des Berges war es noch eine Stunde mit dem Zug. In Tuchow , an der Stelle, wo die nach Süden verlaufende Eisenbahn in den Berg eintaucht, stiegen wir wieder aus und setzten unsere Reise im Wagen fort. Die Straße führte aus der weiten Ebene, durch die wir gereist waren, hinauf in ein enges und düsteres kleines Tal. Am Ende dieses Tals befindet sich ein kleiner Gasthof. Weiter oben, wo die Straße, die sich aus dem Tal hinaufwindet, in einen hohen, freien Raum führt, der scheinbar der Gipfel des Berges war, gibt es eine Kirche und diese Taverne und die Kirche, zusammen mit ein paar verstreuten Blockhütten, waren das Dorf Jedlovka und das Ende unserer Reise.

Ich hatte die vage Vorstellung gehabt, dass ich irgendwo in dieser abgelegenen Region Bauern treffen würde, die Schaffelljacken, Sandalen und mit Riemen zusammengebundene Leggings trugen und ihre Herden auf die Weide trieben. Ich hatte sogar die wilde Hoffnung, dass ich auf ein ländliches Fest stoßen würde, wie ich es gelesen hatte, bei dem die jungen Männer und Frauen auf der Wiese zur Musik der Hirtenpfeifen tanzen würden. Tatsächlich fiel unser Besuch auf einen Festtag, aber es gab keine Hirten und keine Tänze. Was ich sah, war eine Menge Frauen, die aus der kleinen Kirche hoch oben auf dem Hügel strömten, und Scharen betrunkener Männer, die unten in der Taverne zechten.

Bevor ich jedoch erzähle, was ich über das bäuerliche Leben in diesem Bergland gelernt habe, möchte ich auf einen Aspekt des polnischen Lebens eingehen, der mir durch das, was ich unterwegs sah, beeindruckt wurde.

Ich habe im vorangehenden Kapitel auf die Stellung hingewiesen, die der Jude in der wirtschaftlichen Organisation des polnischen Lebens einnimmt. Er ist der Mittelsmann und hat den Handel des Landes weitgehend in seinen

Händen. Diese Tatsache hat mich besonders beeindruckt von dem, was ich im Laufe dieser Reise gesehen habe. Allerdings stellen die Juden nur etwa 13 Prozent. Ich bin mir sicher, dass mehr als die Hälfte der Menschen in dem Zug, mit dem wir reisten, von der Bevölkerung Galiziens dieser Rasse angehörten. Es gab Juden aller Art und in allen Entwicklungsstadien, vom armen, geduldigen Hausierer , der die Tracht des Ghettos trug, bis zum wohlhabenden Bankier oder Kaufmann, der sorgfältig nach der neuesten europäischen Mode gekleidet war. Als wir in Tuchow den Zug verließen, war es ein jüdischer Pferdehändler, der uns in seiner improvisierten Kutsche den Rest unserer Reise in die Berge fuhr. Ein Restaurant, in dem wir nach unserer Rückkehr Halt machten, um etwas zu essen, wurde von einem Juden geführt. Auf halbem Weg zu unserem Ziel kamen wir an einem heruntergekommenen Häuschen nahe am Straßenrand vorbei, mit ein paar Schmuckstücken im Fenster und einigen Fellen, die an dem Balken hingen, der an der Vorderseite des Gebäudes entlanglief. Wir blieben stehen und sprachen mit einem alten Mann mit einem langen weißen Bart, der dort lebt. Auch er war ein jüdischer Händler. Soweit ich mich erinnere, war er damit beschäftigt, den Bauern Felle abzukaufen und bezahlte sie mit dem Schrott, den ich im Schaufenster sah. Als wir am Ende unserer Reise die Taverne erreichten, stellte sich heraus, dass der Besitzer der Taverne ein Jude war. Anscheinend ist überall in Polen, wo Geld den Besitzer wechselt, immer ein Jude da, der sich darum kümmert. Tatsächlich schien es mir, dass der Jude in Polen fast wie das Geld, mit dem er umging, eine Art Tauschmittel war.

Es war ein sehr merkwürdiges Transportmittel, mit dem wir die letzte Etappe unserer Reise in die Berge zurücklegten. Anstelle der Droske , die wir am Bahnhof erwartet hatten, fanden wir etwas, was unter normalen Umständen vermutlich ein Bauernwagen gewesen wäre, obwohl es sich um einen völlig anderen Bauernwagen handelte als alle, die ich jemals in Amerika gesehen hatte. Der Rahmen dieses Fahrzeugs war so etwas wie ein großer langer Korb, unten schmal, wo er auf den Achsen saß, und oben breiter. Der Rand dieses Korbes bestand aus Stangen, etwa von der Größe einer Zaunlatte, und dieser Rand wurde auf dem Rahmen, der auf dem Wagen ruhte, durch kleine Stangen oder Latten getragen, die unten im Rahmen und oben am Rand befestigt waren, wie ein Zaunlattung. Der Rahmen war so geformt, dass er sowohl als Heuhaufen als auch als Tragetasche gedient haben könnte. In diesem Fall war es zu einer Art Reisebus oder Omnibus mit hängenden Sitzen umgebaut worden, die mit Lederriemen am Rand befestigt waren. So angeordnet war dieser Bauernwagen ein nicht unbequemes Fortbewegungsmittel, und die Fahrt durch das frische grüne Land, übersät mit urigen, kleinen moosbedeckten Hütten, die so sehr ein Teil der Landschaft zu sein schienen, als wären sie dort gewachsen, die Die Reise verlief sehr angenehm.

Die Häuser in diesem Teil des Landes waren größtenteils kleiner, verwitterter und heruntergekommener als die, die ich in anderen Teilen Galiziens gesehen hatte. Tatsächlich waren die grünen Strohdächer in einigen Fällen so alt, so mit Vegetation überwuchert, und die kleinen weißgetünchten Rahmen der Gebäude, die sie trugen, waren so in der Erde versunken, dass einige von ihnen wie riesige Fliegenpilze aussahen. Da der Tag, an dem wir diesen Teil des Landes besuchten, ein Feiertag war, trafen wir unterwegs viele Bauern, gekleidet in die malerischen Gewänder des Landes, die in Zweier- oder Dreiergruppen die Straße entlangzogen.

Ich hatte zuvor einige Bauernhäuser besichtigt und war mit deren Grundriss und Anordnung vertraut. Das Innere dieser Häuser ist meist in zwei Räume unterteilt, die meist durch einen Eingang oder Flur getrennt sind. In einem dieser Räume lebt, isst und schläft die ganze Familie, bestehend aus den Eltern und vielleicht fünf oder sechs Kindern. In diesem Raum gibt es normalerweise einen sehr großen Ziegel- oder Steinofen, der in kalten Winternächten, wie ich erfuhr, häufig als Bett dient. Im anderen Raum sind die Kühe, Schweine, Gänse, Hühner. Wenn der Bauer wohlhabend ist , wird er mehrere Gebäude in einem hohlen Quadrat mit einem Gänsteich in der Mitte anordnen lassen, und in diesem Fall werden die Bediensteten höchstwahrscheinlich im Stroh der Scheunen mit dem Vieh schlafen. Ich kann eine anschaulichere Vorstellung von einigen dieser Häuser vermitteln, indem ich einige Zeilen aus den Notizen zitiere, die Doktor Park zum Zeitpunkt unseres Besuchs gemacht hat:

> Heute besuchten wir zum ersten Mal einige Bauernhäuser in einem kleinen Dorf etwa drei oder vier Meilen von Krakau entfernt. Anfangs war es schwierig, sich mit den Menschen anzufreunden. Nach einiger Zeit stellte sich heraus, dass sie befürchteten, dass wir, obwohl wir offensichtlich Ausländer waren, irgendeine Art von Regierungsbeamten sein könnten. Das ist vielleicht nicht verwunderlich, da es in diesem Land viele Rassen gibt und die meisten von ihnen einander „fremd" sind. Unser Führer sagt, die Menschen fürchten, dass das Land eines Tages an Russland übergeben wird. Wir kamen besser miteinander klar, als die Leute erfuhren, dass wir Amerikaner waren.

> Jedes Fenster der kleinen Hütten, an denen wir vorbeikamen, war voller lachender, neugieriger Kinder mit rosa Gesichtern und weißen Zähnen. Wir besuchten das Haus einer Witwe mit zehn „Jochen" Land und zwei Kühen. Die Kühe geben täglich fünfzehn Liter Milch, das sind etwa zehn Liter. Die Frau trägt dies jeden Tag zum Markt in Krakau. Als wir die enge kleine Küche betraten,

standen die Kinder alle in einer Reihe an der Wand aufgereiht. Einer von ihnen stürzte plötzlich auf mich zu, um mir die Hand zu küssen. Mutter und Kinder waren barfuß. Die Kuh steht gegenüber der Küche. Diese beiden Räume, die Küche und der Kuhstall, sind alles, was das Haus ausmacht. Ich habe herausgefunden, wozu der Ententeich vor dem Haus dient. Die Frau füllte es mit Stroh, um Mist herzustellen.

Einer der führenden Männer des Dorfes besitzt ein brandneues Haus aus Baumstämmen. Die Baumstämme waren sauber zurechtgelegt und die Spalten zwischen ihnen sorgfältig verputzt und gestrichen. Das Haus hatte neben einem Lagerraum und einem Kuhstall drei Räume. Ich zählte drei Scheunen im Hof und drei Außenkeller, einen für die Milch und die anderen für die Lagerung von Gemüse. Auf meine Frage, was der Bauer im Winter gemacht habe, antwortete unser Führer: „Nichts. Wenn sie Geld wollen , gehen sie zum Loch, wo die Kartoffeln und Rüben vergraben sind, und tragen eine Ladung in die Stadt." Der Besitzer dieses Hauses war sehr stolz auf sein neues Zuhause und zeigte einen Raum, in dem sich mehrere riesige Truhen befanden, die im besonderen Stil der Bauernkunst dekoriert und in leuchtendem Zinnoberrot gebeizt waren. Diese Truhen waren mit Kleidung gefüllt – Bauernkostümen aus sehr schönem Stoff, sehr schön bestickt und verziert. Der Hauptschmuck des uns gezeigten Kostüms war ein mit Messingnägeln besetzter Gürtel mit breiten Lederspangen, so groß wie eine kleine Platte, vorne und hinten. Die Herstellung der Kleidungsstücke, die dieser Mann in diesen Truhen verstaut hatte, muss viele Stunden langer Winterabende in Anspruch genommen haben. Obwohl es in diesem Haus viel Platz gab, ist es offensichtlich, dass die Familie fast ausschließlich in dem einen großen Wohnzimmer lebt.

Die Häuser, die ich in den Bergen besuchte, waren nach dem gleichen Plan wie die beschriebenen gebaut, außer dass es manchmal nur einen Raum für die ganze Familie gab, einschließlich der Kuh, der Hühner und der übrigen Tiere. Im Winter ist es auf der Nordseite der Berge sehr kalt, und die Bauern und das Vieh leben häufig im selben Raum, um sich warm zu halten.

In einer der kleinen Hütten, die ich zu betreten wagte, fand ich zwei alte Frauen, die scheinbar schlafend auf einem Strohhaufen lagen, während eine Kuh, die in ihrer Nähe stand, friedlich wiederkäute und mehrere Hühner eifrig im Stroh scharrten der Erdboden. Da es fast keine Belüftung gab, war die Luft in einigen dieser Häuser fast unbeschreiblich.

In diesem Teil des Landes, in der Nähe der Dorfschenke, traf ich auf Menschen, die arm waren, selbst wenn man den sehr bescheidenen Komfortstandard betrachtet, der im ländlichen Polen vorherrscht. Auf der Fahrt das Tal hinauf kamen wir an einer Reihe kleiner, dicht gedrängter strohgedeckter Hütten vorbei. Eines davon, das unbewohnt zu sein schien, beschloss ich, es zu erkunden. Das Gebäude war vom vorherrschenden Typ, mit dem Kuhstall an der einen Seite und dem Wohnzimmer am anderen, aber das Strohdach war nicht mehr grün, und das Alter hatte der gesamten Außenseite des Gebäudes ein sehr trostloses, wetterfestes Aussehen verliehen. abgenutztes Aussehen. Die Fenster bestanden offensichtlich aus Leder und hatten die gleiche braune Farbe wie das Gebäude selbst. Der Eingang führte offenbar durch den Kuhstall, doch dieser war leer. Die Tür zum Wohnzimmer stand offen und als ich eintrat, sah ich zunächst nur eine Kuh, die an eine Futterkrippe gebunden war. Am anderen Ende des Raumes schwebten ein alter Mann und eine alte Frau um einen kleinen Steinherd herum, auf dem ein kleines Feuer aus Zweigen brannte. Wie es in vielen Teilen Polens häufig der Fall ist, gab es keinen Schornstein, und die Dachsparren des Hauses waren tief mit Rauch verkrustet, der sich in der Dachspitze angesammelt hatte und durch das Strohdach oder durch eine Öffnung am Ende nach außen dringen konnte des Gebäudes. Die alten Leute schienen sehr arm und hilflos zu sein, und als ich den Raum verlassen wollte, streckten sie mir die Hände entgegen und bettelten um Almosen. Am liebsten wäre ich geblieben und hätte mit ihnen gesprochen, aber leider hatte ich damals niemanden bei mir, der der polnischen Sprache mächtig war.

Als ich erfuhr, dass eine Reihe von Menschen aus diesem Tal nach Amerika gegangen waren, vermutete ich, dass diese alten Menschen zu denen gehörten, die von der jüngeren Generation, die über die Meere gegangen war, zurückgelassen und vielleicht vergessen worden waren. Ich versuchte später herauszufinden, ob meine Vermutungen begründet waren, aber niemand, den ich später traf, schien etwas über die Geschichte der alten Leute zu wissen.

Der wohlhabendste Vermieter in der Umgebung war, wie ich erfuhr, ein polnischer Priester, der vier verschiedene Bauernhöfe besaß, und die meisten Leute in der Nachbarschaft schienen seine Pächter zu sein. Er lebte in einem großen, kahlen, weitläufigen Haus, umgeben von großen Scheunen voller Vieh und Produkten verschiedener Art. Ich hielt an, um bei diesem Haus vorbeizuschauen, weil ich dachte, ich könnte von ihm etwas über die armen Menschen erfahren, von denen ich gesprochen habe, aber der gute Priester war nicht zu Hause und die Leute, die ich in diesem Haus traf, schienen es nicht sagen zu können mir alles.

Die Taverne, ein langes, niedriges Blockhaus, das nach dem gleichen Grundriss wie die Häuser im Dorf erbaut war, war voller Nachtschwärmer und voller Bierdunst. Männer standen herum, schwangen ihre Arme und schrien sich lauthals an, und fast jeder von ihnen war betrunken. Mehrere der anwesenden Männer, darunter auch der Besitzer, waren, wie ich erfuhr, in Amerika gewesen. Einer von ihnen, der ein paar Worte Englisch konnte, begrüßte uns besonders herzlich. Ein Teil des Geldes, das aus Amerika nach Polen strömt, schien sogar bis in diesen entlegenen Winkel des Landes gelangt zu sein.

Ich fragte den Besitzer, der eine Zeit lang in Newark, New Jersey, gelebt hatte und ein wenig Englisch sprach, ob ihm dieser Teil der Welt besser gefiel als Amerika.

„Es ist einfacher, hier zu leben", sagte er. Dann fügte er hinzu: „Wenn man etwas Geld hat."

„Aber wenn man kein Geld hat?" Ich empfahl. Er zuckte mit den Schultern. „Dann geh nach Amerika", sagte er.

Er erzählte mir, dass in diesem Teil des Landes mit dem in Amerika verdienten Geld ein großer Teil des Landes gekauft worden sei. Land war zwischen 500 und 1.000 Gulden pro „Joch" wert, was etwa 100 bis 200 Dollar pro Acre entspricht, eine sehr große Summe in einem Land, in dem die Löhne vielleicht nicht mehr als 25 oder 50 Cent pro Tag betragen.

Bei Einbruch der Dunkelheit kehrten wir nach Tuchow zurück, das uns wie eine typische Marktstadt erschien. Die Stadt ist, wie viele unserer ländlichen Dörfer im Süden, um einen großen offenen Platz herum angeordnet. In der Mitte dieses Platzes befindet sich ein großer überdachter Brunnen, aus dem die Stadt ihr Wasser bezieht. Vier Pumpen mit langen gedrehten Eisengriffen, die kreisförmig um den Brunnen herum angeordnet sind, dienen dazu, das Wasser an die Oberfläche zu fördern. Rund um die vier Ecken dieses Platzes befinden sich die Geschäfte der Handwerker, die meisten von ihnen mit niedrigen Strohdächern, die über den Bürgersteig hinausragen, um den Weg vor den Geschäften abzudecken, und auf der Seite zur Straße hin häufig von seltsamen Stützen gestützt werden geschnitzte Holzpfosten. Die kleinen Läden waren nicht breiter als zwei bis acht Fuß. Normalerweise gab es vorne ein kleines Zimmer, das für den Laden bestimmt war, und hinten ein weiteres kleines Zimmer, in dem der Ladenbesitzer wohnte. Da die Decken meist sehr niedrig und die Fenster unter den weit vorspringenden Dächern sehr klein waren, wirkte alles sehr eng und eng, als ob jedes Gebäude alles, was es enthielt, mit beiden Armen festhielt.

Es sah alles sehr interessant, aber sehr urig und altmodisch aus. Mir fiel jedoch auf, dass es in der Stadt ein oder zwei neue Backsteingebäude gab, und am Abend unserer Ankunft waren alle in großer Aufregung über die Installation zweier neuer elektrischer Lichter auf dem öffentlichen Platz, das erste, vermute ich, hatte wurde in diesem Teil des Landes gesehen. Es war offensichtlich, dass sich die Dinge trotz der scheinbaren Solidität und Altertümlichkeit hier wie anderswo veränderten.

KAPITEL XV
Ein russisches Grenzdorf

Von den drei ehemaligen Hauptstädten Polens ist Krakau, das letzte polnische Territorium, das seine Unabhängigkeit verlor, heute eine österreichische Festung. Eines Tages, kurz nach meiner Ankunft, fuhr ich durch die Vororte der Stadt, als meine Aufmerksamkeit auf eine Reihe niedriger, grasbedeckter Hügel gelenkt wurde, die in regelmäßigen Abständen in der ebenen Ebene außerhalb der Stadt verstreut waren. Allem Anschein nach handelte es sich bei diesen Hügeln um nichts weiter als leichte Landerhebungen, die von der Stadt weg fast unmerklich in die umliegende Landschaft abfielen. Ohne eine gewisse Regelmäßigkeit in den Positionen, die sie einnahmen, hätte ich sie aller Wahrscheinlichkeit nach nicht bemerkt. Ich hatte noch nie eine moderne befestigte Stadt gesehen und war daher ziemlich überrascht, als ich erfuhr, dass es sich bei diesen sanften Anhöhen um Befestigungsanlagen handelte und dass unter diesen grasbewachsenen Hügeln riesige Kanonen verborgen waren, die stark genug waren, um eine große Armee auf Abstand zu halten. Diese Tatsachen erinnerten mich daran, dass Krakau eine Grenzstadt war, die eine Grenze bewachte, die nicht nur zwei europäische Länder, sondern zwei Zivilisationen – ich könnte fast sagen, zwei Welten – trennte. Tatsächlich liegt Krakau zehn Meilen von der russischen Grenze entfernt, und obwohl die Menschen in Russisch-Polen derselben Rasse oder Nationalität angehören wie diejenigen, die in der österreichischen Provinz Galizien leben, sprechen sie dieselbe Sprache und sprechen dieselbe Sprache Traditionen, die Linie, die sie trennt, markiert die Grenzen der freien Regierung in Europa.

Nun, es gab mehrere Dinge, die diese Grenze, wo Ost- und Westeuropa aufeinandertreffen, für mich besonders interessant machten. Erstens wusste ich, dass jedes Jahr Tausende von Menschen, die meisten davon Polen und Juden, die hohe Steuer, die Russland seinen Auswanderern auferlegt, nicht zahlen wollten oder konnten, über diese Grenze geschmuggelt wurden, um sich bei irgendeinem Deutschen einzuschiffen oder österreichischer Hafen für Amerika. Gleichzeitig wusste ich, dass Juden und, in geringerem Maße, vielleicht auch Polen, außerhalb Russlands dieselbe U-Bahn nutzten, um als Gegenleistung für die herausgekommenen Auswanderer eine andere Art von Schmuggelware zurückzuschicken – nämlich Bücher und Bomben. Tatsächlich hatte ich gehört, dass vor einigen Jahren, als in Russisch-Polen ein Bürgerkrieg herrschte, die Juden, die die führenden Geister dieser Bewegung waren, von Krakau aus die Revolution leiteten.

All dies trug natürlich dazu bei, meine natürliche Neugier auf dieses Grenzland zu steigern. So kam es, dass ich an einem kühlen, klaren Tag im

September eine kleine Droske für den Tag mietete und mich zusammen mit meinem Begleiter Doctor Park auf den Weg zur russischen Grenze machte.

der Sommerernte sammelten . Eine Landstraße in Galizien ist, wie in fast jedem Teil Europas, in den meisten Teilen Amerikas weitaus mehr eine Autobahn als eine Landstraße. Man trifft auf alle möglichen Reisenden . Wir kamen zum Beispiel direkt hinter der Stadtgrenze an einer Truppe Soldaten vorbei, die das rohe Aussehen von Rekruten hatten – rotgesichtige Landjungen, von denen die meisten aussahen, als würden sie aus ihren Militäranzügen hervortreten und über die staubige Straße stapfen mit einem unbeholfenen Versuch, die militärische Präzision und Ordnung von Veteranen zu erreichen. Ab und zu kamen wir an einer barfüßigen Bäuerin vorbei, die mit einem Korb auf dem Kopf oder einer Milchkanne über der Schulter zügig in die oder aus der Stadt stapfte .

Einmal hielten wir an, um einer Gruppe Frauen und Mädchen beim Dreschen zuzusehen. Eine Frau warf gerade Roggengarben vom Scheunenboden, eine andere fütterte sie mit der Maschine, und alle freuten sich über die wunderbare Art und Weise, wie es ihnen vorkam, mit dieser neuen Erfindung die Spreu vom Korn zu trennen. Sie waren so stolz auf diese kleine Maschine, dass sie, als wir anhielten und unser Interesse an dem zeigten, was sie taten, darauf bestanden, uns zu zeigen, wie sie funktionierte, und sich die Mühe machten, die Vorteile gegenüber dem altmodischen Dreschflegel zu erklären. Auf einem Balken vor der Scheune saß ein Mann und rauchte eine Pfeife, aber die Frauen erledigten die Arbeit.

Auf derselben Reise machten wir in einem kleinen, verstreuten Dorf Halt und verbrachten ein oder zwei Stunden damit, die Häuser der Menschen zu besichtigen. Wir sahen das Haus des reichsten Bauern im Dorf, der, soweit ich mich erinnere, etwa hundert Hektar Land besaß und bewirtschaftete; und dann besuchten wir das Haus des ärmsten Mannes der Gemeinde, der in einem kleinen strohgedeckten Häuschen mit zwei Zimmern lebte; Einer davon war gerade groß genug, um eine Kuh aufzunehmen, aber da war keine Kuh. Das andere Zimmer war zwar ordentlich und sauber, aber nicht viel größer als der Kuhstall, und in diesem Zimmer wohnten dieser arme alte Mann und seine Tochter. Übrigens gelang es Doktor Park, während unseres Streifzugs durch das Dorf etwas über die Familiengeschichten der Menschen und nicht wenig vom aktuellen Klatsch in der Gemeinde aufzuschnappen, und all das half mir, einen Einblick zu gewinnen, wie z Es war mir nicht möglich, anderswo in das tägliche Leben und die menschlichen Interessen dieser kleinen ländlichen Gemeinde einzutauchen.

An einer Stelle entlang der Straße hielten wir für ein paar Minuten in einer Taverne am Wegesrand. Es war ein Blockhaus mit einem großen, langen, niedrigen, verlassenen Raum, in dessen Ecke sich eine Bar befand, an der eine Frau mit mürrischem Gesicht den Vorsitz führte. Zwei oder drei Männer saßen auf den Bänken in verschiedenen Teilen des Raumes herum, aber auch hier erledigte die Frau die Arbeit.

Mir kam es so vor, als sähen wir alle ein bis zwei Kilometer einen Wagen voller prall gefüllter Säcke, so groß wie Bettzecken. In jedem Fall wurden diese Wagen von einem kleinen, schlauen Juden gelenkt. Wie ich erfuhr, waren diese Wagen an diesem Morgen aus Russland gekommen und die Ladung, die sie trugen, bestand aus Gänsefedern.

Etwas weiter trafen wir auf einen Fußgänger, der mit großen Schritten auf die Grenze zusteuerte. Es stellte sich heraus, dass es sich um einen Juden handelte, eine große, aufrechte Gestalt, mit dem üblichen runden, flachen Hut und dem langen schwarzen Mantel, die den polnischen Juden auszeichnen. Unser Fahrer teilte uns jedoch mit, dass er ein russischer Jude sei, und wies darauf hin, dass das Fehlen der Seitenlocken ein Hinweis darauf sei. Obwohl dieser Mann das äußere Erscheinungsbild, die Art und die Kleidung der Juden hatte, die ich in Krakau gesehen hatte, beeindruckte mich seine kraftvolle und aufrechte Haltung so sehr, dass ich vorschlug, anzuhalten und mit ihm zu reden . Da wir uns bereits in der Nähe der Grenze befanden und er offensichtlich aus Russland stammte, schlug ich Doktor Park vor, ihm unsere Pässe zu zeigen und ihn zu fragen, ob sie uns nach Russland einreisen lassen würden.

Als wir mit ihm sprachen, hielt er abrupt inne und richtete seine schwarzen, durchdringenden Augen auf uns. Ohne ein Wort zu sagen , nahm er die Pässe, blätterte sie schnell durch, tippte mit dem Handrücken darauf und gab sie uns zurück.

„Das ist kein Reisepass", sagte er und fügte dann hinzu: „Er sollte das Visé Ihres Konsuls haben."

Nachdem er dies gesagt hatte, drehte er sich abrupt um, ohne auf ein weiteres Gespräch zu warten, und ging weiter. Wir kamen bald vorbei und kamen an ihm vorbei, aber er blickte nicht auf. Wenig später machten wir an der Grenze halt. Ich schaute mich um, um zu sehen, was aus unserem wandernden Juden geworden war, aber er war verschwunden. Vielleicht hatte er im Gasthaus Halt gemacht, und vielleicht hatte er seine eigene Art, die Grenze zu überqueren.

An diese seltsame Zahl wurde ich ein paar Monate später erinnert, als ich in einer der Londoner Zeitungen ein Telegramm aus Wien las, in dem es hieß, dass in Krakau etwa dreißig Personen verhaftet worden seien, die verdächtigt wurden, die Rädelsführer „von dem zu sein, was man glaubt". eine weitverbreitete revolutionäre Organisation russischer Flüchtlinge." Der Bericht fügte hinzu, dass „eine ganze Wagenladung Mannliches- Gewehre,

Browning-Pistolen und Dynamitgranaten zusammen mit einer großen Anzahl kompromittierender Dokumente und Pläne militärischer Arbeiten bei Durchsuchungen der Häuser der Polizei beschlagnahmt wurden." verhaftete Männer.

Berichte wie diesen hatte ich zuvor schon häufig in den Zeitungen gelesen, aber jetzt, da ich das Grenzland besucht hatte, zu dem dieser Handel mit dem sogenannten „Untergrund" oder „revolutionären" Russland gehörte, hatten sie für mich eine neue Bedeutung die tägliche Erfahrung der Menschen. Das alles erinnerte mich an die Geschichten, die ich als Junge aus dem Mund meiner Mutter über die American Underground Railway gehört hatte, und an die Abenteuer der entlaufenen Sklaven bei ihren Versuchen, die Grenze zwischen dem freien Staat und dem Sklavenstaat zu überschreiten. Es erinnerte mich auch an die wilderen und verzweifelteren Kämpfe, von denen wir in der Zeit der Sklaverei flüstern hörten, als die Sklaven versuchten, ihre Freiheit durch Aufstand zu erlangen. Das war eine Zeit, in der in den Südstaaten jede Rasse in ständiger Angst vor der anderen lebte, egal wie gut die Beziehungen zwischen den einzelnen Herren und ihren Sklaven waren. In diesem Zustand lebt, soweit ich weiß, heute ein großer Teil der Menschen in Russland, denn es ist fatal, dass keine Gemeinschaft ohne Angst leben kann, in der ein Teil der Menschen regieren will der andere Teil durch Terror.

Die österreichische und russische Grenze bei Barany, dem Dorf, in dem wir jetzt angekommen waren, ist nicht imposant. Ein Drahtzaun und ein Tor, wie es manchmal zum Schutz eines Bahnübergangs verwendet wird, sind alles, was ein Land vom anderen trennt. Auf einer Seite dieses Tores bemerkte ich ein kleines Wachhäuschen, das in breiten Streifen mit den österreichischen Farben markiert war , und am anderen Ende des Tores befand sich ein ähnliches kleines Kästchen, das mit breiten Streifen und den russischen Farben markiert war . Auf österreichischer Seite befand sich ein großes Gebäude für die Nutzung durch die Zollbeamten. Auf der russischen Seite gab es ein ähnliches Gebäude mit der Erweiterung um ein großes Gelände. Auf diesem Gelände standen etwa zwanzig russische Soldaten mit gesattelten und aufgezäumten Pferden untätig herum. Der Grund für die Anwesenheit der Soldaten auf der russischen Seite der Grenze lag darin, dass es die Aufgabe der Zollbeamten ist, die Zölle für den an dieser Stelle die Grenze überquerenden Handel nicht nur einzutreiben, sondern sie zu verhindern jemand, der das Land betritt oder verlässt. Da Russland eine nahezu unerschwingliche Auswanderungssteuer erhebt, werden die meisten russischen Auswanderer über die Grenze geschmuggelt.

Gleichzeitig ist es notwendig, die Grenze streng zu bewachen, um, wie ich bereits sagte, die Einfuhr von Büchern und Bomben zu verhindern, den beiden Elementen der westlichen Zivilisation, vor denen Russland offenbar am meisten Angst hat .

ließen unsere Droske auf der österreichischen Seite der Grenze zurück und beantragten sie am Tor zwischen den beiden Ländern. Ein großer, gutmütiger russischer Beamter grinste, schüttelte aber den Kopf und deutete an, dass uns die Überfahrt nicht gestattet werden dürfe. Unser Fahrer sprach mit ihm auf Polnisch, aber er verstand es nicht oder tat so, als ob er es nicht verstand. Dann fanden wir einen Mann, der sowohl Russisch als auch Deutsch konnte, und erklärten uns durch ihn, dass wir lediglich die Stadt besichtigen und sagen wollten, dass wir zumindest russischen Boden berührt hätten. Daraufhin erlaubte uns der Mann, zum Zollamt zu gehen und dort unseren Antrag zu stellen. Beim Zollamt versuchten wir, so harmlos wie möglich zu wirken, und mit Hilfe des mitgebrachten Dolmetschers erklärte ich, was wir wollten.

Im Zollamt waren alle höflich, gut gelaunt und offenbar genauso an uns interessiert wie wir an ihnen. Mir wurde jedoch gesagt, dass ich warten müsse, bis eine bestimmte höhere und wichtigere Persönlichkeit käme. Im Laufe einer halben Stunde erschien die wichtigere Persönlichkeit. Er musterte uns aufmerksam, hörte sich die Erklärungen seiner Untergebenen an und erteilte uns dann mit einem gutmütigen Lächeln die Erlaubnis, uns im Dorf umzusehen. Mit dieser gnädigen Erlaubnis machten wir uns auf den Weg.

Das erste, was mir auffiel, war, dass die glatte, harte Straße, auf der wir von Krakau bis zur Grenze gereist waren, auf der russischen Seite der Grenze abrupt abbrach. Die Straße durch das Dorf war voller Furchen und Schlammlöcher, und die traurigen und schlammbedeckten Teams, die in der Nähe des Tors standen und darauf warteten, die Grenze zu überqueren, zeigten nur zu deutlich die Schwierigkeiten des Reisens in dem Land, durch das sie gekommen waren. Nun hatte ich in Europa gelernt, dass Straßen ein ziemlich guter Indikator für den Charakter der Regierungen sind, die sie unterhalten, sodass es nicht schwer war, von Anfang an zu erkennen, dass die Russen sozusagen sehr schlechte Haushälterinnen waren, zumindest im Vergleich dazu mit ihren österreichischen Nachbarn . Dies lag offensichtlich nicht daran, dass es an Männern und Beamten für die Arbeit mangelte. Wenn ich die Zivilbeamten und die Soldaten mitzähle, schätze ich, dass in diesem kleinen Grenzdorf etwa zwanzig bis dreißig Personen, vielleicht sogar noch mehr, stationiert waren, um die Maut für den Kleinverkehr einzutreiben, der diesen Punkt überquerte. Sie waren jedoch nur Teil der riesigen Armee von Beamten und Soldaten, die das Russische Reich entlang seiner Westgrenze von der Ostsee bis zum Schwarzen Meer unterhält, um die Wache zwischen Ost und West zu halten; nicht nur den gewöhnlichen Verkehr, sondern auch den Austausch von Gefühlen und Ideen anzuhalten, zu inspizieren und zu besteuern.

Ich kam nicht umhin, daran zu denken, wie viel profitabler es wäre, wenn diese Soldaten, Beamten und Beamten und die riesige Armee von

Grenzsoldaten, zu denen sie gehörten, beispielsweise beim Straßenbau eingesetzt werden könnten, anstatt Zäune zu unterhalten; den Handel zu erleichtern und den Weg zur Zivilisation zu ebnen, anstatt sie auszuschließen.

In der Tat war es nicht mehr verwunderlich, dass die Massen des Volkes trotz all der enormen Ressourcen, über die Russland verfügt, so wenig Fortschritte gemacht haben, wenn ich bedenkt, wie ein großer Teil der Bevölkerung keine andere Aufgabe hatte, als das Volk zu unterdrücken und zu behindern anstatt die Bemühungen der Massen zum Aufstieg zu inspirieren und zu lenken.

Ich war auf unserem Spaziergang durch das Dorf noch nicht weit gekommen, als ich entdeckte, dass der Pole, der sich so freundlicherweise bereit erklärte, uns zu helfen, ein Mann von überdurchschnittlicher Intelligenz war. Er hatte einiges von der Welt gesehen, und ich fand seine eher geschwätzigen Kommentare über den Charakter der verschiedenen Personen, die wir trafen, und über die Gewohnheiten der Menschen im Allgemeinen im Dorf, nicht nur unterhaltsam, sondern auch lehrreich. Er hegte zum Beispiel eine sehr offene Verachtung für die Dummheit der Beamten auf beiden Seiten der Grenze, wie er es nannte, und es war klar, dass er kein Freund der Soldaten und der Regierung war. Einmal, als wir eine Seitenstraße entlanggingen, sagte er: „Da unten ist ein Gendarm. Er ist wie einer dieser dummen, treuen Wachhunde, die aufstehen und jeden anbellen, der vorbeikommt. Das werden Sie gleich sehen. " . Er wird die Straße heraufkommen, um dich anzuhalten und umzukehren.“

„Was sollen wir tun, wenn wir ihn treffen?“ Ich fragte.

„Oh, es bleibt uns nichts anderes übrig, als umzukehren, wenn er es sagt, aber es wird Sie vielleicht interessieren, wie er sich verhält.“

Plötzlich bemerkten wir einen Soldaten, der hastig über einen angrenzenden Zaun kletterte, und ein paar Minuten später war er bei uns angelangt, sein Gesicht war in einem Ausdruck alarmierter Überraschung verzerrt.

„Das ist der Gendarm, von dem ich Ihnen erzählt habe“, sagte unser Führer ruhig und redete weiter über den Mann, als wäre er nicht anwesend.

Da wir selbst nicht mit diesem Soldaten sprechen konnten und er ohnehin nicht sehr vielversprechend aussah, schlenderten wir gemächlich zurück, während unser Führer uns ausführlich erklärte, wer und was wir waren. Ich stelle mir vor, dass er seiner Geschichte eine Menge Firnis verpasst hat, denn ich bemerkte, dass, während der Soldat uns von Zeit zu Zeit ansah, seine Augen immer größer wurden und sein Mund sich immer weiter öffnete, bis er starrte uns dumm und ehrfürchtig an. Schließlich teilte der Dolmetscher mit, dass der Gendarm zu dem Schluss gekommen sei, dass wir die Straße so weit zurücklegen könnten, wie wir wollten, er sei nur verpflichtet, uns zu begleiten, um dafür zu sorgen, dass wir den Frieden in keiner Weise brechen.

Unter der Leitung unseres selbsternannten Führers besuchten wir eine staubige, muffige kleine Kneipe, die das Zentrum des Lebens im Dorf zu sein schien. Wir fanden ein paar junge Landjungen, die auf Bänken herumlungerten, und die übliche zänkische, überlastete Frau mit scharfem Gesicht, die murrend ihre Hausarbeit verließ, um sich zu erkundigen, was wir wollten.

Der Inhalt der Bar selbst bestand aus Reihen kleiner Flaschen mit verschiedenfarbigen Spirituosen , dazwischen lagen Zigarettenschachteln, die alle unter der Aufsicht der Regierung hergestellt und verkauft wurden. Ich habe eine dieser kleinen Flaschen Wodka gekauft, weil ich sehen wollte, was die Regierung den Bauern zu trinken gab. Es handelte sich um eine weiße, farblose Flüssigkeit, die wie roher Alkohol aussah und, wie ich später erfuhr, größtenteils, wenn nicht sogar vollständig, das war, was die Chemiker „Brennspiritus" oder Holzalkohol nennen.

Wir besuchten eines der kleinen Bauernhäuser in der Nähe des Zollamtes. Es war eine kleine, niedrige Blockhütte mit einem Ententeich vor der Tür und einem Kuhstall im rechten Winkel zum Haus. Es gab zwei Zimmer, ein Schlafzimmer und eine Küche. In der Küche, die einen Lehmboden hatte, saßen drei, vier oder fünf Familienmitglieder auf Hockern, versammelt um eine große Schüssel, in die jeder seinen Löffel tauchte. Das Schlafzimmer war ein hübscher kleiner Raum mit einem hohen Bett und einer reich verzierten Kommode und war mit merkwürdigen Stücken rustikaler Kunst gefüllt, darunter unter anderem mehrere religiöse Bilder und Darstellungen.

Obwohl alles in diesem Haus sehr einfach und primitiv war, strahlte es eine Atmosphäre von Selbstachtung, Sparsamkeit und Ordentlichkeit aus, die zeigte, dass die Familie, die hier lebte, relativ wohlhabend und wohlhabend war.

Genauso interessant wie die Häuser, die wir besuchten, waren für mich die Geschichten, die uns unser Führer über die Menschen erzählte, die darin lebten. Ich erinnere mich unter anderem an die Geschichte der jungen Witwe, die im Zollamt als Angestellte arbeitete und in einem Einzelzimmer in einer Ecke der Bauernhütte lebte, die ich gerade erwähnt habe. Er erzählte mir, dass sie eine Frau aus den höheren Klassen sei, wie ihr unternehmungslustiges Auftreten und ihr intelligentes Gesicht zu zeigen schienen; einer aus dem niederen Adel , der einen russischen Beamten geheiratet hatte, der wegen irgendeiner Schuld dazu verurteilt war, diesen obskuren Posten zu bekleiden. Er war hier gestorben und hatte ein Kind mit Rachitis und ohne Mittel zurückgelassen.

Ein anderes Mal machte uns unser Führer auf ein imposanteres Gebäude aufmerksam als die anderen, die wir gesehen hatten, obwohl es im gleichen rustikalen Stil erbaut war wie die kleineren Bauernhäuser um es herum. Es scheint, dass dieses Haus einst einem Adeligen gehörte , jetzt aber im Besitz eines Bauern war. Soweit ich wusste, war dieser Bauer einst Leibeigener und Dienstbote in einer wohlhabenden Familie. Von dieser Familie hatte er als Belohnung für seinen langen und treuen Dienst eine beträchtliche Geldsumme geerbt, mit der er dieses Anwesen gekauft und sich in kleinem Umfang als Grundbesitzer etabliert hatte.

Ich glaube, ich habe einen intimeren Einblick in das bäuerliche Leben in Polen gewonnen als in jedem anderen Teil Europas, den ich besuchte. Aus diesem Grund und weil ich auch hoffte, dass sich diese scheinbar trivialen Dinge vielleicht für andere als ebenso interessant und anregend erweisen würden wie für mich, habe ich in diesem und den vorhergehenden Kapiteln die Eindrücke, die ich dort gesammelt habe, ausführlicher dargelegt .

In dem kleinen Dorf Barany im russischen Polen hatte ich den Punkt erreicht, der am weitesten von Amerika entfernt war, wenn auch nicht in einiger Entfernung, so doch zumindest in seinen Institutionen und seiner Zivilisation; Aber als ich auf einer kleinen Anhöhe am Rande des Dorfes stand und über die hügelige Landschaft blickte, hatte ich das Gefühl, dass ich mich lediglich am Eingang einer Welt befand, in der es trotz vieler äußerer Veränderungen und Unterschiede der Umstände noch etwas gab Im Großen und Ganzen das gleiche Leben, das ich unter den Negerbauern in Alabama gekannt und gelebt hatte. Ich glaubte auch, dass ich in diesem Leben der russischen Bauern viel finden würde, was für die Massen meines eigenen Volkes lehrreich und hilfreich sein würde.

Bevor ich meine europäischen Erfahrungen abschloss, berührte ich nicht nur die österreichische, sondern auch die russische und die deutsch-polnische Provinz, aber ich wäre gerne noch weiter gegangen, nach Warschau und Posen, um tiefer in das Leben zu blicken und mehr über das Bemerkenswerte zu erfahren Kampf, den das polnische Volk, insbesondere in diesen beiden letztgenannten Provinzen, führt, um die polnische Nationalität zu bewahren und die Bedingungen des polnischen Volkes zu verbessern.

In diesem Zusammenhang und zum Abschluss dessen, was ich über meine Beobachtungen in Polen zu sagen habe, möchte ich auf eine einzigartige und mir sehr suggestive Tatsache hinweisen: Von den drei Teilen der polnischen Rasse, der deutschen, russischen und österreichischen, Nach den Informationen, die ich erhalten konnte, gibt es zwei, in denen die Menschen unterdrückt werden, und eine, in der sie eher die Unterdrücker zu sein scheinen. Im russischen Polen und im deutschen Polen kämpfen die Polen verzweifelt um den Erhalt ihrer nationalen Existenz, doch in diesen beiden Ländern geht es den Polen gut. Das russische Polen hat sich in den letzten Jahren zu einem der größten Produktionszentren Europas entwickelt , und die Massen des polnischen Volkes sind zu wohlhabenden Bürgern und

Arbeitern geworden . In Deutsch-Polen haben sich die polnischen Bauern in den letzten vierzig Jahren zu einer sparsamen Bauernklasse entwickelt. Die großen Ländereien, die sich früher im Besitz des polnischen Adels befanden, wurden größtenteils aufgeteilt und an eine schnell wachsende Klasse kleiner Grundbesitzer verkauft. Mit anderen Worten: Was ursprünglich eine politische Bewegung in diesen beiden Ländern zur Wiederbelebung und Wiederherstellung des Königreichs Polen war, ist zu einem entschlossenen Versuch geworden, das Existenzniveau der Massen des polnischen Volkes anzuheben.

Im österreichischen Polen hingegen, wo die österreichische Regierung, vielleicht um die politischen Bestrebungen der Ruthenen in Schach zu halten, ihnen freie Hand bei der Regierung der Provinz gegeben hat, haben sie weitaus größere Freiheiten, und das haben sie auch machte weniger Fortschritte.

Ich stelle diese Tatsache so offen dar, wie sie mir mitgeteilt wurde, und ohne den Versuch einer Erklärung. Zweifellos sind viele verschiedene Faktoren zusammengekommen, um dieses scheinbare Paradoxon hervorzubringen. Ich möchte nur diese weitere Bemerkung hinzufügen: Wo die Polen vorrücken, hat der Fortschritt ganz unten, bei den Bauern, begonnen; Wo sie stationär geblieben sind, herrscht noch immer der polnische Adel, und die Volksmassen sind noch nicht in größerem Maße in den Kampf um die nationale Existenz gezwungen worden. Die Adligen begnügen sich mit der Möglichkeit, sich auf die althergebrachte Art und Weise politisch zu engagieren, und haben nicht erkannt, dass es notwendig ist, die in den Massen des Volkes vorhandenen Ressourcen zu entwickeln. Andererseits hat die Unterdrückung die Bauern noch nicht wie insbesondere in Deutschland zu einer gemeinsamen Anstrengung zur Selbsthilfe aufgerüttelt.

Ich erwähne diese Tatsache nicht nur, weil sie interessant ist, sondern weil ich davon überzeugt bin, dass jeder , der die Bewegungen und Fortschritte der Neger in Amerika studiert, im Vergleich zur gegenwärtigen Situation des polnischen Volkes viel Interessantes finden wird der amerikanischen Neger. Meine eigene Beobachtung hat mich zum Beispiel davon überzeugt, dass in den Staaten, in denen die Führer der Neger ermutigt wurden, ihre Aufmerksamkeit der Politik zuzuwenden, die Massen des Volkes nicht die gleichen Fortschritte gemacht haben wie in den Staaten, in denen die Führer, Aufgrund von Rassenvorurteilen oder aus anderen Gründen waren sie gezwungen, ihr eigenes Heil darin zu suchen, die schwächeren Mitglieder ihres eigenen Volkes in moralischer und materieller Hinsicht zu erziehen und zu erziehen .

Ich möchte keine Vergleiche anstellen, aber ich denke, ich kann zur Veranschaulichung mit Sicherheit sagen, dass in keinem anderen Teil der

Vereinigten Staaten die Massen der Neger stärker ihrer politischen Privilegien beraubt wurden als im Bundesstaat Mississippi. und doch gibt es kaum einen Teil des Landes, in dem die Volksmassen mehr Schulen und Kirchen gebaut haben oder in dem sie auf dem Boden und in den Industrien des Staates fester Fuß gefasst haben.

Tatsache aufmerksam mache, beabsichtige ich nicht, einen Vorwand dafür zu liefern, irgendeinem Angehörigen meiner Rasse die ihnen gesetzlich zustehenden Privilegien zu entziehen. Ich möchte lediglich die Tatsache betonen, dass es für sie Hoffnung in anderen und grundlegenderen Richtungen als in der gewöhnlichen Parteipolitik gibt. Ganz besonders möchte ich eine Tatsache betonen, nämlich dass für die Neger, wie für andere Völker, die Schwierigkeiten haben, auf die Beine zu kommen, der Erfolg denen zuteil wird, die lernen, ihre Nachteile auszunutzen und ihre Schwierigkeiten zu Chancen zu machen. Dies scheinen die Polen in Deutschland in größerem Maße als alle anderen unterdrückten Nationalitäten in Europa getan zu haben.

KAPITEL XVI
: DIE FRAUEN, DIE IN EUROPA ARBEITEN

Während meines Aufenthalts in London beobachtete ich mehrmals eine junge Frau, die an einer Ecke in einem der belebtesten Teile der Stadt stand und Zeitungen verkaufte. Es gibt viele Frauen, junge und alte, die in London Zeitungen verkaufen, aber jeder konnte auf den ersten Blick erkennen, dass dieses Mädchen anders war. Es war etwas in ihrer Stimme und ihrem Verhalten, das mich beeindruckte, denn es schien gleichzeitig schüchtern, einschmeichelnd und ein wenig unverschämt zu sein, wenn das kein zu starkes Wort ist. Diese junge Frau war, wie ich bald erfuhr, eine Suffragette und verkaufte Zeitungen – „Votes for Women".

Dies war mein erstes Treffen mit den weiblichen Aufständischen Englands. Ein oder zwei Tage später traf ich jedoch zufällig auf einige dieser Suffragette-Zeitungsverkäufer. Einer von ihnen erzählte auf lebhafte und amüsante Weise die Ereignisse des Vormittags. Ich konnte kaum anders, als zuzuhören, was sie sagte, und interessierte mich bald sehr für das Gespräch. Tatsächlich fanden mich die hellen und witzigen Berichte, die diese jungen Frauen über ihre Abenteuer gaben, bald so unterhaltsam, dass es nicht lange dauerte, bis ich begann, mit ihnen in den Geist ihres Kreuzzugs einzutauchen und ihn zum ersten Mal in meinem Leben zu erkennen Was für eine herrliche und aufregende Sache es war, Suffragette zu sein, und ich möchte hinzufügen, wie viel Spaß diese jungen Frauen dabei hatten.

Als ich von Amerika aus aufbrach, um den Mann am weitesten unten kennenzulernen, war mir nicht in den Sinn gekommen, dass mich das Frauenproblem in irgendeiner Weise beunruhigen würde. Ich war jedoch erst ein paar Tage in London, als mir klar wurde, dass die Frau, die im Londoner Leben ganz unten steht, genauso interessant ist wie der Mann auf der gleichen Lebensstufe und vielleicht ein lohnenderes Studienobjekt und Beobachtung.

In gewisser Weise verband sich in meinem Kopf alles, was ich über die Lage der Frau unten sah, mit der Aufregung, die im Hinblick auf die Frau oben herrscht.

Außer in England ist die Frauenbewegung, soweit ich erfahren konnte, nicht in irgendeiner Weise in die unteren Schichten des Lebens vorgedrungen, und das erscheint mir als eine der interessanten Tatsachen dieser Bewegung. Es zeigt, in welchem Ausmaß die Interessen, Hoffnungen und Ambitionen des modernen Lebens in das Leben der Menschen am unteren Ende eingedrungen sind oder, besser gesagt, nicht zu einer Kraft darin geworden sind.

So kam es, dass mein Interesse an allem, was ich über berufstätige Frauen in Europa sah, mit dem Gedanken verbunden war, was passieren würde, wenn die gegenwärtige Agitation für die Emanzipation und die größere Freiheit der Frauen im Allgemeinen die Frauen am weitesten unten erreichen und beeinflussen würde.

Auf meiner Reise durch Europa interessierte ich mich für jedes der verschiedenen Länder, die ich besuchte, für bestimmte bestimmte und charakteristische Dinge. In London zum Beispiel waren es einige der zerstörerischen Auswirkungen eines hoch organisierten und komplizierten Stadtlebens und die Methoden, die die Regierung und die organisierte Philanthropie zu ihrer Korrektur eingesetzt haben, die meine Aufmerksamkeit erregten. Anderswo interessierte mich vor allem der Zustand der landwirtschaftlichen Bevölkerung. Bei all meinen Beobachtungen und Studien stellte ich jedoch fest, dass die Tatsachen, die ich über den Zustand der Frauen erfahren hatte, dazu neigten, sich in meinem Gedächtnis hervorzuheben und eine besondere Bedeutung zu erlangen. Aus diesem Grund schlage ich vor, an dieser Stelle, soweit es mir möglich ist, einen zusammenhängenden Bericht darüber zu geben.

Was mich in London besonders beeindruckte, waren das Ausmaß und die Auswirkungen des Trinkverhaltens bei Frauen der unteren Schichten. Bis ich nach London ging , glaube ich nicht, dass ich mehr als ein- oder zweimal in meinem Leben Frauen gesehen habe, die Seite an Seite mit den Männern standen, um in einer öffentlichen Bar etwas zu trinken. Eines der ersten Dinge, die mir in London auffielen, war die große Zahl betrunkener, herumlungernder Frauen, denen man auf den Straßen der ärmeren Viertel begegnete. Mehr als einmal traf ich auf diese betrunkenen und betrunkenen Kreaturen mit roten, fleckigen Gesichtern, die von Jahren ständigen Überflusses zeugten – zerlumpt, schmutzig und unordentlich in ihrer Kleidung –, wie sie beschwipst an der Außenseite eines Gin-Salons lehnten oder friedlich darauf schliefen das Pflaster einer Gasse.

In bestimmten Teilen Londons scheint die Bar der allgemeine Treffpunkt von Männern und Frauen zu sein. Dort treffen sich abends die Nachbarn und plaudern, während sie ihr schwarzes, bitteres Bier trinken. Es verstößt gegen das Gesetz, wenn Eltern ihre Kinder in die Barräume mitnehmen, aber ich habe oft Frauen beobachtet, die mit ihren Babys auf dem Arm an der Tür des Schankraums standen und sich gemächlich unterhielten, während sie an ihrem Bier nippten. In solchen Fällen geben sie den Kindern häufig den Hefesatz ihres Glases zum Trinken.

In Amerika stellen wir uns eine Bar normalerweise als eine Art Männerclub vor, und wenn Frauen überhaupt einen solchen Ort betreten, werden sie heimlich über den „Familieneingang" eingelassen. In den ärmeren Klassen

Englands ist der Barraum ebenso der Frauenclub wie der Männerclub . Das Licht, die Wärme und der freie und freundliche Klatsch dieser Orte machen sie auch attraktiv, und ich kann verstehen, dass die Menschen in diesen dicht besiedelten Vierteln der Stadt, von denen viele in ein oder zwei überfüllten kleinen Zimmern leben, dies tun sollten Lassen Sie sich von dem Wunsch nach ein wenig menschlichem Komfort und sozialem Verkehr zu diesen Orten hinziehen.

In dieser Hinsicht ähneln die Bars in den ärmeren Teilen Londons den Bierlokalen, die man auf dem Kontinent antrifft. Es gibt jedoch einen Unterschied: Die Wirkung des Alkohols auf die Menschen in England scheint zerstörerischer zu sein als auf die Menschen auf dem Kontinent. Es ist nicht so, dass die Engländer insgesamt mehr berauschende Getränke konsumieren als die Menschen anderswo, denn die Statistiken zeigen, dass Dänemark im Rest Europas bei der Menge an Spirituosen führend ist, ebenso wie Belgien bei der Menge an Bier, die pro Kopf konsumiert wird, führend ist die Bevölkerung. Ein Problem scheint darin zu bestehen, dass die Menschen im englischen Industriesystem größere Risiken eingehen, größerem Stress und größerer Belastung ausgesetzt sind, was zu Unregelmäßigkeiten und übermäßigem Alkoholkonsum führt.

Als ich in Wien war, ging ich eines Sonntagabends in den Prater, den großen öffentlichen Park, der eine Art Kombination aus Central Park, New York und Coney Island zu sein scheint. In diesem Park kann man alle Arten des österreichischen Lebens sehen, vom höchsten bis zum niedrigsten. Der Sonntag scheint jedoch der Tag des einfachen Volkes zu sein, und in der Nacht, in der ich den Ort besuchte, gab es zusätzlich zu den einfachen Arbeitern der Stadt Hunderte, vielleicht Tausende von Bauern aus dem dortigen Land. Es handelte sich überwiegend um junge Männer und Frauen, die offenbar über die Sonntagsfeiertage in die Stadt gekommen waren. Neben der schlichten, modernen Kleidung der Stadt drängen sich diese Bäuerinnen mit ihren hohen Stiefeln, den bunten Tüchern über dem Kopf und ihren weiten, ausgestellten, voluminösen Röcken (so etwas wie die einer Zirkusreiterin, nur ein wenig). länger und nicht so hauchdünn) wirkte seltsam und malerisch.

Mittlerweile gab es einen großen Musikaufschwung einer bestimmten Art; und eine Vielzahl von Catchpenny-Shows, Mountebanks, Musikhallen, Theatern, Karussells und Tanzpavillons verliehen dem Ort das Aussehen eines atemberaubenden Jahrmarkts. Ich glaube, ich habe nirgendwo, außer bei einem Picknick oder einem Barbecue unter den Negern der Südstaaten, Menschen gesehen, die sich so offenherzig und mit so viel Begeisterung dieser einfachen, körperlichen Art des Vergnügens hingegeben haben. Überall wurde gegessen, getrunken und getanzt, aber dennoch sah ich keine Unordnung; Sehr wenige Menschen schienen durch Alkohol schlechter zu sein, und in keinem Fall sah ich Menschen, die in der Unordnung ihrer Kleidung oder in der fleckigen Erscheinung ihrer Gesichter die Auswirkungen anhaltender Exzesse erkennen ließen, wie man sie bei so vielen sieht Teile von London. Die einzelnen Personen waren größtenteils ordentlich und sauber gekleidet; Jede Klasse von Menschen schien ihren eigenen Vergnügungsort und ihren eigenen Verhaltenskodex zu haben, und jeder schien sich leicht und selbstverständlich an die von der Sitte vorgeschriebenen Beschränkungen zu halten.

Ich will damit nicht sagen, dass ich diese Art, den Sabbat zu verbringen, gutheiße. Ich möchte lediglich auf die Tatsache hinweisen, die anderen aufgefallen ist, dass die Auswirkungen der Trinkgewohnheiten in England ganz anders zu sein scheinen als in den Ländern des Kontinents.

Ich hatte die Gelegenheit, die schädlichen Auswirkungen des Alkoholkonsums auf die Engländerinnen der unteren Klassen zu beobachten, als ich einige Polizeigerichte in den ärmeren Teilen Londons besuchte. Als ich einem Zeitungsbekannten in London gegenüber bemerkte, dass ich während meines Aufenthalts in der Stadt so viel wie möglich vom Leben der ärmeren Menschen sehen wollte, riet er mir, die Polizeistationen Worship Street und Thames zu besuchen. Der Bahnhof Worship Street liegt in einem der belebtesten Teile Londons, in unmittelbarer Nähe von Bethnal Green und Spitalfields, die seit vielen Jahren die Heimat der ärmeren Arbeiterklasse und insbesondere der armen Menschen sind, die als Hausarbeiter und Gelegenheitsarbeiter bekannt sind , die in Mansarden leben und Papierschachteln, künstliche Blumen usw. herstellen oder sich die Gelegenheitsarbeiten aneignen, die sie finden können. Der Thames-Bahnhof liegt etwas abseits vom London Dock und nicht weit vom berüchtigten Ratcliffe Highway entfernt, der bis vor ein paar Jahren der raueste und gefährlichste Teil Londons war.

Vielleicht sollte ich zu Beginn sagen, dass mich zwei Dinge im Hinblick auf die Londoner Polizeigerichte besonders beeindruckt haben: erstens die Ordnung und Würde, mit der das Gericht geführt wird; Zweitens die Sorgfalt, mit der der Richter in jedem von ihm verhandelten Fall alle Fakten untersucht, die Sorge, die er an den Tag legt, um die Rechte des Angeklagten zu wahren, und die Nachsicht, mit der die für schuldig Befundenen behandelt werden . In vielen Fällen, insbesondere wenn Männer oder Frauen wegen Trunkenheit angeklagt wurden, durften die Gefangenen mit kaum mehr als einem milden und väterlichen Verweis gehen.

Nachdem ich mir mehrere Stunden lang die verschiedenen zur Verhandlung anstehenden Fälle angehört hatte, konnte ich gut verstehen, dass sich die Polizei manchmal darüber beschwert hat, dass ihre Bemühungen zur

Verbrechensbekämpfung nicht von den Richtern unterstützt würden, die, wie sie sagen, immer auf der Seite der Richter stehen Schuldige.

In diesem Zusammenhang möchte ich eine Aussage erwähnen, die ich kürzlich von einem Mann gelesen habe, der einmal als Richter an den Polizeigerichten Worship Street und Thames gedient hatte. Er sagte, dass es unter einigen Fabrikmädchen in East London große Trunkenheit gäbe, obwohl sie wegen dieser Straftat selten verhaftet und vor Gericht gestellt würden.

Er fügte hinzu: „Man darf nicht vergessen, dass die Zahl der Verurteilungen wegen Trunkenheit keineswegs ein angemessener Maßstab für Unsittlichkeit ist. Wenn ein Polizist einen betrunkenen Mann sieht, der sich ruhig verhält oder in einer Tür schläft, geht er vorbei und nimmt keine Notiz davon." . Die Verurteilten gehören in der Regel zu den ungeordneten Klassen, die in dem Moment, in dem ihnen der Alkohol in den Kopf steigt, ihre natürlichen Neigungen durch aufrührerisches und aufrührerisches Verhalten zum Ausdruck bringen. Auf einen Trunkenbold dieser Art müssen fünfzig sein, die sich ruhig und ruhig verhalten schaffen es immer, ihre Häuser zu erreichen, wie zickzackförmig ihr Weg dorthin auch sein mag."

Diese Aussage wurde vor einigen Jahren gemacht, aber ich bin davon überzeugt, dass sie auch heute noch Bestand hat, denn mir ist aufgefallen, dass die meisten der verhafteten und vor Gericht gestellten Personen, insbesondere Frauen, blutbefleckt und schwer misshandelt waren.

In den meisten dieser Fälle durften die Personen, wie ich bereits sagte, mit einem Verweis oder einer kleinen Geldstrafe gehen. Der einzige Fall, in dem der Richter meines Erachtens eine strenge Veranlagung zeigte, war der Fall einer armen Frau, die des Bettelns beschuldigt wurde. Sie war eine blasse, abgemagerte und völlig elend aussehende kleine Frau, und ihr wurde vorgeworfen, durch die Straßen gegangen zu sein, eines ihrer Kinder an der Hand geführt und um Almosen gebeten zu haben, weil sie und ihre Kinder hungerten. Aus Gesprächen mit dem Beamten, der den Fall untersuchte, erfuhr ich, dass ihre Aussage höchstwahrscheinlich wahr war. Er kannte sie schon seit einiger Zeit und sie befand sich in einem sehr traurigen Zustand. Aber dann, so scheint es, verlangte das Gesetz, dass sie unter solchen Umständen ins Armenhaus hätte gehen sollen.

Morgen, an dem ich das Gericht besuchte , bis zu fünfzehn oder zwanzig Frauen vor Gericht gebracht wurden . Die meisten von ihnen wurden wegen Streitereien und Prügeleien verhaftet, und fast alle von ihnen zeigten in ihren aufgedunsenen Gesichtern und in ihrem unordentlichen Aussehen, dass ständige und betrunkene Trunkenheit die Ursache ihrer Probleme war.

Seit ich aus Europa zurückgekehrt bin, habe ich festgestellt, dass das Ausmaß der Trunkenheit unter Engländerinnen häufig Gegenstand von Beobachtungen und Kommentaren ist. Richard Grant White sagt in seinem Band „England Within and Without":

> Ich war entsetzt über den besessenen Zustand so vieler Frauen – Frauen, die jedes Jahr Kinder zur Welt brachten und sie säugten und die mir kaum besser vorkamen als üble menschliche Destillierapparate, durch die der verfluchte Alkohol, mit dem sie getränkt waren, gefiltert wurde Tropfen für Tropfen in die kleinen Trunkenbolde an ihrer Brust. Für diese Kinder ist die Trunkenheit wie ihre Muttersprache unbewusst. Sie können sich nicht an eine Zeit erinnern, als es für sie neu war. Sie kommen aus dem Wolkenland der Kindheit mit dem Eindruck, dass Trunkenheit zu den normalen Zuständen des Menschen gehört, genau wie Hunger und Schlaf.

Dies wurde vor dreißig Jahren geschrieben. Es wird gesagt, dass sich die Bedingungen hinsichtlich des Ausmaßes der Trunkenheit unter den Armen Londons in den letzten Jahren erheblich verbessert haben. Dennoch fällt mir im letzten Band des „Annual Charities Register" für London die Aussage auf, dass die Trunkenheit unter Frauen offenbar zunimmt und dass sie unter Frauen in allen Schichten der Gesellschaft in einem so besorgniserregenden Ausmaß vorherrscht, dass „nationale Maßnahmen immer wichtiger werden". von wesentlicher Bedeutung für die Existenz der Nation."

Die Londoner Kriminalstatistik zeigt, dass zwar nur etwa halb so viele Frauen wie Männer wegen „einfacher Trunkenheit" und „Trunkenheit mit Verschlimmerung" verhaftet werden, aber mehr als dreimal so viele Frauen wie Männer wegen „einfacher Trunkenheit" verhaftet werden . gewohnheitsmäßige" Trunkenheit. Beeindruckt hat mich auch, dass die amerikanischen Polizeigerichte viel härter mit Frauen umgehen. Dies gilt sicherlich für die Südstaaten, wo fast alle Frauen, die vor die Polizeigerichte gebracht werden, Negerinnen sind.

Die von mir genannte Klasse ist selbstverständlich die unterste und am stärksten degradierte Klasse der Arbeiterklasse. Dennoch stellen sie einen sehr großen Teil der Bevölkerung dar, und die bloße Existenz dieser hoffnungslosen Klasse, die den Abschaum des Lebens in den Großstädten darstellt, ist ein Hinweis auf die Härte und Bitterkeit des Existenzkampfes der über ihnen stehenden Klassen .

Ich habe in dem, was ich bereits gesagt habe, versucht, die Situation der Frauen am unteren Ende des komplexen Lebens der größten und, wenn ich so sagen darf, zivilisiertesten Stadt der Welt darzustellen, in der Frauen gerade jetzt nach allem verlangen die Rechte und Privilegien der Männer. Aber es gibt Teile Europas, in denen Frauen, soweit ich erfahren habe, noch nie gehört haben, dass sie Rechte oder Interessen im Leben haben, die von denen ihrer Ehemänner und Kinder getrennt und verschieden sind. Ich habe bereits auf die zunehmende Zahl barfüßiger Frauen hingewiesen, die ich auf meiner Reise von Berlin nach Süden traf. Zunächst handelte es sich überwiegend um Frauen, die auf den Feldern arbeiteten. Aber als ich Wien erreichte, stellte ich fest, dass es keine Seltenheit war, in den belebtesten und angesagtesten Teilen der Stadt barfüßige Frauen zu treffen.

Die Reiseerfahrung hatte mich gelehrt, dass das Tragen von Schuhen ein ziemlich genaues Zeichen der Zivilisation ist. Dass in weiten Teilen Südeuropas Frauen, die vom Land kommen, noch nicht so weit sind, dass sie sich in Schuhen wohlfühlen, ist ein Hinweis auf die Rückständigkeit der Menschen.

Arbeiten aller Art verrichten sah . Ich hatte noch nie Negerfrauen gesehen, die eine solche Arbeit verrichteten wie die Frauen Südeuropas. Als ich zum Beispiel in Prag ankam, bemerkte ich, dass eine Ladung Kohle durch die Straßen lief. Ein Mann fuhr es, aber Frauen standen mit Schaufeln dahinter. Damals erfuhr ich, dass es Brauch war, Frauen zu beschäftigen, die die Kohle auf- und abluden und in die Häuser trugen. Das Fahren und Schaufeln wurde vom Mann erledigt, der schmutzigste und härteste Teil der Arbeit wurde jedoch von den Frauen verrichtet.

In Wien sah ich Hunderte von Frauen als Helferinnen beim Bau von Gebäuden arbeiten; Sie mischten den Mörtel an, füllten ihn in Wannen, stellten ihn auf ihre Köpfe und trugen ihn zwei oder drei Stockwerke hinauf zu den Männern, die an den Mauern arbeiteten. Die Frauen, die diese Art von Arbeit verrichten , tragen kleine runde Matten auf dem Kopf, die die Lasten tragen, die sie tragen. Einige dieser Frauen sind noch junge, einfach erwachsene Mädchen, frisch vom Land, aber die meisten von ihnen sahen aus wie alte Frauen.

Nicht selten begegnete ich Frauen, die Karren durch die Straßen schleppten. Manchmal war neben ihnen ein Hund an den Karren gespannt. So bringen zum Beispiel die Landfrauen manchmal ihren Gartenwagen auf den Markt. Häufiger sieht man sie jedoch, wie sie ihre Gartenprodukte in großen Körben auf dem Kopf oder über der Schulter auf den Markt bringen. Ich erinnere mich, dass ich eines Nachts, als ich in Budapest war, ziemlich spät in mein Hotel zurückkehrte, über einen offenen Platz in der Nähe des Marktes ging, wo Hunderte dieser Marktfrauen auf den Gehwegen oder auf der Straße schliefen. Einige von ihnen hatten einen Bündel Stroh auf das Pflaster unter ihren Wagen geworfen und waren dort eingeschlafen. Andere, die ihre Produkte auf dem Rücken vom Land in die Stadt gebracht hatten, stellten in vielen Fällen lediglich ihre Körbe auf den Bürgersteig, legten sich hin, warfen einen Teil ihrer Röcke über den Kopf und schliefen ein. Zu dieser Stunde war die Stadt noch hellwach. Aus einer nahegelegenen Bierstube ertönten Musikgeräusche und gelegentlich Gelächter. In der Zwischenzeit gingen Menschen auf der Straße und auf dem Bürgersteig vorbei, aber sie schenkten diesen schlafenden Frauen nicht mehr Aufmerksamkeit, als wenn es Pferde oder Kühe gewesen wären.

In anderen Teilen Österreich-Ungarns begegnete ich Frauen, die verschiedene Arten grober und ungelernter Arbeit verrichteten . Als ich in Krakau im österreichischen Polen war, sah ich Frauen bei der Arbeit in den Steinbrüchen. Die Männer sprengten den Stein heraus, aber die Frauen halfen ihnen beim Entfernen der Erde und beim Beladen der Wagen. Gleichzeitig sah ich Frauen , die in Ziegeleien arbeiteten. Die Männer stellten den Ziegelstein her, die Frauen fungierten als Helfer. Als ich in Krakau war, war einer der interessantesten Orte , an denen Frauen beschäftigt sind, eine Zementfabrik. Der verantwortliche Mann war so freundlich, mich durch die Arbeiten führen zu lassen und erklärte mir den Prozess des Zerkleinerns und Verbrennens der Steine, die bei der Herstellung von Zement verwendet werden. Ein Großteil der groben Arbeit in dieser Zementfabrik wird von Mädchen verrichtet. Sie übernehmen die Beschickung der Öfen. Sie waren sehr stämmige, schwere und schmutzig aussehende Wesen. Sie hatten nichts von der Frische und Gesundheit, die ich so oft bei den Mädchen bei der Feldarbeit bemerkte.

Während ich mich mit den verschiedenen Arten von Arbeit befasste, die Frauen in Österreich-Ungarn ausüben , wurde ich an die Beschwerde erinnert, die ich manchmal von Frauen in Amerika gehört hatte, dass ihnen ihre Rechte in Bezug auf Arbeit verweigert würden , was Männer in Amerika wollten Halten Sie Frauen im Haus und sind an Haushaltspflichten gebunden.

In Südeuropa scheint es jedenfalls keine Neigung zu geben, Frauen in den Häusern gefesselt zu halten. Anscheinend ist es ihnen erlaubt, jede Art von Arbeit zu verrichten , die auch Männern erlaubt ist; und tatsächlich verrichten sie sehr viele Arten von Arbeit , die wir in Amerika für nur für Männer geeignet halten. Mir fiel außerdem auf, dass ihnen in der Regel nur die grobe, ungelernte Arbeit zugeteilt wurde. Wenn Frauen in den Steinbrüchen arbeiteten, erledigten Männer den Teil der Arbeit, der Geschick erforderte. Männer benutzten die Werkzeuge und erledigten die Arbeit, den Stein zu sprengen. Wenn Frauen an den Gebäuden arbeiteten, verrichteten sie nur die gröbsten und billigsten Arbeiten. Ich sah keine Frauen, die Ziegel legten, und ich sah auch nirgends Tischlerinnen oder Steinmetze.

In Amerika sind Negerfrauen und -kinder größtenteils zur Erntezeit auf den Baumwollfeldern beschäftigt, aber ich habe in Amerika nie, wie ich es in Österreich gesehen habe, Frauen gesehen, die als Hilfskräfte bei einer Eisenbahn beschäftigt waren oder Abwasserkanäle gruben, Kohle transportierten oder trugen der Hod oder die grobe Arbeit in Ziegeleien, Brennöfen und Zementfabriken.

In den Südstaaten von Amerika ist die niedrigste Form der ungelernten Arbeit die der Männer, die mit sogenannten öffentlichen Arbeiten beschäftigt sind, also mit dem Graben von Abwasserkanälen, dem Bau von Eisenbahnen usw. Als ich in Wien war, war ich sehr überrascht, Frauen Seite an Seite mit Männern dabei zu sehen, wie sie einen Abwasserkanal gruben. Das war für mich ein so neuer Anblick, dass ich stehen blieb, um den Frauen dabei zuzusehen, wie sie mit Hacke und Schaufel umgingen. Es handelte sich größtenteils um junge Frauen, von dem schweren, stämmigen Typ, von dem ich gesprochen habe. Ich beobachtete sie einige Zeit lang und konnte nicht erkennen, dass sie ihre Arbeit genauso schnell und mühelos verrichteten wie die Männer an ihrer Seite. Danach kam ich zu dem Schluss, dass es nichts gab, was ein Mann tun konnte, was eine Frau nicht auch tun konnte.

In Polen erledigen offenbar die Frauen die meiste Arbeit auf den Bauernhöfen. Viele der Männer sind nach Wien gegangen, um ihr Glück zu suchen. Viele sind auch in die Städte gegangen, und wieder andere sind in der Armee, weil auf dem Kontinent jeder arbeitsfähige Mann in der Armee dienen muss. Die Folge ist, dass immer mehr Arbeiten, die früher von Männern verrichtet wurden, heute von Frauen erledigt werden.

Eine der interessantesten Sehenswürdigkeiten, die ich in Europa gesehen habe, war der Markt in Krakau. Dieser Markt ist ein großer offener Platz im Zentrum der antiken Stadt. Auf diesem Platz befindet sich die antike Tuchhalle, ein prächtiges altes Gebäude aus dem Mittelalter, als es als Ausstellungsort für Waren, hauptsächlich Textilien verschiedener Art, diente. Auf den vier Seiten dieses Platzes befinden sich einige der wichtigsten Gebäude der Stadt, darunter das Rathaus und die Kirche der Jungfrau Maria, von deren hohem Turm aus die Stunden durch die melodischen Töne eines Signalhorns erklingen.

An Markttagen ist der ganze Platz voller Hunderte, vielleicht sogar Tausender Marktfrauen, die am frühen Morgen mit ihren Produkten vom Land kommen, dort bleiben, bis sie verkauft werden, und dann in ihre Häuser zurückkehren.

Auf diesem Markt kann man alles und jedes zum Verkauf anbieten, was die Bauern in ihren Häusern oder auf den Bauernhöfen produzieren. Zum Verkauf habe ich unter anderem Folgendes gemerkt: Gänse, Hühner, Brot,

Käse, Kartoffeln, Salate, Obst verschiedener Art, Pilze, Körbe, Spielzeug, Milch und Butter.

Was mich vor allem interessierte, war die Beobachtung, dass fast alles, was auf diesem Markt verkauft wurde, auf dem Rücken der Frauen in die Stadt getragen wurde. Praktisch kann man meiner Meinung nach sagen, dass die gesamte Stadt Krakau mit einer Bevölkerung von 90.000 Menschen von den Lebensmitteln ernährt wird, die die Bäuerinnen in die Stadt tragen, wobei einige von ihnen täglich zehn bis fünfzehn Meilen weit zurücklegen.

Eines Tages, als wir über den Krakauer Markt fuhren, traf unser Wagen auf eine kräftige junge Bäuerin, die barfuß und zügig mit einem Bündel auf der Schulter über die Landstraße stapfte. In diesem Bündel, fiel mir auf, trug sie eine Milchkanne. Wir hielten an und der Fahrer sprach mit ihr auf Polnisch und übersetzte dann auf Deutsch für meinen Begleiter, Doktor Park. Zunächst schien die Frau besorgt und ängstlich zu sein. Als wir ihr jedoch sagten, dass wir aus Amerika kamen, hellte sich ihr Gesicht auf und sie schien sehr froh zu sein, alle meine Fragen zu beantworten.

Ich erfuhr, dass sie Witwe war und einen kleinen Bauernhof mit zwei Kühen besaß. Sie lebte etwa vierzehn Kilometer von der Stadt entfernt und kam jeden Tag in die Stadt, um die Milch ihrer beiden Kühe zu entsorgen. Sie ging nicht den ganzen Weg, sondern fuhr die halbe Strecke mit dem Zug und die andere Hälfte ging sie zu Fuß. Sie besitze ein Pferd, sagte sie, aber das Pferd sei auf der Farm im Einsatz und sie könne es sich nicht leisten, mit ihm in die Stadt zu fahren. Um sich um ihre Kühe zu kümmern und sie zu melken und früh genug in die Stadt zu kommen, um ihre Milch abzuliefern, musste sie sehr früh am Morgen aufstehen, so dass sie in der Regel gegen zehn oder elf Uhr nach Hause kam. Am Nachmittag kümmerte sie sich dann um das Haus und arbeitete im Garten. Ich vermute, dass dies ein ziemlich gutes Beispiel für die Arbeitsweise einiger dieser Bäuerinnen ist.

Den ganzen Tag über sieht man diese Frauen in ihren bunten Bauernkostümen mit ihren Körben auf dem Rücken durch die Straßen Krakaus ein- und ausgehen. Viele von ihnen sind barfuß, aber die meisten tragen sehr hohe Lederstiefel, die sich von denen, die ich Bäuerinnen in anderen Teilen Österreichs und Ungarns gesehen habe, dadurch unterscheiden, dass sie sehr kleine Absätze haben.

Während meiner Reise durch Europa hatte ich die Gelegenheit, sehr viele Arten von Frauen zu sehen, aber ich sah keine, die so schön, frisch und kräftig aussah wie diese polnischen Bäuerinnen.

Man sagt von den polnischen Frauen, wie man auch von den Frauen der slawischen Rassen allgemein sagt, dass sie immer noch in der geistigen und körperlichen Sklaverei früherer Zeiten leben . Wahrscheinlich haben die wenigsten von ihnen jemals etwas von Frauenrechten gehört. Aber wenn das wahr ist, zeigt es einfach, wie wenig Zusammenhang solche abstrakten Worte mit der Lage, dem Wohlergehen und dem Glück der Menschen haben, die die Freiheit und Unabhängigkeit des Landlebens genießen. Auf jeden Fall wage ich zu behaupten, dass es selbst in den höheren Rängen der arbeitenden Frauen in England nur sehr wenige Frauen gibt , deren Lebenssituation mit der dieser kräftigen, gesunden und gesunden Bäuerinnen vergleichbar ist.

Wie kann die Arbeit in der stickigen Atmosphäre einer Fabrik oder in einer überfüllten Dachstube der Stadt mit dem Leben verglichen werden, das diese Frauen führen, wenn sie auf den Feldern arbeiten und auf dem freien und offenen Land leben?

Die Auswanderung nach Amerika hat in Europa einen enormen Frauenüberschuss hinterlassen. In England beispielsweise stehen die Frauen im Verhältnis sechzehn zu fünfzehn zu den Männern. In einigen Teilen Italiens gibt es angeblich Städte, in denen alle arbeitsfähigen Männer das Land verlassen haben und nach Amerika gegangen sind. Die Veränderungen, die die Auswanderung mit sich brachte, haben sich meines Erachtens im Großen und Ganzen nicht positiv auf das Leben der Frauen ausgewirkt . Das Gleiche gilt jedoch auch für die Veränderungen, die das Wachstum der Städte und der Einsatz von Maschinen mit sich bringen. Männer haben vom Einsatz von Maschinen stärker profitiert als Frauen. Die Maschinen haben den Frauen die Beschäftigungen weggenommen, die sie zu Hause hatten, und dies hat sie dazu gezwungen, andere Formen der Arbeit anzunehmen , die mehr oder weniger vorübergehender Natur sind und bei denen sie überarbeitet und unterbezahlt sind.

Überall in Europa finden wir Frauen, die entweder veraltete Dinge erledigen oder irgendeine Form ungelernter Arbeit verrichten . Beispielsweise gibt es in East London immer noch einhunderttausend Menschen, zumeist Frauen, die in Heimindustrien tätig sind – mit anderen Worten: Sie verschwitzen ihr Leben in überfüllten Dachkammern und versuchen, mit den entstehenden Maschinen und Organisationen zu konkurrieren von Kleidung oder künstlichen Blumen und in anderen Arten von Arbeiten mit derselben allgemeinen Beschreibung.

Die Bewegung für das Frauenwahlrecht in England, die in den oberen Schichten der Frauen des West End begann, hat sich bis zu einem gewissen Grad auf die unteren Schichten der Frauen ausgeweitet, die mit den Händen arbeiten. Wie ich erfahren habe, fanden in Bethnal Green und Whitechapel Frauenwahlversammlungen statt . Aber ich glaube nicht, dass Wahlen allein die Lage berufstätiger Frauen verbessern werden.

Es muss eine neue Verteilung der Berufe geben. Zu viele Frauen in Europa verrichten eine Arbeit , für die sie von Natur aus nicht geeignet sind und für die sie keine spezielle Ausbildung erhalten haben. Es gibt zu viele Frauen in den Reihen der ungelernten Arbeitskräfte . Ich bin davon überzeugt, dass die berufstätigen Frauen Europas am meisten eine Art Bildung brauchen, die eine größere Zahl von ihnen in die Reihen qualifizierter Arbeitskräfte befördert – die ihnen beibringt, etwas zu tun, und zwar gut.

Die schwarzen Frauen in Amerika haben in dieser Hinsicht einen großen Vorteil. Sie werden überall in die gleichen Schulen aufgenommen wie die Männer. Alle Neger-Colleges sind voller Frauen. Sie werden zu den gleichen Bedingungen wie Männer zu den Gewerbeschulen und zur Ausbildung in den verschiedenen Berufen zugelassen. Eines der wichtigsten praktischen Ergebnisse der Kampagne für das Wahlrecht in Europa wird meiner Meinung nach darin bestehen, die Aufmerksamkeit der Frauen in den oberen Klassen auf die Bedürfnisse der Frauen in den unteren Klassen zu lenken. In Europa gibt es für Frauen ihres eigenen Geschlechts viel Arbeit, denn wie ich bereits an anderer Stelle gesagt habe, ist in Europa der Mann, der am weitesten unten steht, die Frau.

Kapitel XVII
: Die Organisation des Landlebens in Dänemark

In Europa ist der Bauer der Mann, dessen Situation der des Negers in den Südstaaten am nächsten kommt. Bevor ich nach Europa reiste, hatte ich Bilder von Bauern gesehen, aber ich muss zugeben, dass mir die Vorstellung, was ein Bauer ist, sehr unklar war. Ich wusste, dass er ein Kleinbauer war, wie die Mehrheit der Negerbauern in den Südstaaten, und dass er, wie wiederum die Negerbauern, in den meisten Fällen einer Klasse entstammte, die früher in irgendeiner Form gehalten worden war Unterwerfung unter die Großgrundbesitzer, mit dem Unterschied, dass der Bauer ein Leibeigener und der Negerbauer ein Sklave gewesen war.

Bezüglich der gegenwärtigen Stellung des Bauern im ihn umgebenden Leben, hinsichtlich seiner Lebensweise, seiner Möglichkeiten und Ambitionen hatte ich nur eine sehr vage Vorstellung. Die Bilder, die ich gesehen hatte, waren in dieser Hinsicht nicht beruhigend. Das Bild, das den tiefsten Eindruck auf mich machte, war das eines schweren, dummen, halb menschlich aussehenden Wesens, das mitten auf einem verlassenen Feld stand. Der Schlamm und der Lehm klebten an ihm und er stützte sich auf eine große, schwere schmiedeeiserne Hacke, wie sie früher von den Negersklaven benutzt wurde. Dieses Bild spiegelt meine Vorstellung eines Bauern wider.

Im Laufe meiner Reise durch Italien und durch Österreich-Ungarn sah ich eine Reihe von Personen, die mich an dieses und andere Bilder von Bauern erinnerten, an die ich mich erinnern kann. Ich sah, wie ich bereits sagte, Bäuerinnen, die wie müde Tiere auf den Straßen der Stadt schliefen; Ich sah andere, die mit ihrem Vieh in einem einzigen Raum lebten; Einmal betrat ich ein kleines Häuschen und sah die ganze Familie aus einer einzigen Schüssel essen. In Sizilien fand ich Bauern vor, die in einem Zustand von Schmutz, Armut und Elend lebten, der kaum zu beschreiben war. Aber überall fand ich unter diesen Leuten, selbst den niedrigsten, Individuen, die, wenn ich Gelegenheit hatte, mit ihnen zu sprechen, ausnahmslos ein Maß an Klugheit, praktischer Weisheit, freundlicher Gutmütigkeit und gesundem Menschenverstand an den Tag legten, das mich an einige der Alten erinnerte Negerbauern, die ich zu Hause kenne. Es ist sehr merkwürdig, welchen Unterschied es im Eindruck macht, den ein Mann auf einen macht, wenn man innehält und ihm die Hand schüttelt, statt ihn nur kritisch anzusehen, um eine kalte soziologische Bestandsaufnahme seines Charakters und Zustands zu machen.

Zu den angenehmsten Erinnerungen, die ich an Europa habe, gehören die Gespräche, die ich – natürlich durch einen Dolmetscher – mit einigen dieser unwissenden, aber fleißigen, manchmal barfüßigen, aber immer freundlichen Bauern führte. Das Ergebnis war, dass ich lange bevor ich meine Reise beendet hatte , aufgehört hatte, einige der Bilder von Bauern, die ich buchstäblich gesehen hatte, zu machen. Ich entdeckte, dass der Künstler, dessen Bilder einen so tiefen Eindruck auf mich gemacht hatten, versucht hatte, das Elend und Elend einer ganzen Klasse in der Figur eines einzelnen Individuums zu komprimieren; dass er auch versucht hatte, in seinem Bild alle Nöte und Erniedrigungen an die Oberfläche zu bringen und sichtbar zu machen, die der zufällige Betrachter nicht sieht, vielleicht nicht sehen will.

Doch erst als ich Dänemark erreichte, begann ich zu spüren, dass ich den europäischen Bauern wirklich kennengelernt hatte, denn erst als ich dieses Land erreichte, erkannte ich, welche Möglichkeiten der Bauer hatte. Zuvor hatte ich einen Mann gesehen, der unter der Last der Unwissenheit und den Überresten einer alten Unterdrückung kämpfte. In Dänemark jedoch hat dieser Mann sein Glück gefunden. Bauern besitzen bereits einen Großteil des Landes. Drei Viertel der landwirtschaftlichen Betriebe sind in ihren Händen und die Zahl der Kleinbetriebe nimmt stetig zu. In Dänemark ist der Bauer, wie ein gewisser Herr, den ich dort traf, bemerkte, nicht nur frei, er herrscht auch. Der Bauer ist der Führer in allem, was den Fortschritt der Landwirtschaft betrifft. Die Produkte der genossenschaftlichen Molkereien, der genossenschaftlichen Eiersammel- und Schweinefleischverpackungsgesellschaften, die von den Bauern organisiert und kontrolliert werden, erzielen auf den Märkten der Welt höhere Preise als vergleichbare Produkte aus jedem anderen Land Europas.

Die Bauern sind jetzt der bestimmende Einfluss im dänischen Parlament. Als ich dort war, waren die Hälfte der an der Macht befindlichen Mitglieder des Ministeriums Bauern und die Hälfte der Mitglieder des Kabinetts waren entweder Bauern oder Bauernsöhne.

Ich möchte hinzufügen, dass zwischen dem Preis der Bauernbutter und dem Einfluss, den die Bauern auf die Politik ausüben, ein sehr enger Zusammenhang besteht. Ich glaube, viele Jahre lang, bis etwa 1901, war die einflussreichste Partei in Dänemark die der Großgrundbesitzer. Vor vierzig Jahren hatten die Bauern alle politischen Rechte, die sie heute besitzen, aber sie spielten in politischen Angelegenheiten keine große Rolle. Zu dieser Zeit gab es in Dänemark zwei Arten von Butter: Es gab Butter, die in den Molkereien der Großgrundbesitzer, sogenannten Herrenhöfen, hergestellt wurde, und es gab Butter von Kleinbauern. Mit anderen Worten: Es gab „Herrenbutter" und „Bauernbutter". Die Bauernbutter war auf dem Markt jedoch nur etwa halb so viel wert wie die aus dem Gutshof des Herrn. Als jedoch der Preis für Bauernbutter zu steigen begann, begann sich die politische Situation zu ändern. Von Jahr zu Jahr nahm die Zahl der genossenschaftlichen Molkereien zu und von Jahr zu Jahr vervielfachte sich die Zahl der Kleinbauern im Parlament. Mit anderen Worten: Der dänische Bauer ist zu einer Macht in der dänischen Politik geworden, weil er zunächst eine Führungsrolle bei der industriellen Entwicklung des Landes übernommen hat.

Dänemark ist nicht nur sehr klein, etwa ein Drittel so groß wie Alabama, sondern auch nicht besonders fruchtbar. Es ist ein äußerst flaches Land ohne erwähnenswerte Hügel, Täler oder fließende Bäche. Mir wurde gesagt, dass der höchste Punkt Dänemarks, der „Heaven's Hill" genannt wird, nur etwa 550 Fuß über dem Meeresspiegel liegt – also etwa halb so hoch wie der Turm des Metropolitan Building in New York. Infolgedessen ist ein großer Teil des Landes windgepeitscht, und in Nordjütland, wo die dänische Halbinsel einen dünnen Streifen Land in die sturmgepeitschten Gewässer der Nordsee schiebt, gab es vor vierzig Jahren 3.300 Quadratkilometer Meilenlanges Heidekraut, wo nicht einmal ein Baum wachsen würde. Seitdem wurden durch einen aufwändigen Prozess der physikalischen und chemischen Manipulation des Bodens bis auf tausend Quadratmeilen alles Land urbar gemacht. Das Ergebnis ist, dass dort, wo einst nur einsame Hirten umherzogen, um „Strümpfe zu stricken", wie Jacob Riis sagt, „um die Steuern zu bezahlen", jetzt blühende kleine Städte sind.

Ein weiterer Nachteil, unter dem Dänemark leidet, liegt darin begründet, dass mehr als ein Drittel des Landes aus Inseln besteht, von denen es nicht weniger als vierundvierzig gibt. Auf der Reise von Kopenhagen nach Hamburg war der Zug, mit dem ich reiste, von einer Insel zur anderen und von dort zur Halbinsel, zweimal gezwungen, die Überfahrt mit einer Fähre zu machen, und bei einer dieser Überfahrten befanden wir uns auf der Boot für etwa anderthalb Stunden.

Heutzutage durch Dänemark zu reiten oder zu fahren, ist wie durch Illinois oder eine andere landwirtschaftliche Region der Staaten des Mittleren Westens zu reiten, mit der Ausnahme, dass die Felder kleiner sind und die Zahl der Männer, Rinder und Gehöfte viel größer ist, als man sich vorstellen kann in jedem Teil der Vereinigten Staaten sehen. Ich habe Reisende durch Dänemark ihr Bedauern darüber zum Ausdruck gebracht, dass mit dem Fortschritt des Landes die urigen Bauernkostüme und die anderen Merkmale des primitiven Lebens der Bauerngemeinschaften, die man in anderen Teilen Europas noch sehen kann, verschwunden sind. Einer meiner Mitreisenden versuchte mich glauben zu machen, dass die Bauern in Europa im ruhigen, einfachen Leben dieser kleinen und isolierten Bauerngemeinden, jede mit ihren eigenen malerischen Trachten, ihren interessanten lokalen Traditionen und ihrem seltsamen Aberglauben, sehr viel glücklicher seien .

Dies scheint die Ansicht vieler Touristen zu sein. Nach allem, was ich in Europa gesehen habe, bin ich jedoch zu dem Schluss gekommen, dass die

Menschen und Orte, die am interessantesten anzusehen sind, nicht immer die glücklichsten und zufriedensten sind. Im Gegenteil, ich habe festgestellt, dass die Orte, an denen das Leben der Bauern für Touristen am interessantesten ist, normalerweise die Orte sind, die die Bauern in großer Zahl verlassen. Die Auswanderung nach Amerika macht einen großen Teil Europas alltäglich, aber es macht es auch zu einem besseren Ort zum Leben.

Die Neuordnung des landwirtschaftlichen Lebens in Dänemark erfolgte auf andere Weise als durch Auswanderung, doch vom malerischen bäuerlichen Leben blieb nur sehr wenig übrig, und das meiste, was noch übrig ist, wird heute in Museen aufbewahrt. Als ich durch das Land ging, fielen mir jedoch zwei Arten von Wirtschaftsgebäuden auf, die offenbar aus einer früheren Zeit erhalten waren. Eines davon bestand aus einem langen, niedrigen Gebäude, dessen eines Ende eine Scheune und das andere ein Wohnhaus war. Der andere Gebäudetyp hatte weitgehend die gleiche Form, außer dass er eine Seite eines Hofes bildete, dessen andere beiden Seiten von Scheunen und Ställen umgeben waren.

Auf Nachfrage erfuhr ich, dass die erste Art von Wohnung einem Mann gehörte, der „ *husmaend*" oder Hausmann genannt wurde; mit anderen Worten, ein Kleinbauer, dessen Eigentum aus seinem Haus und einem sehr kleinen Streifen Land darum herum bestand. Die andere Art von Behausung gehörte einem Mann, der *gaardmaend* oder Hofmann genannt wurde, weil er genug Land besaß, um einen *gaarde* oder Hof zu haben. In Dänemark sind die Bauern noch immer allgemein in *Huse* und *Gaarde* eingeteilt ; Alle Bauern, die weniger als 24 Acres besitzen, werden „Hausmänner" genannt, und alle, die mehr als das besitzen, werden „Gartenmänner" genannt, unabhängig davon, wie ihre Gebäude gebaut sind.

Tatsächlich ist es noch nicht so lange her, dass die Verhältnisse in Dänemark annähernd so primitiv waren wie heute in einigen anderen Teilen Europas. Jacob Riis, von dem ich während meines Aufenthalts in Dänemark erfahren habe, dass er in Dänemark ebenso bekannt und bewundert ist wie in den Vereinigten Staaten, sagt, dass er sich an eine Zeit erinnern kann, als die Bedingungen in den Häusern der Menschen noch ganz anders waren. „Zum Beispiel", sagte er, „ich erinnere mich an die Zeit, als es in jeder Bauernfamilie Brauch war, dass sich alle hinsetzten und aus derselben Schüssel in der Mitte des Tisches aßen und dann, nachdem das Essen beendet war, jeder." wischte den Löffel ab, mit dem er in die gemeinsame Schüssel getaucht hatte, und verstaute ihn ohne weitere Zeremonie auf einem kleinen Regal über seinem Kopf.

„Heute", fügte er hinzu, „waschen dänische Bauern ihre Schweine. Die Euter der Kühe werden vor dem Melken mit einer Desinfektionsflüssigkeit gewaschen. Wenn ein Mann zum Melken geht, zieht er einen sauberen weißen Anzug an."

Das stimmt nicht nur, der dänische Bauer pflegt seine Kühe auch und deckt sie zu, wenn es kalt ist. Er tut dies nicht nur, weil es gut für die Kuh ist, sondern auch, weil dadurch Futter gespart wird. Obwohl Dänemark im Verhältnis zur Einwohnerzahl mehr Rinder hat als jeder andere Teil Europas, sind mir nur sehr wenige Weiden aufgefallen. Im Gegenteil, als ich durch das Land ging, beobachtete ich lange Reihen angebundener Rinder, die sich von den grünen Feldfrüchten ernährten. Sobald die Kühe das ganze Grünfutter aufgefressen haben, meist vier- oder fünfmal am Tag, kommt ein Mann und schiebt die Pfähle vorwärts, damit das Vieh geordnet vorankommt und die Feldfrüchte abschnittsweise mäht. Mit einem Karren wird den Kühen Wasser gebracht und sie werden dreimal täglich gemolken. All dies erfordert einen erheblichen Arbeitsaufwand sowie ständiges Lernen, Fürsorge und Aufmerksamkeit. Mit anderen Worten: Der dänische Bauer ist zum wissenschaftlichen Landwirt geworden.

Ein Unterschied zwischen dem Landwirt in Dänemark und in anderen Ländern besteht darin, dass der gewöhnliche Landwirt seine Ernte anbaut und zum Verkauf auf den Markt bringt, während der dänische Landwirt nichts anderes als das hergestellte Produkt verkauft und es so weit wie möglich direkt verkauft an den Verbraucher. Beispielsweise war Dänemark bis etwa 1880 noch ein Getreideexportland; In den letzten Jahren hat es sich jedoch zu einem Getreideimportland entwickelt. Getreide und Futter verschiedener Art im Wert von rund 25 Millionen Dollar werden heute jährlich von dänischen Bauern in Russland und den Nachbarländern gekauft . Die so importierten Agrarprodukte werden an Rinder, Schweine und Hühner verfüttert und so zu Butter, Schweinefleisch und Eiern verarbeitet. Die Butter wird in einer Genossenschaftsmolkerei hergestellt ; das Schweinefleisch wird in einem genossenschaftlichen Schweinefleisch-Verpackungsbetrieb geschlachtet ; Die Eier werden von einem genossenschaftlichen Eiersammelverein eingesammelt und verpackt. Dann werden sie entweder direkt verkauft oder an eine zentrale Vertriebsgenossenschaft übergeben , die den Großteil davon in England vertreibt. Die jährlichen Exporte nach England belaufen sich auf fast 90.000.000 US-Dollar pro Jahr, davon entfallen 51.000.000 US-Dollar auf Butter, fast 30.000.000 US-Dollar auf Speck und der Rest auf Eier.

Wie ein Herr, den ich in Dänemark traf, es ausdrückte: „Wenn Dänemark wie das alte Gallien in drei Teile geteilt wäre, wäre einer davon Butter, ein anderer Schweinefleisch und der dritte Eier." Von diesen Dingen lebt das Land im Wesentlichen. In Dänemark wie anderswo gibt es Eisenbahnen,

Zeitungen, Telefone, Kaufleute, Prediger, Lehrer und alle anderen Einrichtungen einer hohen Zivilisation, aber sie alle werden durch den Verkauf von Butter, Schweinefleisch und Eiern finanziert, was auch der Fall sein sollte Hinzu kommen Rinder, denn Dänemark exportiert immer noch eine beträchtliche Menge Rind- und Lebendvieh. Der Export von Lebendvieh ist jedoch von etwa 21.000.000 US-Dollar pro Jahr im Jahr 1880 auf etwa 7.000.000 US-Dollar zurückgegangen, aber im gleichen Zeitraum ist der Überschuss an Butter, Speck und Eiern von etwa 7.000.000 US-Dollar auf über 70.000.000 US-Dollar gestiegen. Mittlerweile ist die Rohproduktion der dänischen Bauernhöfe um 50 Prozent gestiegen. Der Unterschied besteht darin, dass die dänischen Landwirte ihre Aufmerksamkeit nicht auf die Produktion von Getreide für die Herstellung von Mehl und Mehl, sondern auf den Anbau von Hackfrüchten zur Ernährung ihres Viehs gerichtet haben. Das bedeutet, dass der Bauer in Dänemark nicht nur ein wissenschaftlicher Landwirt ist, wie ich bereits angedeutet habe, sondern dass er gleichzeitig in gewissem Maße auch ein Geschäftsmann ist.

Der Erfolg des Kleinbauern in Dänemark ist, wie ich bereits angedeutet habe, zu einem großen Teil den Genossenschaften zu verdanken, die seine landwirtschaftlichen Produkte herstellen und verkaufen. Dadurch wurde der dänische Bauer zum Geschäftsmann – ich möchte fast sagen: zum Kapitalisten. Ich weiß nicht, wie viel Geld in diese verschiedenen genossenschaftlichen Molkereien, Eiersammel- und Schweinefleischverpackungsbetriebe investiert wird, aber ganz Dänemark ist mit ihnen übersät, und der Gesamtbetrag, der in sie investiert wird, muss beträchtlich sein. So gibt es beispielsweise 1.157 Genossenschaftsmolkereien mit 157.000 Mitgliedern. Die Zahl der genossenschaftlichen Schweinefleischverpackungsgesellschaften beträgt 34 mit einer Mitgliederzahl von 95.000.

Als ich herausfand, in welchem Ausmaß die Bauern ihre eigenen Produkte herstellten und verkauften, wollte ich natürlich wissen, wie es ihnen gelungen war, das Kapital für die Fortführung dieser großen Unternehmen zu beschaffen, denn in dem Teil des Landes, aus dem ich komme Der durchschnittliche Landwirt hat nicht nur kein Geld, das er in irgendein Geschäft außerhalb seines Hofes stecken könnte, sondern muss sich auch Geld leihen, häufig zu einem hohen Zinssatz, um seine landwirtschaftlichen Betriebe fortzuführen. Ich habe herausgefunden, dass einige der wohlhabenden Landwirte zusammenkamen, als die Landwirte in Dänemark begannen, genossenschaftliche Molkereien zu gründen, und einen Vertrag unterzeichneten, um ihre gesamte Milch, die sie zu Hause nicht verwenden konnten, an die Gemeinschaftsmolkerei zu schicken . Dann liehen sie sich Geld auf ihrem Land, um das Geld für den Beginn des Betriebs aufzubringen. Indem sie sich dieses Geld borgten, verpflichteten sie sich

„gesamtschuldnerisch", wie es in der Rechtssprache heißt, um die Zahlung des geliehenen Geldes sicherzustellen – das heißt, jeder Mann wurde individuell für den gesamten Kredit verantwortlich. Dies gab der Bank, die den Kredit gewährte, eine wesentlich bessere Sicherheit, als wenn sich jeder Einzelne auf eigene Verantwortung einen Kredit gesichert hätte, und es war auf diese Weise möglich , das benötigte Kapital zu einem sehr moderaten Zinssatz bereitzustellen.

Als der Bauer seine Milch zur Molkerei brachte, erhielt er dafür einen Preis, der etwas unter dem durchschnittlichen Marktpreis lag. Dadurch erhöhte sich das Betriebskapital etwas. Am Ende des Jahres wurde ein Teil der Erträge der Molkerei zur Begleichung der Zinsen zurückgestellt, ein anderer Teil wurde zur Tilgung des Darlehens verwendet und der Rest wurde als Gewinn unter den Vereinsmitgliedern aufgeteilt, die jeweils einen Betrag erhielten proportional zu der Milch, die er gespendet hatte. Auf diese Weise wurde dem Landwirt im Laufe einiger Jahre ein Geldbetrag in Höhe seines individuellen Anteils in ein zahlendes Unternehmen investiert, dessen Wert jedes Jahr zunahm. Mittlerweile hatte er mehr für seine Milch erhalten , als wenn er sie auf gewöhnlichem Weg verkauft hätte. Gleichzeitig hatte er von dem Jahresgewinn, den er aus seinem Anteil an der Molkerei erzielte, vielleicht etwas Geld auf die Sparkasse legen können. Die Sparkassen erfreuten sich seit jeher großer Beliebtheit und spielten im Leben der Menschen eine viel größere Rolle als anderswo. Gegenwärtig ist die durchschnittliche Höhe der Einlagen im Verhältnis zur Einwohnerzahl größer als in jedem anderen Land der Welt. Beispielsweise beträgt der durchschnittliche Einlagenbetrag bei den dänischen Sparkassen 77,88 \$; in England 20,62 \$; in den Vereinigten Staaten 31,22 \$. Gleichzeitig ist die Zahl der Einleger bei dänischen Sparkassen deutlich größer als in anderen Ländern. Beispielsweise kommen in Dänemark auf hundert Personen einundfünfzig Einleger. In England beträgt die entsprechende Zahl siebenundzwanzig.

Das Bemerkenswerteste an den dänischen Sparkassen ist jedoch, dass 78 Prozent, also fast vier Fünftel, in den ländlichen Bezirken ansässig sind. Dies ist einer der Gründe dafür, dass es den dänischen Landwirten nicht schwer fiel, sich das Kapital zu sichern, das sie für die Organisation und Führung ihrer Genossenschaftsunternehmen benötigten . Mit dem Geld, das sie aus den Erträgen der Genossenschaftsmolkereien gespart und in die Sparkasse eingezahlt hatten, konnten sie sich Geld leihen, um ihre genossenschaftlichen Schlachthöfe und Eiersammelgesellschaften zu gründen.

Dies sind jedoch nur einige der verschiedenen Arten von Genossenschaftsorganisationen . Ein dänischer Bauer kann Mitglied einer Gesellschaft zum Ankauf von Werkzeugen, Geräten und anderen Bedarfsgütern sein, von denen es in Dänemark fünfzehn gibt, mit einer

Mitgliederzahl zwischen sechzigtausend und siebzigtausend. Er kann einer Gesellschaft für den Export von Rindern, für das Sammeln und Exportieren von Eiern, für die Pferdezucht, für die Rinder-, Schaf- und Schweinezucht angehören. Schließlich kann er sogenannten „Kontroll"-Gesellschaften angehören, die zu dem Zweck organisiert sind, durch sorgfältige Registrierung den Milchertrag jeder Kuh, die einem Mitglied der Gesellschaft gehört, und das darin enthaltene Butterfett aufzuzeichnen die Milch und das Verhältnis zwischen der Milchleistung und dem verzehrten Futter. Der Wert dieser Gesellschaften liegt darin, dass der jährliche Ertrag pro Kuh bei Mitgliedern der Kontrollgesellschaft 67.760 Pfund betrug, während er bei Kühen, die außerhalb der Gesellschaft gehalten wurden, 58.520 Pfund betrug.

Durch diese verschiedenen Gesellschaften, von denen einige rein kommerziell ausgerichtet sind, während andere dem Zweck dienen, die Methoden und Techniken der Landwirtschaft zu verbessern, ist die Agrarindustrie gründlich organisiert worden. Erstens gab es große Einsparungen bei den Kosten für die Handhabung und den Verkauf landwirtschaftlicher Produkte. Vor nicht allzu langer Zeit schickte der dänische Bauer seine Butter über Hamburg nach England, und damals gab es, wie mir erzählt wurde, nicht weniger als sechs Zwischenhändler, die zwischen dem Bauern und seinem Kunden standen. Mittlerweile verkaufen die genossenschaftlichen Produktions- und Vertriebsgesellschaften einen großen Teil ihrer Produkte direkt an die genossenschaftlichen Einkaufsgesellschaften in England. Auf diese Weise werden der Landwirt und sein Kunde, der Produzent und Händler, wieder zusammengebracht, nicht ganz auf die Art und Weise, wie sie noch auf einigen der altmodischen Marktplätze in Europa zusammenkommen, aber immer noch auf eine Weise, die beiden zugute kommt Klassen. Einerseits haben durch diese Organisation der Agrarindustrie die landwirtschaftlichen Methoden und die gesamte technische Seite der Industrie große Vorteile erfahren. Ein eindrucksvoller Beweis für diese Tatsache ist die folgende Statistik, die den raschen Anstieg der jährlichen Milchleistung pro Kuh im Zeitraum von 1898 bis 1908 zeigt:

Jahresertrag

pro Kuh in

Jahr   Pfund

1898   4.480

1901   4.884

1904   5.335

1907   5.689

1908   5.874

Als Beweis für den Grad der Organisation der dänischen Landwirtschaft in der von mir beschriebenen Weise möchte ich hinzufügen, dass Dänemark jetzt jedes Jahr etwa 253.000.000 Pfund Butter produziert. Davon stammen 220.000.000 Pfund von den Genossenschaftsmolkereien .

Hinter allen anderen Organisationen, die dazu beigetragen haben, die Effizienz der bäuerlichen Bevölkerung zu steigern, stehen die Schulen, insbesondere die ländlichen Gymnasien und die Landwirtschaftsschulen. In Dänemark besteht allgemein Einigkeit darüber, dass die Genossenschaftsorganisationen , die so viel für die landwirtschaftliche Bevölkerung dieses Landes getan haben, nicht existieren könnten, wenn die ländlichen Gymnasien ihnen nicht den Weg bereitet hätten.

Ich habe an anderer Stelle ausführlich meine Eindrücke von den dänischen Schulen beschrieben und werde hier nicht versuchen, das zu wiederholen, was ich an anderer Stelle gesagt habe. [5] Ich möchte jedoch einige Besonderheiten dieser Schulen hervorheben, die mich besonders beeindruckt haben. Erstens liegen die Schulen, die ich besucht habe, und meines Wissens praktisch alle Schulen, die zugunsten der Landbevölkerung errichtet wurden, entweder in der Nähe von Kleinstädten oder auf dem offenen Land . Mit anderen Worten: Sie sind dem Land und den Menschen nahe, denen sie helfen sollen. Zweitens, und dies gilt ebenso für die ländlichen Gymnasien, wo fast keine technische Ausbildung versucht wird, wie auch für die Landwirtschaftsschulen, wurden die Kurse nach Jahren des Experimentierens und Studierens speziell auf ihre Bedürfnisse zugeschnitten die Bedürfnisse der Menschen, für die sie bestimmt sind. Es gibt keinen Versuch, den Lernstil, den Stil oder die Methoden der städtischen Gymnasien oder Colleges in diese Schulen zu importieren. Soweit ich weiß, gibt es tatsächlich keine Schule, die dem dänischen Landgymnasium entspricht oder von der es in irgendeiner Weise eine Kopie davon wäre.

Drittens sind alle diese Schulen für ältere Schüler gedacht. Das Alter der Schüler liegt zwischen 16 und 24 Jahren, und zusätzlich zu den regulären Kursen wurden Konferenzen und Kurzkurse für ältere Menschen eingerichtet , wie es bei vielen Neger-Industrieschulen im Süden der Fall ist.

Tatsächlich wird alles getan, um die Arbeit in der Schule mit dem Leben und der Arbeit auf dem Land zu verbinden.

Schließlich, und das scheint mir genauso wichtig wie alles andere, sind diese Schulen, ebenso wie die Genossenschaften, von denen ich gesprochen habe, das Ergebnis privater Initiative. Die Gymnasien hatten ihren Ursprung in einer Volksbewegung, die vor mehr als fünfzig Jahren von Nicola Frederik Severin Grundvig, einem großen religiösen Reformator, der manchmal als Luther von Dänemark bezeichnet wird, ins Leben gerufen wurde.

Dänemark war zu dieser Zeit fast verzweifelt. England hatte im Verlauf des Krieges mit Napoleon die dänische Flotte zerstört, und später, im Jahr 1864, hatte Deutschland Dänemark zwei seiner besten Provinzen und ein Drittel seines Territoriums abgenommen. Grundvig glaubte, dass die Arbeit zum Wiederaufbau und zur Erneuerung Dänemarks ganz unten beginnen müsse. Er predigte die Lehre, dass das, was Dänemark von außen verloren hatte, im Inneren wiedergewonnen werden muss, und unter diesem Motto machte er sich daran, die vernachlässigten Ressourcen des Landes zu entwickeln – nämlich diejenigen, die in den Menschen selbst steckten.

Grundvig begonnene Arbeit wurde von denen, die ihm folgten, im gleichen Geiste aufgegriffen und weitergeführt. Die Ergebnisse dieser Bewegung zeigen sich in allen Lebensbereichen Dänemarks – im raschen Anstieg der dänischen Exporte und im gesunden demokratischen Geist der gesamten dänischen Bevölkerung. Das dänische Volk ist wahrscheinlich das am besten ausgebildete und am besten informierte Volk Europas. Das ist nicht nur mein Eindruck; es ist das von erfahreneren Reisenden als mir.

Auf meinem Weg von Kopenhagen nach London traf ich einen englischen Herrn, der gerade von einem fünfwöchigen Studium und der Beobachtung der landwirtschaftlichen Bedingungen in Dänemark zurückkam. Von ihm konnte ich viele interessante Details erfahren, die meine eigenen Eindrücke bestätigten.

Er erzählte mir, ich erinnere mich, dass er in der Hütte eines Bauern, eines Mannes, der nicht mehr als vier oder fünf Hektar Land bewirtschaftete, Exemplare von mindestens vier Zeitschriften entdeckt hatte, die er regelmäßig abonnierte.

„Darüber hinaus“, fuhr er fort, „kamen mir die Bauernzeitschriften, die ich in den von mir besuchten Bauernhäusern sah, bemerkenswert technisch und literarisch vor.“ Diese Bemerkung fiel mir auf, weil mir nie in den Sinn gekommen war, dass irgendeine der landwirtschaftlichen Fachzeitschriften, die ich in Amerika gesehen hatte, als „technisch und literarisch“ beschrieben werden könnte. Wenn das so wäre, fürchte ich, dass die Bauern, zumindest die Bauern in meinem Teil des Landes, sie nicht lesen würden.

Um die allgemeine Intelligenz der Bauernbevölkerung zu verdeutlichen, erzählte mir derselbe Herr, dass er einmal in einem abgelegenen Bezirk einen Molkereimanager aufgesucht hatte, dessen Gehalt zusätzlich zu seinem Haus, das ihm zur Verfügung gestellt wurde, etwa vierundzwanzig Schilling betrug oder sechs Dollar pro Woche. In seinem Haus fand er ein aktuelles Exemplar des *Studio* , einer bekannten englischen Kunstpublikation. In seinen Bücherregalen hatte er neben den gewöhnlichen Veröffentlichungen eines Molkereiexperten auch Bände in Englisch, Französisch, Deutsch und Schwedisch entdeckt.

Ich war beeindruckt von der Tatsache, dass fast jeder, den ich in Dänemark traf, mindestens drei Sprachen sprechen konnte – nämlich Deutsch, Englisch und Dänisch. Ich war sehr überrascht, als ich am Sonntagabend meiner Ankunft ein Publikum von satten 3.000 Personen antraf und feststellte, dass zumindest die Mehrheit der Anwesenden meine Rede verstehen konnte. Tatsächlich hatte ich keine zehn Minuten gesprochen, als ich merkte, dass ich so natürlich und leicht zu diesem dänischen Publikum sprach , als würde ich eine ähnliche Anzahl von Menschen in Amerika ansprechen. Die Leute haben mir sogar geschmeichelt, indem sie über meine Witze gelacht haben, und zwar an den richtigen Stellen. Ich bin davon überzeugt, dass jeder , der einen amerikanischen Witz versteht, fast alles in der englischen Sprache verstehen kann.

Es gibt ein Sprichwort: Wenn man in Deutschland ein großes Gebäude sieht , weiß man vielleicht, dass es sich um eine Militärkaserne handelt, in England handelt es sich um eine Fabrik und in Dänemark um eine Schule. Ich habe noch nie so gesunde, glückliche und robuste Schulkinder gesehen wie in Dänemark, und bei allem Respekt vor der dänischen Landwirtschaft bin ich überzeugt, dass die beste Ernte, die Dänemark anbaut, seine Kinder sind.

Während andere Länder versucht haben, den nationalen Wohlstand und das Wohlergehen durch die Entwicklung der materiellen Ressourcen zu steigern, hat Dänemark, das weder Kohle, Eisen, Öl noch andere Mineralien, sondern nur das Land besitzt, nicht nur den nationalen Wohlstand, sondern auch den nationalen Komfort und die Lebensqualität erhöht Glück, indem sie ihr Volk verbessert. Während andere Nationen mit der Arbeit der Bildung und, ich wollte sagen, Zivilisation, ganz oben begonnen haben, hat Dänemark ganz unten begonnen. Damit hat Dänemark bewiesen, dass es sich lohnt, den Mann am weitesten unten auszubilden.

FUSSNOTE:

[5] „Was ich über Bildung in Dänemark gelernt habe“, Kapitel XI. „Meine größere Ausbildung“, Doubleday, Page & Company, 1911.

KAPITEL XVIII
: REKONSTRUKTION DES LEBENS DES ARBEITERS IN LONDON

Am Ende meiner langen Reise durch Europa kehrte ich nach London zurück. Während meines Besuchs in Dänemark hatte ich einige Ergebnisse der Neuordnung des Landlebens gesehen. In diesem Kapitel möchte ich etwas darüber erzählen, was ich in London über die Bemühungen gesehen und gelernt habe, das Leben des Underman unter den komplexeren Bedingungen einer Großstadt zu rekonstruieren.

Im Laufe meiner Reisen durch verschiedene Teile der Vereinigten Staaten, in dem Bemühen, öffentliches Interesse für die Arbeit zu wecken, die wir für die Neger in Tuskegee zu leisten versuchen, bin ich häufig Personen begegnet, die sich mit einiger Besorgnis bei mir erkundigt haben: was meiner Meinung nach für die Stadtneger getan werden könnte, insbesondere für die Klasse, die jedes Jahr in beträchtlicher Zahl in das Leben der größeren Städte in den Nord- und Südstaaten eintritt. Die Leute, die diese Frage stellten, gingen offenbar, weil die große Mehrheit der Negerbevölkerung auf den Plantagen und in den Kleinstädten des Südens lebt, davon aus, dass die Arbeit einer Schule wie dem Tuskegee Institute, das sich im Zentrum eines großen Die bäuerliche Negerbevölkerung muss auf die ländlichen Neger und den Süden beschränkt werden.

Als Antwort auf diese Anfragen habe ich manchmal versucht, darauf hinzuweisen, dass viele der Probleme der Stadt ihren Ursprung im Land haben und dass der beste Weg, die Situation des Stadtnegers zu verbessern, vielleicht darin besteht, den Zustand seiner Stadt zu verbessern die Massen der Rasse im Land. Dies zu tun, erklärte ich, würde bedeuten, das Übel an der Wurzel zu packen, denn wenn das Leben auf dem Land attraktiver gemacht würde, würde der Bevölkerungsstrom in die Stadt weitgehend aufhören.

Was in dieser Hinsicht für die Massen der Neger in Amerika gilt, gilt, wie ich herausfand, gleichermaßen für ähnliche Klassen in Europa. Wer sich die Mühe macht, die Ursache der europäischen Auswanderung zu untersuchen, wird sicherlich von der Tatsache beeindruckt sein, dass die Bedingungen der Landwirtschaft in Europa einen deutlichen Einfluss auf das Wachstum und den Charakter amerikanischer Städte hatten.

Diese Tatsache legt den engen Zusammenhang zwischen den Verhältnissen auf dem Land und dem Stadtproblem nahe, doch es gibt noch eine andere Seite der Sache. Meine Beobachtung der unteren Schichten des Londoner Lebens und die Bemühungen, es zu verbessern, haben mich vor allem beeindruckt: Dass es viel einfacher und auf lange Sicht viel billiger ist Es ist wichtiger, ein Volk aufzubauen und zu entwickeln, das in der gesunden Luft des offenen Landes aufgewachsen ist, als ein Volk zu regenerieren, das sein ganzes oder den größten Teil seines Lebens in der stinkenden Atmosphäre eines städtischen Slums verbracht hat. Mit anderen Worten: Es ist einfacher, mit Menschen umzugehen, die körperlich und moralisch gesund sind, als mit Menschen, die aufgrund ihrer ungesunden und unmoralischen Umgebung demoralisiert und degeneriert sind. Das erste ist ein Bildungsproblem; die zweite, eine des Wiederaufbaus und der Regeneration.

Ich denke, das, was mir am meisten geholfen hat, das Ausmaß und die Schwierigkeit dieser Erneuerungsarbeit in London zu erkennen, war das Wissen, das ich dort über die Vielzahl von Institutionen und Agenturen unterschiedlicher Art gewonnen habe, die sich mit dieser Arbeit befassen.

Während meiner Besuche in Whitechapel und anderen Teilen des East Ends von London war ich beeindruckt von der Vielzahl an Notunterkünften, Heimen, Zufluchtsorten und Missionen aller Art, die ich auf der Whitechapel Road in der Werbung sah. Als ich Rev. John Harris, Organisationssekretär der Anti-Sklaverei-Gesellschaft, der einst selbst in diesem Teil der Stadt Missionsarbeit geleistet hatte, erkundigte, ob es möglich sei, eine vollständige Liste aller verschiedenen Arten zu erhalten Nachdem er eine Reihe von Wohltätigkeitsorganisationen und Institutionen zur sozialen Verbesserung in London vorgestellt hatte, legte er mir einen Band von fast siebenhundert Seiten in die Hände, der ausschließlich der Klassifizierung und Beschreibung der verschiedenen Wohltätigkeitsorganisationen gewidmet war, von denen die meisten in London ansässig waren.

Dieses Buch mit dem Titel „Annual Charities Register and Digest" habe ich mit größtem Interesse gelesen und studiert. Ich gestehe, dass ich sowohl über die Anzahl und Vielfalt der verschiedenen Wohltätigkeitsorganisationen erstaunt war als auch darüber, wie viel Zeit, Energie und Geld nötig waren, um sie aufrechtzuerhalten und zu unterhalten.

In einem anderen Band, „London Statistics", herausgegeben vom London County Council, fand ich die Fakten über Londoner Wohltätigkeitsorganisationen prägnant zusammengefasst. Aus diesen Büchern erfuhr ich, dass es allein in London etwa 2.035 gemeinnützige Einrichtungen unterschiedlicher Art gibt . Vielleicht kann ich am besten einen Eindruck vom Charakter dieser Institutionen vermitteln, von denen einige bis ins 18. Jahrhundert und vielleicht sogar noch frühere Perioden zurückreichen, indem ich einige Einzelheiten aus diesen beiden Bänden wiedergebe .

Beispielsweise gibt es in London 112 Einrichtungen für Blinde und 143 Einrichtungen, die in der einen oder anderen Form medizinische Hilfe leisten, wobei der Gesamtbetrag der ausgegebenen Gelder jährlich etwa fünf

Millionen siebenhunderttausend Dollar beträgt. Für die Pflege von Genesungskranken gibt es 214 Einrichtungen, deren jährliche Ausgaben sich auf knapp eine Million und drei Viertel belaufen; 220 Heime für Kinder und Ausbildungsheime für Bedienstete, deren Unterhalt jährlich über vier Millionen Dollar kostet; 257 Einrichtungen zur „allgemeinen und besonderen Hilfe", die mit einem jährlichen Aufwand von fast sechs Millionen Euro unterstützt werden .

Darüber hinaus gibt es 159 Anstalten für „Büßer", die ein Einkommen von einer Million pro Jahr erhalten; 156 Institutionen zur sozialen und physischen Verbesserung, zu denen eine Vielzahl unterschiedlichster Art gehört, wie zum Beispiel Bildungs-, Mäßigkeits- und christliche Vereine, soziale Siedlungen, Jungenbrigaden, Gesellschaften zur Verbesserung von Wohnungen, zur Verbesserung der nationalen Qualität Gesundheit, zur Unterdrückung des Handels mit weißen Sklaven usw. Der Unterhalt dieser 156 Institutionen kostet etwas über drei Millionen Dollar pro Jahr.

Schließlich gibt es 47 sogenannte „spirituelle" Institutionen, die sich auf unterschiedliche Weise und in verschiedenen Formen für die Verbreitung der Kenntnis der Bibel und des Glaubens an die christliche Religion einsetzen. Obwohl die spirituellen Vereinigungen weniger als ein Siebzehntel der Gesamtzahl der Wohltätigkeitsorganisationen ausmachen, wird fast ein Viertel der Gesamtsumme der Wohltätigkeitsorganisationen für deren Unterhalt aufgewendet.

Nach der besten Schätzung, die gemacht werden kann, beläuft sich der dafür ausgegebene Geldbetrag auf nicht weniger als fünfzig Millionen pro Jahr. Darin sind auch nicht die Beträge enthalten, die von den verschiedenen Kirchen – der Kongregations-, der katholischen und der etablierten Kirche – gesammelt und ausgegeben wurden. In zwei Diözesen der Church of England – nämlich in London und Southwark – beliefen sich die auf diese Weise gesammelten Summen auf mehr als sechshunderttausend Dollar.

Meine Aufmerksamkeit erregte vor allem die Zahl der Unterkünfte und Zufluchtsorte, in denen obdachlosen Männern, Frauen und Kindern vorübergehende Hilfe auf die eine oder andere Art gewährt wird. Neben acht von der Heilsarmee unterhaltenen Unterkünften in verschiedenen Teilen der Stadt, in denen obdachlose Männer und Frauen ein Bett und etwas zu essen bekommen können, gibt es das Asyl für obdachlose Arme, das angeblich Übernachtungsmöglichkeiten bietet in den Wintermonaten bis 80.000; das Free Shelter in der Ratcliffe Street East, das 125.000 Übernachtungsmöglichkeiten bietet; die Ham Yard Soup Kitchen and Hospice, die in den Jahren 1908–1909 durchschnittlich 16 Nächte lang 343 Personen betreute; das Providence Right Refuge and Home, mit Berichten über fast 2.100 Unterkünfte, Abendessen und Frühstücke pro Woche.

Darüber hinaus gibt es eine beträchtliche Anzahl von Zufluchtsorten und Unterkünften für verschiedene Personengruppen – für Seeleute, Soldaten, Juden, Asiaten und Afrikaner; für Ballettmädchen; „Damen, die aufgrund ihrer Konvertierung zum katholischen Glauben gezwungen sind, ihr Zuhause oder ihre Situation zu verlassen"; für „anständige Dienstmädchen"; obdachlose Jungen und Mädchen, Gouvernanten; „Protestantische Bedienstete, die Arbeit in den Familien des Adels suchen", und für „junge Frauen, die in Hotels und Clubs im West End beschäftigt sind".

Dies sind nur einige der vielen verschiedenen Häuser, Herbergen und Unterkünfte, mit denen die Stadt ausgestattet ist. In den meisten Fällen wird im Zusammenhang mit diesen Einrichtungen behauptet, dass Landstreicher strikt ausgeschlossen sind, und der Zweck der meisten von ihnen scheint darin zu bestehen, respektable, aber unglückliche Menschen vom Besuch der öffentlichen Arbeitshäuser abzuhalten.

Zusätzlich zu den fünfzig Millionen und mehr, die für wohltätige Zwecke ausgegeben werden, werden von den verschiedenen Bezirken Londons fast zwanzig Millionen weitere für die Hilfe für die Armen in Institutionen und Heimen ausgegeben. Insgesamt kostet es etwa siebzig Millionen Dollar pro Jahr, die Armen und Unglücklichen der Stadt zu versorgen.

In den Südstaaten, wo neun der zehn Millionen Neger in den Vereinigten Staaten leben, wird praktisch nichts für wohltätige Zwecke für die Neger ausgegeben. In zwei oder drei Bundesstaaten wurden Besserungsanstalten eingerichtet, damit wegen Kleinkriminalität verhaftete Negerkinder nicht in die Kettenbanden geschickt und zusammen mit älteren und hartgesotteneren Kriminellen eingesperrt werden dürfen, die in den Minen und anderswo beschäftigt sind. Auf der letzten Sitzung des Landtags von Alabama wurde ein Gesetz verabschiedet, das vorsah, dass der Staat eine Besserungsanstalt für farbige Kinder übernehmen und unterstützen sollte, die von den Negerfrauen des Staates eingerichtet und unterstützt worden war. In mehreren größeren Städten im Süden wurden christliche Vereinigungen junger Männer gegründet, die von Wohltätigkeitsorganisationen unterstützt werden, und in einigen Fällen wurden Krankenhäuser eingerichtet.

Der einzige Zweck, für den der Neger um philanthropische Hilfe gebeten oder sie erhalten hat, war die Unterstützung der Bildung. Die Menschen in den Vereinigten Staaten haben großzügig zur Bildung der Neger beigetragen. Trotz dieser Tatsache beträgt das Einkommen aller Neger-Colleges, Industrieschulen und anderen Institutionen der sogenannten höheren Bildung im Süden nicht ein Fünfzigstel dessen, was jedes Jahr in London für wohltätige Zwecke und Hilfsmaßnahmen ausgegeben wird, nicht für diesen Zweck der Bildung, sondern lediglich, um die Gestrandeten, die

Ausgestoßenen und diejenigen, die bereits verloren sind, vor noch schlimmeren Katastrophen zu retten. [6]

Ich bin wie die meisten Menschen der Meinung, dass es sehr schwierig ist, die Bedeutung einer Tatsache zu erkennen, die in bloßen abstrakten Zahlen ausgedrückt wird. Erst nachdem ich diese Abstraktionen in Begriffe meiner eigenen Erfahrung übersetzt habe, kann ich sie begreifen. Das muss hier meine Entschuldigung für einen vielleicht etwas weit hergeholten Vergleich sein.

Die Negerbevölkerung der Südstaaten beträgt derzeit etwa neun Millionen. Mit anderen Worten: Die Zahl der Neger im Süden ist nur etwa ein Viertel größer als die Bevölkerung des Großraums London, die bei etwas über sieben Millionen liegt. Vier Fünftel dieser südlichen Negerbevölkerung leben noch immer auf den Plantagen und in den Kleinstädten.

Von Zeit zu Zeit haben nachdenkliche und interessierte Personen – einige davon übrigens Engländer – die Südstaaten besucht, mit den Weißen gesprochen und die Neger angeschaut. Dann sind sie zurückgegangen und haben verzweifelt, manchmal pessimistisch, über das Negerproblem geschrieben. Ich wünschte, einige dieser Autoren würden die Situation der Rassen im Süden lange genug studieren, um herauszufinden, was dort möglich wäre, nicht mit siebzig oder sogar fünfzig, sondern mit einer Million Dollar pro Jahr, vorausgesetzt, dass Geld verwendet würde. nicht, um die Negerbevölkerung zu ernähren, zu beherbergen oder zu schützen, wofür sie nicht benötigt wird, sondern um sie zu erziehen; beim Aufbau der öffentlichen Schulen in den Landbezirken; bei der Bereitstellung eines Systems von Gymnasien, Industrie- und Landwirtschaftsschulen, wie es beispielsweise in Dänemark existiert; durch die Ausweitung der Demonstrationslandwirtschaft auf alle Menschen auf dem Land und durch die Ermutigung der kleinen Hochschulen , ihren Unterricht an die tatsächlichen Bedürfnisse der Menschen anzupassen, so dass im Laufe der Zeit die Negerausbildung im Süden schrittweise organisiert und koordiniert werden konnte einziges kohärentes System.

Vielleicht kann ich durch einen weiteren Vergleich den Unterschied in der Situation des armen Mannes im komplexen Leben einer Großstadt wie London und der einer ähnlichen Klasse in den einfacheren Verhältnissen einer vergleichsweise ländlichen Gemeinde im Großen und Ganzen veranschaulichen. Der Bundesstaat Alabama ist fast so groß wie England und Wales zusammen. Im Jahr 1900 hatte es etwas mehr als ein Drittel der heutigen Bevölkerung des sogenannten „Administrative London“, was eine Stadt mit 4.720.729 Einwohnern bedeutet. Von dieser Bevölkerung gab es im Durchschnitt 139.916 Arme. In Alabama, das im Jahr 1900 1.828.696

Einwohner hatte, lebten 1905 771 Arme in Armenhäusern, davon 414 Weiße und 357 Neger. Mit anderen Worten: Während in London auf tausend Einwohner fast drei Arme kamen, kamen in Alabama auf zehntausend Einwohner etwas mehr als vier Arme. Hiervon ausgenommen sind Personen, die in Anstalten untergebracht sind oder in ihren Häusern betreut werden. In Alabama ist die Zahl der auf diese Weise betreuten Armen sehr gering. Im Vergleich zu den 2.000 Wohltätigkeitseinrichtungen in London gab es 1904 in Alabama zwanzig solcher Einrichtungen. Drei davon, ein Krankenhaus, ein Alters- und Waisenheim sowie eine Schule für Gehörlose und Blinde, waren für Neger bestimmt.

Ich habe diese Zahlen zitiert, um den Kontrast zwischen den Bedingungen in einer Großstadt und einer vergleichsweise ländlichen Gemeinde zu verdeutlichen. Aber in Alabama gibt es drei Städte von beträchtlicher Größe, die möglicherweise eine ziemlich große Zahl der Armen ausmachen, so dass ich vermute, dass man bei strenger Durchführung des Vergleichs feststellen würde, dass der Pauperismus weitaus eher eine Stadtkrankheit ist als er scheint.

Die Institutionen in London, auf die ich mich bezogen habe, ob sie nun von privaten Wohltätigkeitsorganisationen oder von der Öffentlichkeit verwaltet werden, werden hauptsächlich zum Wohle derjenigen aufrechterhalten, die bereits im Kampf ums Dasein gefallen sind. Sie sind sozusagen für die Kranken und Verwundeten da. In den letzten Jahren hat eine Bewegung immer mehr an Boden gewonnen, die versucht, die Ursache dieser Stadtkrankheit anzugehen und durch die Verbesserung der Lebensbedingungen in der Stadt ihre Ursachen einigermaßen zu beseitigen.

Die Arbeit zur Neuorganisation des Lebens der ärmeren Klassen in London scheint vor etwa fünfzig oder sechzig Jahren begonnen zu haben. Der Zustand der arbeitenden Bevölkerung zu dieser Zeit wurde von Herrn Sidney Webb, der eine gründliche Studie über den Zustand der arbeitenden Klassen in London durchgeführt hat, mit den folgenden Worten beschrieben:

> Zwei Drittel der gesamten Kinderbevölkerung wuchsen nicht nur praktisch ohne Schulbildung oder religiöse Einflüsse jeglicher Art auf, sondern auch unbeschreiblich brutal und unmoralisch; Sie leben inmitten des Schmutzes völlig überfüllter Gerichtshöfe, ohne Wasserversorgung oder sanitäre Einrichtungen, immer auf dem niedrigsten Stand der körperlichen Gesundheit und ständig dezimiert durch Krankheiten. unaufhörlich der Versuchung der brennenden Gin-Paläste ausgesetzt, die allein die Monotonie der schäbigen Straßen lindern, zu denen sie verdammt waren; Fast zwangsläufig verfiel er inmitten des

mittlerweile unglaublichen Straßenlebens einer polizeilosen Metropole in Laster und Kriminalität. [7]

Der erste Versuch bestand darin, öffentliche Bildung für diejenigen bereitzustellen, die keine Privatschulen besuchen konnten, und, wie ein Autor es ausdrückt, „die Kinder aus dem Abgrund zu retten". In dieser Rettungsaktion hatten die öffentlichen Schulen Englands ihren Ursprung. Diese auf diese Weise begonnenen Schulen wurden stetig erweitert und erweitert, bis London heute über ein ausgefeiltes System von Fortbildungs-, Handels- und technischen Schulen verfügt, das in der neu organisierten University of London seinen Höhepunkt findet. Dieses System ist keineswegs perfektioniert; es ist noch in Bearbeitung, aber es enthält die Umrisse eines umfassenden und großzügigen Bildungsplans, der in Konzeption und Organisation zumindest den Bedürfnissen der größten Stadt der Welt entspricht.

In London gibt es beispielsweise bereits 327 Abendschulen mit 127.130 Schülern, in denen junge Männer und Frauen, die die Tagesschulen verlassen haben, nachts ihr Studium fortsetzen oder sich in einem Zweig ihres Fachs vervollkommnen können.

Kochen, Haushaltsführung, Wäschereiarbeiten und Eisenarbeiten werden in mehr als der Hälfte der Grundschulen Londons unterrichtet. Der London County Council unterstützt vierzehn Schulen, die Kunsthandwerk und Handwerk unterrichten. Darüber hinaus unterstützt die Regierung etwa einundsechzig weitere Einrichtungen mit über 6.000 Besuchern, in denen technische und kaufmännische Ausbildung in irgendeiner Form vermittelt wird. Einige dieser Schulen, wie das Shoreditch Technical Institute und die Brixton School of Building, widmen sich einem einzelnen Gewerbe oder einer Gruppe verwandter Gewerbe. Im Shoreditch Institute werden Jungen für den Möbelhandel ausgebildet. Die Hälfte ihrer Zeit widmen sie dem akademischen Studium und der anderen Hälfte ihrer Berufstätigkeit. An der Brixton School wird Unterricht in Maurer- und Maurerhandwerk, Klempnerarbeiten, Malerei, Architektur, Bauwesen und Vermessung erteilt. In anderen Schulen erhalten die Schüler Unterricht in Fotogravur und Lithografie, in feiner Handarbeit und Gravur, im Buchbinden und in vielen anderen Handwerken, die ein hohes Maß an Intelligenz und Geschicklichkeit erfordern.

Mit dem Wachstum dieser Schulen hat sich die Vorstellung durchgesetzt, dass es nicht ausreicht, diejenigen zu retten, die aufgrund von Unglück oder Krankheit nicht in der Lage sind, sich selbst zu ernähren; dass im Gegenteil, anstatt zu warten, bis ein Individuum tatsächlich Opfer dessen geworden ist, was ich die „Stadtkrankheit" genannt habe, Maßnahmen zur Vorbeugung gegen den Pauperismus wie auch gegen andere Krankheiten ergriffen werden sollten.

Mit dieser veränderten Sichtweise ging die Einsicht einher, dass die Leistungsfähigkeit der Nation als Ganzes von ihrer Fähigkeit abhängt, die Kapazitäten der gesamten Bevölkerung optimal zu nutzen.

„In der Tat", wie Herr Webb, der Autor, den ich bereits zitiert habe, sagt, „sehen wir jetzt mit schmerzlicher Klarheit, dass wir auf lange Sicht für die Aufrechterhaltung unserer herausragenden industriellen Position in der Welt nichts anderes haben, auf das wir uns verlassen können . " Die Gehirne unseres Volkes. Öffentliche Bildung wird daher unbemerkterweise nicht mehr als eine Angelegenheit der Philanthropie betrachtet, die zum Wohle der geförderten Kinder durchgeführt wird, sondern als eine Angelegenheit von nationalem Interesse, die im Interesse der Gemeinschaft durchgeführt wird als Ganzes."

Nach den Schulen war die nächste Richtung, in der versucht wurde, die Lage der Armen in London zu verbessern, die Wohnungsbaufrage. Zuerst begannen das Board of Works und danach der London County Council vor etwa vierzig Jahren, weite Gebiete in den überfüllten Teilen Londons zu kaufen, sie von den verrufenen Gebäuden zu befreien und sie dann Personen zum Verkauf anzubieten, die bereit waren, darauf Sanitäranlagen zu errichten Wohnungen für die Arbeiterklasse. Das Metropolitan Board of Works beispielsweise kaufte 42 Acres in verschiedenen Teilen der Stadt zur Räumung. Nach dem Abriss der Gebäude und dem Weiterverkauf der Grundstücke wurden die Nettokosten auf etwa 1.320.619 £ oder etwa 6.603.395 $ geschätzt. Auf diesem Gebiet lebten 22.872 Personen, sodass die Nettokosten für die Sanierung dieses Gebiets und die Umsiedlung der Bevölkerung in bessere Viertel etwa 281 US-Dollar für jeden einzelnen Einwohner betrugen.

Dann nahm der London County Council die Arbeit auf und beschloss, mit dem Bau eigener Häuser zu beginnen. Schließlich wurde ein Gesetz verabschiedet, das vorsah, dass die so geschaffenen Gebäude einen höheren Mietpreis als die im Bezirk üblichen Mieten zahlen und die Instandhaltungskosten in Höhe von 3 Prozent tragen sollten. auf das investierte Kapital.

Unter diesen Bedingungen haben das Metropolitan Board of Works und der London County Council in verschiedenen Teilen der Innenstadt Londons ein Gebiet von fast 86 Acres mit einer Bevölkerung von 41.584 Einwohnern zu Kosten von durchschnittlich etwa 250 US-Dollar pro Person abgeholzt. Auf dem so erworbenen Grundstück hatte der London County Council 1907

8.223 Mietshäuser mit 22.331 Zimmern errichtet. Zu diesem Zeitpunkt, 1907, waren Wohnhäuser mit insgesamt 28.000 Zimmern geplant, die zusammen mit den bereits errichteten Zimmern eine Gesamtzahl von über 50.000 Zimmern ergeben. Die Miete für diese Mietshäuser beträgt durchschnittlich etwa 70 Cent pro Woche und Zimmer, so dass die Stadt Groß-London allein aus ihren Mieten ein jährliches Einkommen von fast 760.000 US-Dollar hat, mit dem die Stadt 1901 nach Zahlung aller Gebühren einen Gewinn erzielte von 10.000 $.

Zunächst versuchte der Kreisrat lediglich, die von ihm entfernten Gebäude zu ersetzen, und die neuen Gebäude besetzten die Stelle der älteren. An oder in der Nähe der Boundary Street, in der Nähe von Bethnal Green, wurden 22 Hektar von Slums befreit und mit Musterwohnungen bedeckt, die mit Waschhäusern, Clubräumen und allen modernen Geräten für Gesundheit und Komfort ausgestattet waren. Das Traurige daran war, dass sich nach Fertigstellung und Bezug der Gebäude herausstellte, dass nur noch elf der ehemaligen Bewohner übrig waren. Sie strömten in die Slums im älteren Teil der Stadt und vergrößerten die Bevölkerung in den bereits überfüllten Regionen.

Unterdessen hatten in anderen Teilen des Landes Privatunternehmen und private Wohltätigkeitsorganisationen den London County Council überholt. Außerhalb von Birmingham und Liverpool wurden Gartenstädte errichtet, in denen jeder Familie ein Hektar Land zur Verfügung stand, auf dem die in den Fabriken beschäftigten Männer, wenn sie nicht arbeiteten, ihren Verdienst in manchen Fällen um bis zu 50 Pfund steigerten oder 250 $ pro Jahr.

Dann begann der Kreisrat mit der Anschaffung von Straßenbahnen, die in alle Richtungen bis in die Vororte führten. Gegenwärtig besitzt die Stadt etwas mehr als hundert Meilen Straßenbahn innerhalb der Stadt, und von den 300 Meilen oder mehr im Großraum London ist der Großteil entweder im Besitz von London oder den Vorortbezirken.

An den Enden dieser Linien haben der London County Council und häufiger auch Privatpersonen in großem Maßstab Musterwohnungen errichtet und siedeln so nach und nach die Stadtbevölkerung aufs Land.

In der Zwischenzeit wurde in den letzten Jahren viel getan, um die Zahl der Spiel- und Atemflächen zu erhöhen, Toiletten, Waschhäuser und andere Einrichtungen bereitzustellen, die es ermöglichen, die Stadt und die Menschen in einem gesunden und hygienischen Zustand zu halten. In vielen Hauptstraßen Londons fielen mir Schilder auf, die die Menschen zu öffentlichen Bädern führten, die sich irgendwo unterhalb der Straße befanden. Die verschiedenen Bezirke steuerten 1907 738.545 US-Dollar an Steuern bei, um diese öffentlichen Bäder und Badehäuser zu unterstützen, und gleichzeitig zahlten die Londoner über 400.000 US-Dollar für Badekarten und 85.000 US-Dollar für Waschkarten, um diese öffentlichen Annehmlichkeiten nutzen zu können.

Das Innere Londons, ohne Vororte, verfügt jetzt über eine Fläche von 6.588 Acres mit großen und kleinen Parks, für die die Stadt ein Kapital von 9.125.910 US-Dollar ausgegeben hat und für die sie jährlich etwa 548.065 US-Dollar ausgibt.

Was mir an all dem auffällt, ist, dass diese enormen Geldsummen, die London für die Säuberung seiner Slums, für die Schaffung anständiger Häuser, breiterer Straßen, Atempausen, Badehäuser, Schwimmbäder und Waschräume ausgegeben hat, hauptsächlich ausgegeben wurden auf Sonnenschein, Luft und Wasser, Dinge, die jeder im Land kostenlos haben kann.

Nachbarschaft kamen, um ihre wöchentliche Wäsche zu waschen. Sie zahlten stundenweise für die Nutzung der städtischen Waschzuber und des Wassers, aber ich bin mir sicher, dass sie in dieser Hinsicht nicht besser versorgt waren als die farbigen Frauen des Südens, die an sonnigen Tagen zum Bach hinuntergehen, um ihre Wäsche zu waschen Sie kochen ihre Kleidung in einem großen Eisenkessel. Ich habe die Jungen in einigen Schwimmbädern gesehen, aber ich habe keinen von ihnen gesehen, der glücklicher zu sein schien als der Junge, der mit Angel und Angel zum Bach geht und nebenbei in einem altmodischen Schwimmloch einen Sprung wagt .

So scheint London herausgefunden zu haben, dass der beste, wenn nicht der einzige Weg, das Stadtproblem zu lösen, darin besteht, seine Bevölkerung aufs Land zu transportieren und sie in Kolonien in den Vororten anzusiedeln, wo sie mit enormen Kosten was bekommen können Vier Fünftel der Negerbevölkerung in diesem Land haben bereits etwas und was kann man ihnen beibringen, es zu schätzen und zu behalten, wenn ein Teil des Geldes, das jetzt ausgegeben wird oder für die städtischen Slums ausgegeben wird, dafür ausgegeben würde, den Menschen auf der Farm etwas davon zu geben die Vorteile, die die Stadt bietet, von denen der wichtigste eine Chance auf Bildung ist.

FUSSNOTEN:

[6] Das Jahreseinkommen von zwanzig Neger-Colleges in den Vereinigten Staaten betrug 1908 804.663 US-Dollar.

[7] London Education, Nineteenth Century, Oktober 1903, S. 563.

KAPITEL XIX
JOHN BURNS UND DER MANN AM weitesten unten in London

Ich hatte von Zeit zu Zeit viel über John Burns gehört, bevor ich nach Europa ging, und als ich in London ankam , nutzte ich die erste Gelegenheit, die sich bot, um meine Bekanntschaft mit ihm persönlich zu machen. Dieses Treffen war für mich damals ein besonderes Glück, denn wie ich bereits wusste, gibt es in England aller Wahrscheinlichkeit nach niemanden, der die Hoffnungen, Ambitionen und Aussichten der Arbeiterklasse besser versteht als der Rt . Hon. John Burns, Präsident des Local Government Board, selbst der erste arbeitende Mann, der Mitglied des britischen Kabinetts wurde.

John Burns wurde in Armut geboren und ging im Alter von zehn Jahren zur Arbeit. Er wusste, was es heißt, wochen- und monatelang auf der Suche nach Arbeit durch die Straßen Londons zu schlendern. Ein solches Erlebnis hatte er einmal, nachdem er seinen Job verloren hatte, weil er eine sozialistische Rede gehalten hatte. Nachdem er aus Erfahrung das Leben dieses aus der Industrie ausgeschlossenen Gelegenheitsarbeiters kennengelernt hatte , organisierte er 1889 den großen Hafenarbeiterstreik , der 100.000 hungernde und desorganisierte Arbeiter , die zuvor vom Schutz der organisierten Arbeiterschaft ausgeschlossen waren, in den Gewerkschaften zusammenbrachte . Darüber hinaus war er ein Agitator; war jahrelang ein markierter Mann und erhielt einmal den Namen „Mann mit der roten Fahne". Wegen seiner Reden wurde er mehrfach verhaftet und einmal wegen Aufruhrs zu einer dreimonatigen Haftstrafe verurteilt.

Mittlerweile war er zum Idol der arbeitenden Massen geworden und erlangte sogar die Bewunderung und den Respekt der führenden Persönlichkeiten der öffentlichen Meinung. Er wurde 1889 in den ersten London County Council gewählt, wo er Seite an Seite mit so angesehenen Männern wie Frederic Harrison und Lord Rosebery arbeitete. Im Jahr 1890 wurde er zum Abgeordneten des Parlaments gewählt und zeichnete sich dort durch den Vorrat an praktischen Informationen aus, den er während seiner achtzehnjährigen praktischen Erfahrung im London County Council sammelte.

Als er einundzwanzig Jahre alt war, ging Herr Burns als Ingenieur nach Afrika, wo er ein Jahr in den Sümpfen des unteren Niger verbrachte, gelegentlich gegen Alligatoren kämpfte und seine Freizeit dem Studium der politischen Ökonomie widmete. Als er zurückkam, gab er das Geld, das er in Afrika gespart hatte, für sechs Monate Reisen und Studium in Europa aus.

Über das, was er in Afrika gelernt hat, sagte Herr Burns einmal: „Sie reden von Grausamkeit und Elend in heidnischen Ländern, aber aus eigener Erfahrung kann ich Ihnen sagen, dass es in den heidnischen Ländern noch mehr davon und noch mehr Erniedrigung von Frauen gibt." Slums von London als an der Westküste Afrikas.

Er hat eine größere Erfahrung als die meisten Männer mit Mobs, denn er hat sie nicht nur angeführt, sondern sich im Jahr 1900 zwei Tage lang in seinem Haus auf Lavender Hill, Battersea, mit einem Cricketschläger gegen einen Mob verteidigt, der angeblich 10.000 Menschen zählte warf Steine durch die Fenster und versuchte, die Tür seines Hauses einzuschlagen, weil er im Parlament den Burenkrieg angeprangert hatte.

Im Jahr 1906, nachdem es ihm gelungen war, etwa einhundert Arbeitsgesetze in die Gesetze des Parlaments zu integrieren, übernahm er das Amt des Präsidenten der Kommunalverwaltung und wurde dann, wie ich bereits sagte, der erste arbeitende Mann, der einen Platz im Parlament annahm Britisches Kabinett.

Als Antwort auf die Kritik, die geäußert wurde, als er diese hohe und verantwortungsvolle Position in der Regierung annahm, sagte Herr Burns: „Ich musste mich entscheiden, ob ich mich in den nächsten zehn Jahren vielleicht der Sinnlosigkeit einer Fraktionsarbeit hingeben sollte, möglicherweise in der Ohnmacht der Intrige, oder ob ich ein Amt annehmen sollte, das ich in unserer Zeit und Generation durch gute Werke nützlich machen kann. Ich habe diese Aussage zur Kenntnis genommen, weil dies eine Entscheidung ist, die die meisten Reformer und Agitatoren früher oder später treffen müssen.

Er erkannte, wie er sagte, dass „die Zeit des Agitators zu Ende ging und die des Administrators begonnen hatte", und er schreckte nicht davor zurück, eine Position anzunehmen, in der er für die Verwaltung von Gesetzen verantwortlich wurde, an deren Ausarbeitung er mitgewirkt hatte. In seiner jetzigen Position als Vorsitzender des Local Government Board trägt Herr Burns wahrscheinlich mehr als jeder andere Mann dazu bei, die Situation der armen Leute in London und den anderen großen Städten Englands zu verbessern.

Es kommt selten vor, dass ein Mann, der sein Leben in Armut begonnen hat, sich im mittleren Alter in einer so mächtigen und nützlichen Position wiederfindet, wie sie der Chef eines großen Zweigs der britischen Regierung innehat. Noch bemerkenswerter ist jedoch, dass ein Mann, der sein Leben als Agitator begann, der Vertreter der Arbeitslosen, der hilflosesten und unglücklichsten Klasse der Gemeinschaft, verhältnismäßig wenige Jahre später mit der Aufgabe des Tragens beauftragt wurde die Reformen in die Tat umzusetzen, die er von der Anklagebank eines Polizeigerichts aus gepredigt hatte. Umso glücklicher ist es für England, dass die Regierung einen Mann mit diesen Qualifikationen gefunden hat, der gleichzeitig über die Ausbildung und Qualitäten eines Staatsmannes verfügt, um die Reformen in die Tat umzusetzen. Wie Mr. Burns selbst einmal sagte: „Verlassen Sie sich darauf, es gibt keine solchen Orte, an denen man einen öffentlichen Mann hervorbringen kann, wie das Pentonville- Gefängnis und den London County Council."

Das Überraschendste an der ganzen Sache ist für mich jedoch, dass ein Mann mit seiner Geschichte und seinen Qualifikationen mit den üblichen Methoden der Politik den Weg in eine Position gefunden hat, für die er so gut geeignet ist. Es deutet für mich darauf hin, dass es trotz all dem Elend, das man in London, zumindest in England, immer noch sehen kann, Hoffnung für den Mann gibt, der am weitesten unten ist.

Es ist nicht meine Absicht in diesem Kapitel, eine Biographie von John Burns zu schreiben, sondern vielmehr zu beschreiben, was ich unter seiner Leitung gesehen habe und was in London bereits im Rahmen der „Wiederaufbauarbeit" getan wurde, auf die ich bereits Bezug genommen habe . Mir schien es jedoch nicht unangebracht, einleitend etwas über den Mann zu sagen, der vielleicht genauso viel, wenn nicht sogar mehr als jeder andere für die jetzt laufende Arbeit verantwortlich ist : und dessen Leben auf besondere Weise mit dem Teil der Stadt verbunden ist, den ich besuchen durfte, und mit den Verbesserungen, die dort vorgenommen wurden.

John Burns wurde in Battersea geboren und lebt dort noch immer, einem Viertel der Stadt, das größtenteils von Handwerkern, Mechanikern und Arbeitern verschiedener Art bewohnt wird, mit einer Prise Zigeunerhändlern und den Ärmsten der Armen. Battersea liegt direkt auf der anderen Seite des Flusses und in Sichtweite der Parlamentsgebäude, und es gibt eine Geschichte, die besagt, dass er eines Winterabends, als er nach Hause kam, seiner Mutter dabei half, die Wäsche nach Hause zu tragen, mit der sie sich selbst ernährte Familie, sie beide hielten im Schatten dieser Gebäude an, um sich auszuruhen. Der Junge wandte sich an seine Mutter und sagte: „Mutter, wenn ich jemals gesund und stark bin, wird keine Mutter so arbeiten müssen wie du."

John Burns ist gesund und stark und unternimmt nun mutige Anstrengungen, um dieses Versprechen gegenüber seiner Mutter einzulösen. Abgesehen von Colonel Roosevelt glaube ich nicht, dass ich jemals einen Mann gesehen habe, der ihm an geistiger und körperlicher Kraft ebenbürtig zu sein schien ; der in der Lage zu sein schien, so viel in kurzer Zeit zu komprimieren; oder jemand, der die vor ihm liegende Aufgabe mit größerem Eifer angeht. Ich glaube nicht, dass es in ganz England einen Mann gibt, der härter arbeitet, mehr zum Wohle seines Landes und der Welt erreicht oder der bei seiner Arbeit glücklicher ist.

Ich traf ihn Ende August, als alle anderen , die mit der Regierung zu tun hatten, London im Urlaub verlassen hatten, tief in die Details und Sorgen seines Amtes vertieft, aber voller Energie und Enthusiasmus.

Was John Burns tut und in welchem Geist er es tut, wird vielleicht im Verlauf meiner Beschreibung einer Reise deutlich werden, die ich mit ihm durch seinen eigenen Bezirk Battersea und die angrenzende Region unternommen habe, um es mir anzusehen was der London County Council dort unternimmt, um das Leben der armen Männer zu verbessern. Es tut mir leid, dass ich nicht alles im Detail beschreiben kann, was ich auf dieser Reise gesehen habe, denn wir haben in kurzer Zeit so viel zurückgelegt und so viele verschiedene Dinge gesehen, dass wir erst nach meiner Rückkehr in mein Hotel wieder dort waren , und hatte Gelegenheit, die Route dieser Reise zu studieren, so dass ich eine genaue Vorstellung von der Richtung bekommen konnte, in die wir gegangen waren, oder von der Verbindung und dem allgemeinen Plan, die dem gesamten Plan der Verbesserungen, die wir gesehen hatten, zugrunde lagen.

Ich glaube, es war ungefähr zwei Uhr nachmittags, als wir die Büros der Kommunalverwaltung verließen. Mr. Burns bestand darauf, dass ich mir, bevor wir losgingen, etwas von den Parlamentsgebäuden anschaute, und er versprach, als mein Führer zu fungieren. Diese hastige Reise durch die Parlamentsgebäude zeigte mir, dass John Burns, obwohl er als Sozialist ins politische Leben eingetreten war, eine tiefe Ehrfurcht vor allen historischen Traditionen und eine sehr genaue Kenntnis der englischen Geschichte hegt. Ich werde nicht so schnell die beredte und lebendige Art vergessen, mit der er mir, als wir auf dem Weg zum Unterhaus durch Westminster Hall gingen, einige der großen historischen Szenen und Ereignisse erzählte, die sich in diesem alten und historischen Gebäude zugetragen hatten herrliches Zimmer. Ich war nicht nur beeindruckt von der Vertrautheit, die er mit allen Assoziationen des Ortes an den Tag legte, sondern ich war auch begeistert von der Begeisterung, mit der er darüber sprach und sie beschrieb. Es kam mir sehr seltsam vor, dass derselbe John Burns, der einst als „der Mann mit der roten Fahne" bekannt war und inhaftiert worden war, weil er einen Mob von Arbeitern gegen die Polizei angeführt hatte, mit der ganzen Begeisterung eines Studenten und eines Studenten die Geschichte zitierte Gelehrte.

Im Laufe unserer Reise kamen wir durch einen kleinen Streifen von Chelsea. Ich erinnere mich, dass er unter den anderen Orten, an denen wir vorbeikamen, auf das Haus von Thomas Carlyle hinwies. Ich stellte fest, dass er mit den Namen und Taten aller großen literarischen Persönlichkeiten, die in diesem Viertel Londons gelebt hatten, ebenso vertraut war wie mit der politischen Geschichte.

Als er mir später erzählte, dass er in der Schule nur sehr wenig Bildung genossen hatte, weil er mit zehn Jahren gezwungen worden war, zur Arbeit zu gehen, fragte ich ihn, wie er seitdem im Laufe seines geschäftigen Lebens Zeit gefunden habe, um sich das umfassende Wissen über Geschichte und Literatur anzueignen, über das er offensichtlich verfügte.

„Sehen Sie", antwortete er mit einem ruhigen Lächeln, „ich habe eine Zeit lang meinen Lebensunterhalt als Kerzenmacher verdient und seitdem viele Kerzen nachts angezündet."

Mr. Burns hatte versprochen, mir innerhalb weniger Stunden Beispiele der Art von Arbeit zu zeigen, die jetzt in allen Teilen Londons durchgeführt wird. Vor einigen Jahren errichtete der London County Council auf dem Gelände eines alten Gefängnisses mehrere Wohnblöcke für Arbeiter. Ich glaube, dass dies die ersten oder fast die ersten Mietshäuser waren, die die Stadt errichtete, um unhygienische Bereiche zu beseitigen und der Arbeiterklasse ein anständiges Zuhause zu bieten.

Zu diesen Gebäuden, in denen etwa 4.000 Menschen leben, gingen wir zunächst. Bei den Gebäuden handelt es sich um hübsche Ziegelbauten mit viel Licht und breiten, offenen, mit Ziegeln gepflasterten Höfen zwischen den Häuserreihen, so dass jeder Block wie ein riesiger Buchstabe H aussah, ohne die horizontale Verbindungslinie.

Natürlich waren diese Gebäude, wie jemand sagte, kaum mehr als Kasernen im Vergleich zu den Häusern, die jetzt in einigen Londoner Vororten für Arbeiter gebaut werden , aber sie sind sauber und gesund und für jeden, der sich mit der Enge auskennt In den schmutzigen Straßen im East End von London konnte man kaum glauben, dass sie sich mitten in einer Gegend befanden, die vor einigen Jahren noch ein typischer Londoner Slum gewesen war.

Etwas weiter überquerten wir den Fluss und betraten das, was Mr. Burns als „meinen eigenen Bezirk" bezeichnete: Battersea, wo er geboren wurde und wo er sein ganzes Leben lang gelebt und gearbeitet hat, mit Ausnahme eines Jahres als Ingenieur in Nigeria , Afrika.

Der großartige Ort zum Atmen für die Menschen dieser Region ist der Battersea Park, und als wir am Rande dieser wunderschönen Grünfläche entlang rasten, hielten wir an, um einen Moment an den Erfrischungsständen auf dem Cricketplatz zu schauen oder um mit einer Gruppe von Brunnen zu sprechen Mr. Burns, gekleidete Jungen, die von der Schule zu den Spielplätzen gingen, unterbrach seine Informationen über die Löhne der Arbeiter, die Mietpreise und die allgemeine Verbesserung der arbeitenden Klassen mit Kommentaren zu den historischen Assoziationen der Orte, an denen wir vorbeikamen. Wo heute der Battersea Park steht, befand sich früher ein fauliger und ungesunder Sumpf. In der Nähe hatte der Herzog von Wellington ein Duell mit dem Earl of Winchelsea ausgetragen, und etwas weiter oben durchquerte Julius Cæsar vor fast zweitausend Jahren mit einer seiner Legionen den Fluss.

Es war eine glückliche und neue Erfahrung, die Freude zu beobachten, die Mr. Burns daran hatte, auf die Verbesserung der Menschen, der Wohnungen und des Lebens der Menschen im Allgemeinen hinzuweisen und dabei die vertraute und fröhliche Art und Weise zu bemerken mit dem ihn alle möglichen Menschen, die wir auf der Straße trafen, im Vorbeigehen begrüßten.

„Hallo! Johnny Burns", rief eine Gruppe Schüler, als wir vorbeigingen. Einmal kamen wir an einer Gruppe von etwa fünfzehn oder zwanzig Arbeiterinnen vorbei, die in einem der Erfrischungsstände saßen, ihren Nachmittagstee tranken und offenbar irgendeine Art von Nachbarschaftstreffen abhielten . Als sie den Mann erkannten, der als Mitglied des London County Council für die meisten Verbesserungen verantwortlich war, die in den Häusern und der Umgebung, in der sie lebten, vorgenommen worden waren, standen sie auf, schwenkten ihre Taschentücher und versuchten sogar, in Ohnmacht zu fallen und weibliches „Hurra für Johnny Burns", das Mitglied aus Battersea.

Es gibt 150.000 Menschen in Battersea, aber Mr. Burns schien jeden einzelnen von ihnen zu kennen, und als er mir das Innere einiger der neuen „County Council Houses", wie sie genannt werden, zeigen wollte, zögerte er nicht, dies zu tun klopften an die nächste Tür, wo wir gerne willkommen geheißen wurden. Die Menschen schienen genauso stolz auf ihre neuen Häuser und auf Mr. Burns zu sein, wie er auf sie war.

Die Häuser, die wir besuchten, hatten teilweise nicht mehr als drei oder vier Zimmer, aber jedes einzelne war so ordentlich und gesund, als wäre es ein Palast gewesen. Sie waren sehr kompakt gebaut, aber mit allen modernen Annehmlichkeiten ausgestattet, darunter elektrisches Licht und Bäder.

Es gab Häuser mit fünf und sechs Zimmern für Angestellte und kleine Geschäftsleute, deren Miete ein Pfund pro Woche betrug, und es gab günstigere Häuser für einfache Arbeiter , deren Miete zwei Dollar pro Woche kostete. Diese Häuser werden direkt unter der Leitung des London County Council gebaut und es wird erwartet, dass sie 3 Prozent kosten. bei der Investition, nach der Fertigstellung.

Der London County Council war nicht der erste, der das Experiment wagte, anständige und solide Häuser für die Arbeiterklasse zu bauen . Etwa dreißig Jahre zuvor waren auf dem sogenannten Shaftbury Park Estate 1.200 Häuser errichtet worden, die elftausend Menschen ein Zuhause bieten, und die Investition hatte sich amortisiert.

Ich blickte die langen Gassen mit den kleinen, von Weinreben bewachsenen Gebäuden entlang, aus denen sich dieses Anwesen zusammensetzt. Es schien, als hätte sich eine große Armee auf dem Land niedergelassen und dauerhafte Quartiere errichtet.

Diese Arbeitskolonien waren nicht nur wegen der Verbesserung des Lebens eines großen Teils der in diesem Teil der Stadt lebenden Menschen interessant, sondern auch als Vorläufer jener Gartenstädte, die private Unternehmen an Orten wie Port Sunlight errichtet hatten , in der Nähe von Liverpool; Bourneville, am Stadtrand von Birmingham, und in Letchworth , 34 Meilen von London entfernt.

Unweit des Battersea Parks und in einem Teil der Stadt, der früher fast ausschließlich von den Ärmsten bewohnt war, besuchten wir die öffentlichen Bäder und ein öffentliches Waschhaus, wo im Laufe eines Jahres 42.000 Frauen kommen, um ihre Kleidung zu waschen. Für die Nutzung der städtischen Badewannen und des Warmwassers wird ein Satz von drei Cent pro Stunde gezahlt. Für die Nutzung der öffentlichen Bäder zahlen Kinder einen bis zwei Cent. Das Gebäude verfügt außerdem über eine Turnhalle für die Kinder im Winter und einen Saal, der zu einem geringen Preis an Arbeitervereine vermietet wird.

Was mich am meisten erfreute, war die geordnete Art und Weise zu sehen, wie die Kinder gelernt hatten, sich an diesen Orten zu benehmen, die offensichtlich nicht nur zu Orten der Erholung, sondern auch zu Schulen für gute Manieren geworden waren.

Wir kamen auf den Straßen an Gruppen ordentlich gekleideter, wohlerzogen aussehender Jungen vorbei, die ihre Bücher über den Arm geschlungen hatten und von der Schule nach Hause oder in den Park gingen. Mr. Burns war entzückt über den Anblick dieser gepflegten, männlich aussehenden Kerle.

„Sehen Sie sich diese Jungs an, Mr. Washington", rief er, während er stolz auf die eine oder andere dieser Gruppen zeigte. „Geht das nicht ganz gut für das Proletariat?"

Dann sprang er aus dem Auto, bevor der Fahrer anhalten konnte, legte seinen Arm um den Jungen, der ihm am nächsten stand, und kam kurz darauf triumphierend mit der Bestätigung seiner Aussage zurück, dass der Vater des Jungen, wie er gesagt hatte, nur der Vater des Jungen sei ein kleiner

Angestellter oder ein Briefträger, oder vielleicht der Sohn eines einfachen Arbeiters , eines Marinesoldaten .

Als ich das Aussehen dieser gut gekleideten und wohlerzogenen Jungen mit denen verglich, die ich anderswo gesehen hatte, zum Beispiel mit den Kindern, die die sogenannten „zerlumpten" Schulen besuchen, verstand ich seine Begeisterung und teilte sie.

Von Battersea Park fuhren wir nach Clapham Common, und während wir durch scheinbar ein Viertel wohlhabender Handwerkerhäuser rasten, nickte Mr. Burns beiläufig in Richtung eines kleinen, mit Weinreben bewachsenen Häuschens und sagte:

„Dort lebe ich."

Obwohl Herr Burns jetzt eine der höchsten Positionen in der britischen Regierung innehat, in der er ein Gehalt von 10.000 Dollar pro Jahr hat, hat er noch nicht den hohen Hut und den langen Mantel angenommen, die in London die anerkannte Uniform eines Mannes sind Gentleman. Im Gegenteil, er trägt den gleichen blauen Kühlmantel und den gleichen weichen Filzhut, spricht die gleiche Sprache, lebt im gleichen Stil und ist offenbar in jeder Hinsicht derselbe Mann, der er war, als er von den ihm garantierten 25 Dollar pro Woche lebte von der Battersea Labour League gewählt, als er ins Parlament einzog. Er ist immer noch ein arbeitender Mann und stolz auf die Klasse, der er angehört.

Obwohl Mr. Burns diese Tatsache nicht erwähnte, wurde er im Jahr 1878 in Clapham Common zum ersten Mal verhaftet, weil er eine öffentliche Rede gehalten hatte. Irgendwo in dieser Gegend zeigte uns Mr. Burns, wenn ich mich recht erinnere, auch ein Privatgrundstück, auf dem 3.000 Häuser der billigeren Klasse errichtet worden waren.

„Und wohlgemerkt, es gibt kein öffentliches Haus", sagte Mr. Burns. Stattdessen zeigte er uns eine brandneue Mäßigkeits-Billardhalle, die errichtet worden war, um mit den verschwundenen Barräumen zu konkurrieren und sie zu ersetzen.

In Lower Tooting, einem etwa 38 Hektar großen Anwesen, baut der London County Council geradezu eine Stadt mit etwa 5.000 Einwohnern auf, legt die Straßen an, baut die Häuser und legt sogar in jedem einzelnen Vorgarten einen hübschen kleinen Blumengarten an . Es war, als ob der London County Council sich dem Puppenspiel verschrieben hätte, so vollständig geplant und bis ins kleinste Detail perfekt umgesetzt ist diese kleine Gartenstadt.

Mr. Burns, der sein ganzes Leben lang ein Verfechter der Mäßigkeit war, obwohl er einmal als Potboy in einem Wirtshaus gedient hatte, wies hier wie anderswo darauf hin, dass es kein Wirtshaus gab.

Beim Bau dieses kleinen Paradieses waren tatsächlich alle architektonischen und technischen Probleme gelöst. Es blieb jedoch das Problem der menschlichen Natur bestehen, und die Frage, die ich mir stellte, war: Werden diese Menschen in der Lage sein, ihrer Umgebung gerecht zu werden?

In diesem Zusammenhang ist es ein Glück, dass die Einwohner in Mr. Burns einen Anführer haben, der es wagt, ihnen klar und deutlich ihre Fehler und Tugenden zu sagen, und der gleichzeitig in der Lage ist, ihnen Ehrgeiz und Ehrgeiz einzuflößen Begeisterung für das bessere Leben, das ihnen eröffnet wird. Ingenieurwesen und Architektur können nicht alles leisten, aber Bildung und Führung der richtigen Art können das, was sie begonnen haben, vervollständigen.

Auf dem Weg zurück in die Stadt hielten wir an der Warden Street und der Lydden Road an, um einen Moment einen Blick auf den Teil der Bevölkerung zu werfen, der laut Mr. Burns in diesem Viertel der Stadt am elendsten war. Bei den Häusern handelte es sich um zweistöckige Behausungen, deren Fensterbänke bündig mit dem Bürgersteig abschlossen, vor denen Gruppen fauler, untätiger Männer und Frauen auf dem Bürgersteig standen oder hockten. Ein Teil der Straße war für Zigeunertransporter reserviert, und die gesamte Bevölkerung bestand, wie ich erfuhr, aus Hausierern und Handkarrenverkäufern, einer Klasse von Menschen, die es mitten in der Zivilisation irgendwie schaffen, ein nomadisches Leben aufrechtzuerhalten ein halbbarbarisches Dasein, das im Wechsel der Jahreszeiten von einem Ort zum anderen wandert, von der Hand in den Mund lebt, unregelmäßig und nicht mehr als die Hälfte der Zeit arbeitet.

Etwas weiter kamen wir an der Price-Kerzenfabrik vorbei, „wo ich begann, für einen Dollar pro Woche zu arbeiten“, sagte Mr. Burns im Vorbeigehen. Eine Gruppe Arbeiter kam gerade aus der Fabrik, als wir vorbeikamen, und die Männer erkannten Mr. Burns und riefen ihm zu, als er vorbeikam.

Dann fuhren wir über die Chelsea Bridge zurück und am Fluss entlang wieder zu den Parlamentsgebäuden. „Jetzt“, sagte Mr. Burns am Ende unserer Reise, „haben Sie eine Kostprobe davon gesehen, was London für seine arbeitende Bevölkerung tut . Wenn Sie weiter gingen , würden Sie mehr sehen, aber wenig Neues oder Anderes.“

KAPITEL XX
: DIE ZUKUNFT DES WEITEREN MANNES

Bei meiner Ankunft in London befand ich mich am Ende meiner Reise wieder am Ausgangspunkt. Ein paar Tage später, genauer gesagt am 9. Oktober, segelte ich von Liverpool nach New York. Ich war weniger als sieben Wochen in Europa, aber es kam mir vor, als wäre ich ein Jahr weg gewesen. Mein Kopf war voller seltsamer und wirrer Eindrücke und ich erinnerte mich an die Worte des Reisenden , der, nachdem er Europa von London nach Neapel durchquert, alle Museen treu besucht und keine der regelmäßigen „Sehenswürdigkeiten" vernachlässigt hatte, an schrieb Freunden, die er in Europa besucht hatte, schrieb er einen anerkennenden Brief und schloss mit der Bemerkung: „Nun, ich habe viel gesehen und viel gelernt, und ich danke Gott, dass alles vorbei ist . "

Mir kommt der Gedanke, dass sich die Leser, die mir bisher in meiner Erzählung gefolgt sind, am Ende dieses Buches möglicherweise in der gleichen Situation befinden wie ich am Ende meiner Reise. In diesem Fall ist es vielleicht nicht unangebracht, dieses abschließende Kapitel zu nutzen, um für sie so gut wie möglich das zu tun, was ich während meiner Freizeit auf der Heimreise für mich selbst zu tun versuchte – nämlich zu machen Ein wenig klarer wurde der Zusammenhang von allem, was ich gesehen und gelernt hatte, mit dem Problem des Negers und des Mannes am weitesten unten.

Ich habe im Laufe dieser Kapitel viele Phasen des Lebens angesprochen. Ich hatte zum Beispiel etwas zu sagen, was die Armut, die Bildung, den Sozialismus und die Rassenprobleme Europas betrifft, da all diese verschiedenen Themen auf die eine oder andere Weise mit dem Thema und dem Zweck meiner Reise und dieses Buches verbunden sind .

Wenn ich jedoch versuche, meiner Geschichte eine Moral hinzuzufügen und in allgemeinen Worten das Ergebnis des Ganzen darzulegen, bin ich im Nachteil. Ich kann vielleicht am besten erklären, was ich meine, wenn ich mich an die Tatsache erinnere, dass ich als Sklave geboren wurde und seit meiner Freilassung so sehr mit der unmittelbar vor mir liegenden Aufgabe beschäftigt war, dass ich nie Zeit hatte, über meine Erfahrungen nachzudenken und sie zu formulieren meine Ideen im Allgemeinen. Tatsächlich habe ich fast alles, was ich über die Probleme anderer Rassen und Völker weiß, bei der Suche nach einer Lösung und einem Ausweg für mein eigenes Volk gelernt. Aus diesem Grund hätte ich vielleicht besser daran getan, die Aufgabe, über den Untermenschen in Europa zu schreiben , jemandem zu überlassen, der mehr Gelehrsamkeit und mehr Muße hat als ich. Tatsächlich hätte ich es getan, wenn ich nicht geglaubt hätte, dass ich durch diese Reise einige Einblicke gewinnen und vielleicht ein neues Licht auf die Situation meines eigenen Volkes in Amerika werfen könnte. Tatsächlich gestehe ich, dass ich mir – so kurz sie auch war – nie die Zeit genommen hätte, diese lange Reise anzutreten, wenn ich nicht geglaubt hätte, dass sie in direktem Zusammenhang mit der Arbeit stehen würde, die ich für die Menschen zu tun versucht habe mein Rennen in Amerika.

Ich möchte hinzufügen, dass ich nicht enttäuscht wurde. In der Tat, wenn es bei all meinen europäischen Erlebnissen eins mehr als das andere gab, das mir in den Sinn gekommen ist, dann die Tatsache, dass die Stellung des Negers in Amerika, sowohl in der Sklaverei als auch in der Freiheit, dies nicht getan hat war so außergewöhnlich, wie es oft schien. Obwohl es große Unterschiede zwischen der Situation der Menschen in den unteren Schichten Europas und der Neger in Amerika gibt, gibt es immer noch viele Gemeinsamkeiten, und die Wahrheit ist, dass der Mann am weitesten unten in Europa viel mit ihm gemeinsam hat Mann ganz unten in Amerika.

Beispielsweise waren die Menschen ganz unten in Europa in den meisten Fällen zumindest während des größten Teils ihrer Geschichte, wie die Neger in Amerika, ein Untertanenvolk, keine Sklaven, sondern Leibeigene, auf jeden Fall ein Benachteiligtes Menschen.

In den meisten Fällen erlangten die verschiedenen Unterschichten in Europa ihre Freiheit erst im Laufe des letzten Jahrhunderts. Seit dieser Zeit sind sie in einen fast unaufhörlichen Kampf verwickelt, um sich die politischen Privilegien zu sichern, die früher nur den oberen Klassen zukamen.

Sogar dort, wo der Mann unten politische Privilegien erlangt hat, die in vielerlei Hinsicht denen der Klassen an der Spitze ähneln, stellt er fest, dass er, wie der Neger in Amerika, nur einen Anfang gemacht hat und das eigentliche Werk der Emanzipation Bleibt zu tun. Der englische Arbeiter beispielsweise genießt seit längerem politische Freiheit als jeder andere Vertreter dieser Klasse in Europa. Dessen ungeachtet kann er das Land, auf dem er lebt, derzeit nur in seltenen Fällen kaufen und besitzen. Die arbeitenden Menschen Englands leben größtenteils zusammengepfercht mit Millionen anderer ihrer Klasse in den Slums großer Städte, wo Luft und Wasser Luxusgüter sind. Sie sind für ihre Nahrungsmittelversorgung, Butter, Brot und Fleisch auf eine andere Nation angewiesen. Und dann, als weitere Folge der Art und Weise, wie sie leben müssen, finden sich die Massen der Menschen als Teil eines wirtschaftlichen Arrangements oder Systems wieder, das so groß und kompliziert ist, dass sie es weder begreifen noch kontrollieren können.

Das Ergebnis ist, dass der englische Arbeiter , von dessen Unabhängigkeit die Welt so viel gehört hat, in vielerlei Hinsicht abhängiger ist als jede andere Arbeiterklasse in Europa. Das liegt nicht daran, dass es dem englischen

Arbeiter an politischen Rechten mangelt, sondern an der Tatsache, dass es ihm an wirtschaftlichen Möglichkeiten mangelt – Möglichkeiten, Land zu kaufen und Möglichkeiten zu arbeiten ; ein eigenes Haus zu besitzen, einen Garten zu pflegen und sein eigenes Essen anzubauen.

Die Sozialisten haben herausgefunden, dass die Unabhängigkeit der arbeitenden Klassen durch das Wachstum der Fabriken und des Stadtlebens untergraben wurde, und glauben, ein Gegenmittel gefunden zu haben.

Was die Sozialisten in England oder anderswo tatsächlich tun würden, sofern es ihnen gelänge, an die Macht zu gelangen, ist schwer zu sagen, denn wie meine Erfahrung in Europa mich gelehrt hat, gibt es fast so viele Arten von Sozialisten wie es Arten von Menschen gibt . Die wirklichen altmodischen Sozialisten, die immer noch auf eine große soziale Katastrophe warten, die dem gegenwärtigen Regime ein Ende setzen wird, glauben, dass es dann möglich sein wird, die politische Macht der Massen zu nutzen, um die Gesellschaft so zu reorganisieren, dass allen etwas gegeben wird jedem Einzelnen eine wirtschaftliche Chance zu geben, die allen anderen gleichwertig ist.

Wenn ich die Menschen so betrachte, wie wir sie vorfinden, konnte ich mir nie vorstellen, wie dies genau in der im sozialistischen Programm dargelegten Weise zustande kommen sollte . Einige Individuen werden für eine Sache gut sein, andere für eine andere, und ich nehme an, dass es immer eine bestimmte Anzahl geben wird, die für nichts gut ist. Da sie unterschiedliche Kapazitäten haben, werden sie auch unterschiedliche Möglichkeiten haben. Einige werden das eine und andere tun wollen, und einige Einzelpersonen und einige Leute, wie zum Beispiel die Juden, werden wissen, wie sie ihre Nachteile zu ihren Chancen machen und so das Beste aus dem Rest der Welt herausholen können, egal wie die Dinge sind vereinbart worden.

Ich habe mich auf die Sozialisten und die von ihnen vorgeschlagene Revolution bezogen, nicht weil ich mich ihren Lehren widersetzen wollte, die ich, wie ich gestehen muss, nicht ganz verstehe, sondern weil ich den Eindruck hatte, als ich durch Europa reiste und die Verhältnisse studierte, konnte ich dies erkennen Beweise einer großen, stillen Revolution, die bereits in vollem Gange ist. Und diese Revolution, auf die ich mich beziehe, berührt und verändert das Leben derer, die ganz unten stehen, insbesondere derjenigen in den abgelegenen Bauerngemeinden, aus denen ständig die unterste Schicht der Arbeiter in der Stadt rekrutiert wird .

Lassen Sie mich veranschaulichen, was ich meine: Unter dem alten System in Europa – dem Feudalsystem, oder wie auch immer es zu verschiedenen Zeiten genannt wurde – begann die Zivilisation an der Spitze. Es gab ein paar

Leute, die frei waren. Sie hatten den gesamten Reichtum, die Macht und die Gelehrsamkeit in ihren Händen oder unter ihrem Befehl. Wenn etwas getan wurde, geschah es, weil sie es wünschten oder weil sie es befohlen hatten. Um ihnen diese Freiheit zu geben und ihnen diese Macht zu sichern, war es notwendig, dass eine große Anzahl anderer Menschen in Unwissenheit lebte, ohne Kenntnis von irgendetwas anderem als dem unbedeutenden Leben des Standes oder der Gemeinschaft, der sie angehörten, oder daran teilzuhaben gehörte. Ohne die Erlaubnis ihrer Herren war es ihnen nicht gestattet, den Ort, an dem sie geboren wurden, zu verlassen. In ihrem Fall war es fast ein Verbrechen, daran zu denken. Es handelte sich weitgehend um dasselbe System wie in den Südstaaten vor dem Krieg, mit der Ausnahme, dass die Leibeigenen in Europa weiß waren, während die Sklaven in den Südstaaten schwarz waren.

Im heutigen Europa besteht das große Problem, dem Staatsmänner ihre Aufmerksamkeit widmen, nicht darin, wie man die Volksmassen unterdrückt, sondern wie man sie aufrichtet. um sie bei ihrer Arbeit effizienter zu machen und ihnen einen intelligenteren Anteil und Interesse am Leben der Gemeinschaft und des Staates zu geben, zu dem sie gehören. Überall in Europa gewinnt die Idee an Boden und Einfluss, dass die Arbeit der Zivilisation unten und nicht oben beginnen muss.

Das große Medium, um diese Veränderungen herbeizuführen, ist die Schule. In jedem Teil Europas, den ich besuchte, war ich beeindruckt von der Vielzahl an Schulen unterschiedlicher Art, die aus dem Boden schießen, um der neuen Nachfrage gerecht zu werden. Die Bewegung begann früher und hat sich in Dänemark weiter ausgebreitet als anderswo, und die bemerkenswerte Entwicklung des dänischen Landlebens war das Ergebnis. Was in Dänemark durch die Mittelschulen des Landes und in Deutschland durch die Universitäten und Fachschulen erreicht wurde, wird andernorts eifrig nachgeahmt.

In England fand ich heraus, dass die Leute sagten, dass die deutschen Hersteller deshalb so erfolgreich mit den englischen Produkten konkurrieren konnten, weil Deutschland über bessere Schulen verfügte. In Deutschland stellte ich fest, dass die deutsche Armee, die ursprünglich für die Landesverteidigung organisiert war , heute als eine große nationale Schule angesehen wird, in der die Volksmassen eine Bildung und Disziplin erhalten, die angeblich allmählich zunimmt die industrielle Leistungsfähigkeit der Nation.

Dort wie anderswo versucht Bildung, jede Klasse und jeden Einzelnen jeder Klasse in der Gemeinschaft zu erreichen und zu berühren. Die Gehörlosen, die Blinden und die Gebrechlichen aller Art beginnen nun, eine industrielle

Ausbildung zu erhalten, die sie für Berufe befähigt, in denen sie für die Gemeinschaft nützlicher und unabhängiger sein werden, als es ihnen möglich gewesen wäre, als kein Versuch unternommen wurde, sich anzupassen sie für jeden Platz im Leben der Gemeinschaft.

Die Wirkung dieser Bewegung oder Revolution, wie ich sie genannt habe, besteht nicht darin, „herabzureißen und zu nivellieren", um eine künstliche Gleichheit herbeizuführen, sondern jedem Einzelnen die Chance zu geben, „Wiedergutmachung" zu leisten, sich dafür zu entscheiden seinen Platz und seine Position in der Gemeinschaft durch den Charakter und die Qualität des Dienstes, den er leisten kann.

Eine Auswirkung dieses von mir beschriebenen veränderten Standpunkts besteht darin, dass es heute kaum etwas gibt, was den Menschen in Europa mehr Sorgen bereitet als der Fortschritt und die Zukunft des Menschen, der am weitesten unten steht.

In allem, was ich in den vorangegangenen Kapiteln geschrieben habe, habe ich im Wesentlichen versucht, zwei Dinge hervorzuheben: Erstens, dass hinter allen Bewegungen, die die Massen des Volkes beeinflusst haben, ob Sozialismus oder Nationalismus, Auswanderung, die Bewegungen für die Neuorganisation Im Stadt- und Landleben gab es immer den Untermenschen, der sich seinen Weg nach oben erkämpfte und darum kämpfte, aufzusteigen; Zweitens, dass die Wirkung all dessen, was getan wurde, um den Mann unten zu heben oder ihn zu ermutigen, sich zu erheben, darin bestand, das Niveau jedes Mannes über ihm anzuheben.

Wenn es wahr ist, wie ich so oft gesagt habe, dass ein Mann einen anderen nicht im Graben festhalten kann, ohne mit ihm unten im Graben zu bleiben, dann ist es genauso wahr, dass er dem Mann, der unten ist, beim Aufstehen hilft Wer oben ist, befreit sich von einer Last, die ihn sonst nach unten ziehen würde. Weil die Welt sich dieser Tatsache mehr und mehr bewusst zu sein scheint, sieht die Zukunft des Menschen am weitesten unten über alle lokalen und vorübergehenden Schwierigkeiten hinaus rosig aus.

Und jetzt, am Ende meiner Suche nach dem Mann, der am weitesten unten in Europa liegt, muss ich gestehen, dass es mir nicht gelungen ist, ihn zu finden. Es gelang mir nicht, einen Ort in Europa zu erreichen, an dem die Bedingungen so schlecht waren, dass ich nichts von anderen Orten hörte, zu denen mir Freunde rieten, sie zu besuchen, wo die Bedingungen noch viel schlechter waren. Meine eigene Erfahrung ähnelte tatsächlich sehr der eines gewissen Herrn, der vor einigen Jahren in den Süden kam, um die Lage des Negervolkes zu studieren. Er hatte gehört, dass die Neger in vielen Teilen des Südens allmählich in etwas wie afrikanische Wildheit zurückfielen, und er war besonders daran interessiert, ein klares Beispiel für diesen Rückfall in die Barbarei zu finden. Er begann mit großen Hoffnungen und einem sehr umfangreichen Fundus an Informationen darüber, was er zu finden erwarten würde und an welchen Orten er es zu finden hoffen könnte. Überall, wo er auf der Suche war, stellte er jedoch fest, dass er ein paar Jahre zu spät angekommen war. Er traf an jedem Ort, den er besuchte, auf Menschen, die ihm gerne das Schlimmste erzählten, was man über die Farbigen erfahren konnte; Einige waren sogar so freundlich, zu zeigen, was ihrer Meinung nach das Schlimmste war, was unter den Negern in ihrem jeweiligen Teil des Landes zu finden war. Dennoch war er enttäuscht, weil er nie etwas gefunden hatte, das den von ihm gesuchten Bedingungen auch nur annähernd entsprach, und normalerweise musste er sich mit der Aussage begnügen, die ihm jeder seiner Führer nacheinander machte und die etwa so lautete: „Bedingungen." waren nicht annähernd so schlimm wie zuvor. Wenn er vor ein paar Jahren zufällig diesen Weg gekommen wäre, hätte er Dinge sehen können und so weiter; aber jetzt besserten sich die Bedingungen. Allerdings, wenn er es gewollt hätte „Wenn er wirkliche Barbarei sehen sollte, sollte er sie besuchen" – und dann nannten sie meist einen entfernten Teil des Landes, den er noch nicht kennengelernt hatte.

Auf diese Weise reiste dieser Herr, der das Schlimmste jagte, was unter den Negern zu sehen war, so wie ich das Schlimmste jagte, was unter den Menschen Europas zu sehen war, durch die gesamten Südstaaten, von einer dunklen Ecke zur anderen ein anderer, aber ich fand die Dinge nie so schlimm, wie sie beworben wurden. Stattdessen stellte er, genau wie ich in Europa, fest, dass die Menschen überall Fortschritte machten, obwohl die Menschen in vielen abgelegenen Teilen des Landes rückständig waren. An manchen Orten schritten sie langsamer voran als an anderen, aber überall gab es im Großen und Ganzen eher einen Fortschritt als einen Rückgang. Das Ergebnis war in seinem Fall das gleiche wie in meinem Fall: Je weiter er ging und je mehr er vom Schlimmsten sah, desto hoffnungsvoller wurde seine Hoffnung auf das Volk als Ganzes.

Ich habe unter den Verhältnissen in Europa viel Primitives und vieles geradezu Böses gesehen, aber nirgendwo habe ich Dinge gefunden, die so schlimm waren, wie sie mir von Personen beschrieben wurden, die sie so kannten, wie sie einige Jahre zuvor waren. Und ich fand fast keinen Teil des Landes, in dem es nicht wesentliche Fortschritte gegeben hätte; Kurz gesagt, kein Ort, an dem die Massen des Volkes ohne Hoffnung waren.

Es wird vielleicht vielen Menschen merkwürdig vorkommen, dass ich, nachdem ich nach Europa mit der ausdrücklichen Absicht gereist war, die Menschen dort unten kennenzulernen und, soweit ich konnte, das Schlimmste im europäischen Leben zu sehen, Ich hätte eher mit einer hoffnungsvollen als mit einer pessimistischen Sicht auf das, was ich sah, zurückkommen sollen.

Tatsache ist jedoch, dass ich, je weiter ich durch Europa reiste und je mehr ich in das Leben der Menschen unten eintauchte, die Dinge immer mehr aus der Sicht der Menschen betrachtete, die nach oben schauen. und nicht von dem der Menschen, die oben stehen und nach unten schauen, und so seltsam es auch scheinen mag, es ist immer noch wahr, dass die Welt im Großen und Ganzen interessanter, hoffnungsvoller und erfüllter von Gottes Vorsehung aussieht, wenn Du bist unten und schaust nach oben, als wenn du oben bist und nach unten schaust.

Für den Mann im Turm wird die Welt unter ihm wahrscheinlich sehr klein erscheinen. Männer sehen aus wie Ameisen und all die Hektik und Hektik ihres hektischen Lebens wirken erbärmlich verwirrt und ziellos. Aber der Mann auf der Straße, der nach oben schaut und strebt, ist in einer anderen Situation. So dürftig seine gegenwärtige Lage auch sein mag, das, was er anstrebt und anstrebt, ragt klar und deutlich über ihm hervor und inspiriert ihn mit Hoffnung und Ehrgeiz in seinem Kampf nach oben. Für den Mann, der am Boden liegt, gibt es immer etwas zu hoffen und immer etwas zu gewinnen. Der Mensch, der unten liegt und nach oben schaut, erhascht vielleicht hin und wieder einen Blick auf den Himmel, aber der Mensch, der so sitzt, dass er nur nach unten schauen kann, wird höchstwahrscheinlich einen anderen und ganz anderen Ort sehen.

DAS ENDE